"十三五"全国高等院校民航服务专业规划教材

民航机场地勤服务

主　编◎陈烜华　陈文华
副主编◎庞　敏

Ground Service of Civil Aviation Airport

清华大学出版社
北京

内 容 简 介

本书对航空相关法规和国内外各大航空公司、机场现行的规则进行了充分的研读，根据航空运输企业岗位实践总结和体会以及结合作者多年的教学经验，以民航旅客地面运输服务为研究对象，从三大部分来介绍理论知识和业务技能。第一部分为基础知识篇，主要介绍我国运输业和民航运输业、航空公司和机场、民航运输生产基础知识；第二部分为售票服务篇，主要介绍航空客票售票、运价、订座、退改签办理；第三部分为机场地面旅客服务篇，主要介绍航站楼公共服务、值机服务、安检服务、联检服务、候机楼内旅客服务、行李运输、特殊旅客运输、不正常运输服务等内容。

本书封面贴有清华大学出版社防伪标签，无标签者不得销售。
版权所有，侵权必究。举报：010-62782989，beiqinquan@tup.tsinghua.edu.cn。

图书在版编目（CIP）数据

民航机场地勤服务 / 陈烜华，陈文华主编. —北京：清华大学出版社，2019 (2024.7重印)
（"十三五"全国高等院校民航服务专业规划教材）
ISBN 978-7-302-51983-6

Ⅰ. ①民… Ⅱ. ①陈… ②陈… Ⅲ. ①民用航空 – 地勤人员 – 商业服务 – 高等学校 – 教材 Ⅳ. ① F560.9

中国版本图书馆 CIP 数据核字（2019）第 000305 号

责任编辑：杜春杰
封面设计：刘　超
版式设计：文森时代
责任校对：马军令
责任印制：丛怀宇

出版发行：清华大学出版社
网　　址：https://www.tup.com.cn，https://www.wqxuetang.com
地　　址：北京清华大学学研大厦 A 座　　邮　编：100084
社 总 机：010-83470000　　邮　购：010-62786544
投稿与读者服务：010-62776969，c-service@tup.tsinghua.edu.cn
质量反馈：010-62772015，zhiliang@tup.tsinghua.edu.cn

印 装 者：北京嘉实印刷有限公司
经　　销：全国新华书店
开　　本：185mm×260mm　　印　张：17　　字　数：384千字
版　　次：2019年9月第1版　　印　次：2024年7月第13次印刷
定　　价：59.80元

产品编号：073884-01

"十三五"全国高等院校民航服务专业规划教材丛书主编及专家指导委员会

丛 书 总 主 编　　刘　永（北京中航未来科技集团有限公司董事长兼总裁）
丛 书 副 总 主 编　　马晓伟（北京中航未来科技集团有限公司常务副总裁）
丛 书 副 总 主 编　　郑大地（北京中航未来科技集团有限公司教学副总裁）
丛 书 总 主 审　　朱益民（原海南航空公司总裁、原中国货运航空公司总裁、原上海航空公司总裁）
丛 书 英 语 总 主 审　　王　朔（美国雪城大学、纽约市立大学巴鲁克学院双硕士）
丛 书 总 顾 问　　沈泽江（原中国民用航空华东管理局局长）
丛 书 总 执 行 主 编　　王益友［江苏民航职业技术学院（筹）院长、教授］
丛 书 艺 术 总 顾 问　　万峻池（美术评论家、著名美术品收藏家）
丛 书 总 航 空 法 律 顾 问　　程　颖（荷兰莱顿大学国际法研究生、全国高职高专"十二五"规划教材《航空法规》主审、中国东方航空股份有限公司法律顾问）

丛书专家指导委员会主任

关云飞（长沙航空职业技术学院教授）
张树生（国务院津贴获得者，山东交通学院教授）
刘岩松（沈阳航空航天大学教授）
宋兆宽（河北传媒学院教授）
姚　宝（上海外国语大学教授）
李剑峰（山东大学教授）
孙福万（国家开放大学教授）
张　威（沈阳师范大学教授）
成积春（曲阜师范大学教授）

"十三五"全国高等院校民航服务专业规划教材编委会

主　任　　高　宏（沈阳航空航天大学教授）　　　杨　静（中原工学院教授）
　　　　　　　李　勤（南昌航空大学教授）　　　　　李广春（郑州航空工业管理学院教授）
　　　　　　　安　萍（沈阳师范大学）　　　　　　　彭圣文（长沙航空职业技术学院）
副主任　　陈文华（上海民航职业技术学院）　　　郑　越（长沙航空职业技术学院）
　　　　　　　郑大莉（中原工学院信息商务学院）　　徐爱梅（山东大学）
　　　　　　　黄　敏（南昌航空大学）　　　　　　　兰　琳（长沙航空职业技术学院）
　　　　　　　韩　黎［江苏民航职业技术学院（筹）］　曹娅丽（南京旅游职业学院）
　　　　　　　胡明良（江南影视艺术职业学院）　　　李楠楠（江南影视艺术职业学院）
　　　　　　　王昌沛（曲阜师范大学）　　　　　　　何蔓莉（湖南艺术职业学院）
　　　　　　　孙东海（江苏新东方艺先锋传媒学校）　戴春华（原同济大学）
　　　　　　　施　进（盐城航空服务职业学校）
委　员（排名不分先后）
　　　　　　　于海亮（沈阳师范大学）　　　　　　　于晓风（山东大学）
　　　　　　　王丽蓉（南昌航空大学）　　　　　　　王玉娟（南昌航空大学）
　　　　　　　王　莹（沈阳师范大学）　　　　　　　王建惠（陕西职业技术学院）
　　　　　　　王　姝（北京外航服务公司）　　　　　王　晶（沈阳航空航天大学）
　　　　　　　邓丽君（西安航空职业技术学院）　　　车树国（沈阳师范大学）
　　　　　　　龙美华（岳阳市湘北女子职业学校）　　石　慧（南昌航空大学）
　　　　　　　付砚然（湖北襄阳汽车职业技术学院，原海南航空公司乘务员）
　　　　　　　朱茫茫（潍坊职业学院）　　　　　　　田　宇（沈阳航空航天大学）
　　　　　　　刘　洋（濮阳工学院）　　　　　　　　刘　超（华侨大学）
　　　　　　　许　赟（南京旅游职业学院）　　　　　刘　舒（江西青年职业学院）
　　　　　　　杨志慧（长沙航空职业技术学院）　　　吴立杰（沈阳航空航天大学）
　　　　　　　李长亮（张家界航空工业职业技术学院）杨　莲（马鞍山职业技术学院）
　　　　　　　李雯艳（沈阳师范大学）　　　　　　　李芙蓉（长沙航空职业技术学院）
　　　　　　　李　仟（天津中德应用技术大学，原中国南方航空公司乘务员）
　　　　　　　李霏雨（原中国国际航空公司乘务员）　李　姝（沈阳师范大学）
　　　　　　　邹　昊（南昌航空大学）　　　　　　　狄　娟（上海民航职业技术学院）
　　　　　　　宋晓宇（湖南艺术职业学院）　　　　　邹　莎（湖南信息学院）
　　　　　　　张　进（三峡旅游职业技术学院）　　　张　驰（沈阳航空航天大学）
　　　　　　　张　琳（北京中航未来科技集团有限公司）张　利（北京中航未来科技集团有限公司）
　　　　　　　张媛媛（山东信息职业技术学院）　　　张程垚（湖南民族职业学院）
　　　　　　　陈烜华（上海民航职业技术学院）　　　陈　卓（长沙航空职业技术学院）
　　　　　　　周佳楠（上海应用技术大学）　　　　　金　恒（西安航空职业技术学院）
　　　　　　　郑菲菲（南京旅游职业学院）　　　　　周茗慧（山东外事翻译职业学院）
　　　　　　　胥佳明（大连海事大学）　　　　　　　赵红倩（上饶职业技术学院）
　　　　　　　柳　武（湖南流通创软科技有限公司）　胡　妮（南昌航空大学）
　　　　　　　柴　郁（江西航空职业技术学院）　　　钟　科（长沙航空职业技术学院）
　　　　　　　唐　珉（桂林航天工业学院）　　　　　倪欣雨（斯里兰卡航空公司空中翻译，原印度尼西亚鹰航乘务员）
　　　　　　　高　青（山西旅游职业学院）　　　　　高　熔（原沈阳航空航天大学继续教育学院）
　　　　　　　郭雅萌（江西青年职业学院）　　　　　高　琳（济宁职业技术学院）
　　　　　　　黄　晨（天津交通职业学院）　　　　　黄春新（沈阳航空航天大学）
　　　　　　　黄紫葳（抚州职业技术学院）　　　　　黄婵芸（原中国东方航空公司乘务员）
　　　　　　　崔祥建（沈阳航空航天大学）　　　　　曹璐璐（中原工学院）
　　　　　　　梁向兵（上海民航职业技术学院）　　　崔　媛（张家界航空工业职业技术学院）
　　　　　　　彭志雄（湖南艺术职业学院）　　　　　梁　燕（郴州技师学院）
　　　　　　　操小霞（重庆财经职业学院）　　　　　蒋焕新（长沙航空职业技术学院）
　　　　　　　庞　敏（上海民航职业技术学院）　　　李艳伟（沈阳航空航天大学）

出 版 说 明

随着经济的稳步发展，我国已经进入经济新常态的阶段，特别是十九大指出：中国社会主要矛盾已经转化为人民日益增长的美好生活需要和不平衡不充分的发展之间的矛盾，这客观上要求社会服务系统要完善升级。作为公共交通运输的主要组成部分，民航运输在满足人们对美好生活的追求和促进国民经济发展中扮演着重要的角色，具有广阔的发展空间。特别是"十三五"期间，国家高度重视民航业的发展，将民航业作为推动我国经济社会发展的重要战略产业，预示着我国民航业将会有更好、更快的发展。从国产化飞机 C919 的试飞，到宽体飞机规划的出台，以及民航发展战略的实施，标志着我国民航业已经步入崭新的发展阶段，这一阶段的特点是以人才为核心，而这一发展模式必将进一步对民航人才质量提出更高的要求。面对民航业发展对人才培养提出的挑战，培养服务于民航业发展的高质量人才，不仅需要转变人才培养观念，创新教育模式，更需要加强人才培养过程中基本环节的建设，而教材建设就是其首要的任务。

我国民航服务专业的学历教育，经过 18 年的探索与发展，其办学水平、办学结构、办学规模、办学条件和师资队伍等方面都发生了巨大的变化，专业建设水平稳步提高，适应民航发展的人才培养体系初步形成。但我们应该清醒地看到，目前我国民航服务类专业的人才培养仍存在着诸多问题，特别是专业人才培养质量仍不能适应民航发展对人才的需求，人才培养的规模与高质量人才短缺的矛盾仍很突出。而目前相关专业教材的开发还处于探索阶段，缺乏系统性与规范性。已出版的民航服务类专业教材，在吸收民航服务类专业研究成果方面做出了有益的尝试，涌现出不同层次的系列教材，推动了民航服务的专业建设与人才培养，但从总体来看，民航服务类教材的建设仍落后于民航业对专业人才培养的实践要求，教材建设已成为相关人才培养的瓶颈。这就需要以引领和服务专业发展为宗旨，系统总结民航服务实践经验与教学研究成果，开发全面反映民航服务职业特点、符合人才培养规律和满足教学需要的系统性专业教材，积极有效地推进民航服务专业人才的培养工作。

基于上述思考，编委会经过两年多的实际调研与反复论证，在广泛征询民航业内专家的意见与建议、总结我国民航服务类专业教育的研究成果后，结合我国民航服务业的发展趋势，致力于编写出一套系统的、具有一定权威性和实用性的民航服务类系列教材，为推进我国民航服务人才的培养尽微薄之力。

本系列教材由沈阳航空航天大学、南昌航空大学、郑州航空工业管理学院、上海民航职业技术学院、长沙航空职业技术学院、西安航空职业技术学院、中原工学院、上海外国语大学、山东大学、大连外国语大学、沈阳师范大学、曲阜师范大学、湖南艺术职业学院、陕西师范大学、兰州大学、云南大学、四川大学、湖南民族职业学院、江西青年职业学院、天津交通职业学院、潍坊职业学院、南京旅游职业学院等多所高校的众多资深专家和学者共同打造，还邀请了多名原中国东方航空公司、原中国南方航空公司、原中国国际航空公司和原海南航空公司中从事多年乘务工作的乘务长和乘务员参与教材的编写。

目前，我国民航服务类的专业教育呈现着多元化、多层次的办学格局，各类学校的办学模式也呈现出个性化的特点，在人才培养体系、课程设置以及课程内容等方面，各学校之间存在着一定的差异，对教材也有不同的需求。为了能够更好地满足不同办学层次、教学模式对教材的需要，本套教材主要突出以下特点。

第一，兼顾本、专科不同培养层次的教学需要。鉴于近些年我国本科层次民航服务专业办学规模的不断扩大，在教材需求方面显得十分迫切，同时，专科层面的办学已经到了规模化的阶段，完善与更新教材体系和内容迫在眉睫，本套教材充分考虑了各类办学层次的需要，本着"求同存异、个性单列、内容升级"的原则，通过教材体系的科学架构和教材内容的层次化，以达到兼顾民航服务类本、专科不同层次教学之需要。

第二，将最新实践经验和专业研究成果融入教材。服务类人才培养是系统性问题，具有很强的内在规定性，民航服务的实践经验和专业建设成果是教材的基础，本套教材以丰富理论、培养技能为主，力求夯实服务基础、培养服务职业素质，将实践层面行之有效的经验与民航服务类人才培养规律的研究成果有效融合，以提高教材对人才培养的有效性。

第三，落实素质教育理念，注重服务人才培养。习近平总书记在党的十九大报告中强调，"要全面贯彻党的教育方针，落实立德树人根本任务，发展素质教育，推进教育公平，培养德智体美全面发展的社会主义建设者和接班人"，人才以德为先，以社会主义价值观铸就人的灵魂，才能使人才担当重任，也是高校人才培养的基本任务。教育实践表明，素质是人才培养的基础，也是人才职业发展的基石，人才的能力与技能以精神与灵魂为附着，但在传统的民航服务教材体系中，包含素质教育板块的教材较为少见。根据党的教育方针，本套教材的编写考虑到素质教育与专业能力培养的关系，以及素质对职业生涯的潜在影响，首次在我国民航服务专业教学中提出专业教育与人文素质并重、素质决定能力的培养理念，以独特的视野，精心打造素质教育教材板块，使教材体系更加系统，强化了教材特色。

第四，必要的服务理论与专业能力培养并重。调研分析表明，忽视服务理论与人文素质所培养出的人才很难有宽阔的职业胸怀与职业精神，其未来的职业生涯发展就会乏力。因此，教材不应仅是对单纯技能的阐述与训练指导，更应该是不淡化专业能力培养的同时，强化行业知识、职业情感、服务机理、职业道德等关系到职业发展潜力的要素的培养，以期培养出高层次和高质量的民航服务人才。

第五，架构适合未来发展需要的课程体系与内容。民航服务具有很强的国际化特点，而我国民航服务的思想、模式与方法也正处于不断创新的阶段，紧紧把握未来民航服务的发展趋势，提出面向未来的解决问题的方案，是本套教材的基本出发点和应该承担的责任。我们力图将未来民航服务的发展趋势、服务思想、服务模式创新、服务理论体系以及服务管理等内容进行重新架构，以期能对我国民航服务人才培养，乃至整个民航服务业的发展起到引领作用。

第六，扩大教材的种类，使教材的选择更加宽泛。鉴于我国目前尚缺乏民航服务专业更高层次办学模式的规范，各学校的人才培养方案各具特点，差异明显，为了使教材更适合于办学的需要，本套教材打破了传统教材的格局，通过课程分割、内容优化和课外外延化等方式，增加了教材体系的课程覆盖面，使不同办学层次、关联专业，可以通过教材合理组合获得完整的专业教材选择机会。

本套教材规划出版品种大约为四十种，分为：① 人文素养类教材，包括《大学语文》《应用文写作》《艺术素养》《跨文化沟通》《民航职业修养》《中国传统文化》等。② 语言类教材，包括《民航客舱服务英语教程》《民航客舱实用英语口语教程》《民航实用英语听力教程》《民航播音训练》《机上广播英语》《民航服务沟通技巧》等。③ 专业类教材，包括《民航概论》《民航服务概论》《中国民航常飞客源国概况》《民航危险品运输》《客舱安全管理与应急处置》《民航安全检查技术》《民航服务心理学》《航空运输地理》《民航服务法律实务与案例教程》等。④ 职业形象类教材，包括《空乘人员形体与仪态》《空乘人员职业形象设计与化妆》《民航体能训练》等。⑤ 专业特色类教材，包括《民航服务手语训练》《空乘服务专业导论》《空乘人员求职应聘面试指南》《民航面试英语教程》等。

为了开发职业能力，编者联合有关 VR 开发公司开发了一些与教材配套的手机移动端 VR 互动资源，学生可以利用这些资源体验真实场景。

本套教材是迄今为止民航服务类专业较为完整的教材系列之一，希望能借此为我国民航服务人才的培养，乃至我国民航服务水平的提高贡献力量。民航发展方兴未艾，民航教育任重道远，为民航服务事业发展培养高质量的人才是各类人才培养部门的共同责任，相信集民航教育的业内学者、专家之共同智慧，凝聚有识之士心血的这套教材的出版，对加速我国民航服务专业建设、完善人才培养模式、优化课程体系、丰富教学内容，以及加强师资队伍建设能起到一定的推动作用。在教材使用的过程中，我们真诚地希望听到业内专家、学者批评的声音，收到广大师生的反馈意见，以利于进一步提高教材的水平。

丛 书 序

《礼记·学记》曰:"古之王者,建国君民,教学为先。"教育是兴国安邦之本,决定着人类的今天,也决定着人类的未来,企业发展也大同小异,重视人才是企业的成功之道,别无二选。航空经济是现代经济发展的新趋势,是当今世界经济发展的新引擎,民航是经济全球化的主流形态和主导模式,是区域经济发展和产业升级的驱动力。作为发展中的中国民航业,有巨大的发展潜力,其民航发展战略的实施必将成为我国未来经济发展的增长点。

"十三五"期间正值实现我国民航强国战略构想的关键时期,"一带一路"倡议方兴未艾,"空中丝路"越来越宽阔。面对高速发展的民航运输,需要推动持续的创新与变革;同时,基于民航运输的安全性和规范性的特点,其对人才有着近乎苛刻的要求,只有人才培养先行,夯实人才基础,才能抓住国家战略转型与产业升级的巨大机遇,实现民航运输发展的战略目标。经历多年民航服务人才发展的积累,我国建立了较为完善的民航服务人才培养体系,培养了大量服务民航发展的各类人才,保证了我国民航运输业的高速持续发展。与此同时,我国民航人才培养正面临新的挑战,既要通过教育创新,提升人才品质,又需要在人才培养过程中精细化,把人才培养目标落实到人才培养的过程中,而教材作为专业人才培养的基础,需要先行,从而发挥引领作用。教材建设发挥的作用并不局限于专业教育本身,其对行业发展的引领,专业人才的培养方向,人才素质、知识、能力结构的塑造以及职业发展潜力的培养具有不可替代的作用。

我国民航运输发展的实践表明,人才培养决定着民航发展的水平,而民航人才的培养需要社会各方面的共同努力。我们惊喜地看到,清华大学出版社秉承"自强不息,厚德载物"的人文精神,发挥强势的品牌优势,投身到民航服务专业系列教材的开发行列,改变了民航服务教材研发的格局,体现了其对社会责任的担当。

本套教材体系组织严谨,精心策划,高屋建瓴,深入浅出,具有突出的特色。第一,从民航服务人才培养的全局出发,关注了民航服务产业的未来发展趋势,架构了以培养目标为导向的教材体系与内容结构,比较全面地反映了服务人才培养趋势,具有良好的统领性;第二,很好地回归了教材的本质——适用性,体现在每本教材均有独特的视角和编写立意,既有高度的提升、理论的升华,也注重教育要素在课程体系中的细化,具有较强的可用性;第三,引入了职业素质教育的理念,补齐了服务人才素质教育缺少教材的短板,可谓是对传统服务人才培养理念的一次冲击;第四,教材编写人员参与面非常广泛。这反映出本套教材充分体现了当今民航服务专业教育的教学成果和编写者的思考,形成了相互交流的良性机制,势必对全国民航服务类专业的发展起到推动作用。

　　教材建设是专业人才培养的基础，与其服务的行业的发展交互作用，共同实现人才培养—社会检验的良性循环是助推民航服务人才的动力。希望这套教材能够在民航服务类专业人才培养的实践中，发挥更广泛的积极作用。相信通过不断总结与完善，这套教材一定会成为具有自身特色的、适应我国民航业发展要求的，以及深受读者喜欢的规范教材。

　　此为序。

原海南航空公司总裁、原中国货运航空公司总裁、原上海航空公司总裁

朱益民

2017 年 9 月

前　言

党的十九大指出："中国特色社会主义进入新时代，我国经济已由高速发展阶段转向高质量发展阶段。"我国也已进入民航强国建设的新时代。民航强国建设的本质是推动民航业高质量发展，民航旅客服务水平是民航高质量发展的集中体现。近年来，随着人民生活水平的提高，人民群众对民航服务种类、服务范围、服务能力和服务水平的要求也越来越高，民航服务供给不平衡、不充分的问题逐渐凸显，特别是票务销售、旅客服务、航班延误处置、行李运输等方面存在诸多短板，民航服务的传统优势和品牌影响力正在减弱。

在民航旅客运输业整个服务链中，大致分两大部分：一是空中机上服务；二是旅客地面运输服务。民航旅客地面运输服务作为航空运输中的关键环节，由于旅客是直接服务对象，所以服务部门不仅要具备企业应有的服务职能与业务功能，同时还要秉承"真情服务"理念，持续改善服务质量，不断提升服务水平。为了满足各民航运输企业和各大民航院校人才培训的需求，我们编写了《民航机场地勤服务》用于教学，目的是提高从业人员的综合素质，促进民航运输地面服务企业整体水平的提高，满足客户要求，适应时代发展。

本书内容充实，并具有很强的适应性，力求理论联系实际，充分结合我国民航业务在实际工作中的特定要求，在章节中插入案例和练习，并在最后附录中提供了大量的教学参考资料，是高等院校航空服务、航空运输管理、民航商务、民航运输等相关专业师生及民航运输管理人员在学习、教学、参考、阅读时的必备材料，也可以作为民航企业、物流企业培训教材之用。本书的主要特色有以下几方面。

（1）内容丰富。本书在编写过程中参考了目前航空公司和机场的内部相关资料，且吸取了当前航空运输服务相关书籍的优点，做到了教材内容全、新，能满足教学和实际工作的需要。

（2）结构新颖。目前，国内有关旅客地面运输服务的教材很多，但各有千秋，侧重面不同。本书在编排中突破原有结构，结合上海民航职业技术学院多年的办学经验以及与中国东方航空有限公司等航空公司的合作经验，从基础知识、经营、服务三方面进行了系统的研究和阐述。

（3）通俗易懂。本书在编写过程中充分考虑了初学者的需要，对一些相关的基本知识和基本概念都做了详细的介绍。

本书由陈文华（原上海民航职业技术学院航空运输系主任、副教授）全面策划组织编写，第一章至第三章、第五章、第七章、第九章至第十二章由陈烜华编写，第四章、第六章由庞敏编写，第八章由陈文华编写。最后全书由陈文华审定。

本书在编写过程中借鉴了很多业内外人士的观点，也参考了很多业内外的书籍和文章，在此谨向他们表示真诚的感谢。同时也非常感谢东方航空公司、上海机场集团给我们提供了很多实践性的资料。由于编者水平有限，书中难免存在错误和不妥之处，恳请读者和专家批评指正。

编　者
2018 年 3 月

CONTENTS 目录

基础知识篇

第一章 运输业和民航运输业 ……………………………… 2
  第一节 交通运输概述 ……………………………………… 2
    一、交通运输业的性质和产品 …………………………… 2
    二、交通运输业的特征 …………………………………… 2
    三、交通运输业的分类 …………………………………… 3
  第二节 民航运输业概述 …………………………………… 4
    一、民用航空的定义 ……………………………………… 4
    二、民用航空的分类 ……………………………………… 4
  第三节 我国民航的发展概况 ……………………………… 5
    一、我国民航的发展简史 ………………………………… 5
    二、我国民航体制的改革成就 …………………………… 8

第二章 航空公司和机场 …………………………………… 11
  第一节 国内航空公司 ……………………………………… 11
    一、航空公司的定义 ……………………………………… 11
    二、国内航空公司的类别和现状 ………………………… 11
    三、国内主要航空公司简介 ……………………………… 12
    四、航空组织和航空联盟 ………………………………… 17
  第二节 机场 ………………………………………………… 22
    一、机场的定义和分类 …………………………………… 22
    二、空港的构成 …………………………………………… 24
    三、国内主要机场介绍 …………………………………… 25

第三章 民航运输生产的基础知识 ………………………… 33
  第一节 航线 ………………………………………………… 33
    一、航线的概念 …………………………………………… 33
    二、航线的分类 …………………………………………… 34

三、航线的构成形式 ………………………………………… 34
　　四、我国的航线布局 ………………………………………… 35
第二节　机型 …………………………………………………… 35
　　一、机型的分类 ……………………………………………… 35
　　二、飞机的客舱布局 ………………………………………… 36
　　三、航空器国籍和登记标志的编号 ………………………… 38
第三节　航班和航班号 ………………………………………… 39
　　一、航班 ……………………………………………………… 39
　　二、航班号 …………………………………………………… 40
　　三、民航运输的飞行方式 …………………………………… 41
第四节　班期时刻表 …………………………………………… 41
　　一、航班时刻表的定义 ……………………………………… 41
　　二、航班时刻表的编制与发布 ……………………………… 42
　　三、查阅时刻表 ……………………………………………… 42

售票服务篇

第四章　航空售票 …………………………………………… 48

第一节　客票销售的基础知识 ………………………………… 48
　　一、电子客票的定义及销售渠道 …………………………… 49
　　二、电子客票购票证件及客票使用规则 …………………… 50
　　三、客运的相关票证 ………………………………………… 51
第二节　民航国内旅客运价 …………………………………… 52
　　一、运价的定义及特点 ……………………………………… 52
　　二、国内旅客运价的种类和适用范围 ……………………… 53
第三节　客票预订 ……………………………………………… 58
　　一、计算机订座系统的介绍 ………………………………… 58
　　二、旅客订座的基本指令 …………………………………… 59
第四节　客票出票 ……………………………………………… 71
　　一、出票的基本指令 ………………………………………… 71
　　二、电子客票查询 …………………………………………… 73
第五节　Queue 的处理 ………………………………………… 74
　　一、常见 Q 种类介绍 ………………………………………… 75
　　二、出 Q 操作指令 …………………………………………… 75
　　三、退出指令 ………………………………………………… 75
第六节　客票退改签的办理 …………………………………… 76
　　一、客票退票的办理 ………………………………………… 76

二、客票更改的办理 …………………………………………………… 83
　　三、客票签转的办理 …………………………………………………… 87

机场旅客地面服务篇

第五章　航站楼公共服务 …………………………………… 92

第一节　航站楼的功能设施和服务流程 ………………………………… 92
　　一、航站楼的功能 ……………………………………………………… 92
　　二、航站楼的设施 ……………………………………………………… 92
　　三、航站楼旅客服务的流程 …………………………………………… 93

第二节　航站楼问询服务 ………………………………………………… 94
　　一、问询服务的分类 …………………………………………………… 95
　　二、问询岗位的工作流程 ……………………………………………… 95

第三节　航站楼广播服务 ………………………………………………… 97
　　一、航站楼广播服务系统 ……………………………………………… 97
　　二、广播室岗位的职责 ………………………………………………… 98
　　三、广播室岗位的操作流程 …………………………………………… 98

第四节　航班调度服务 …………………………………………………… 99
　　一、航班调度服务概述 ………………………………………………… 99
　　二、航班调度岗位的职责 ……………………………………………… 99
　　三、航班调度岗位的操作流程 ………………………………………… 100

第六章　值机服务 …………………………………………………… 102

第一节　值机的业务常识 ………………………………………………… 102
　　一、办理航班值机手续的方式 ………………………………………… 102
　　二、办理乘机手续的时间规定 ………………………………………… 106
　　三、行李牌及行李标签 ………………………………………………… 106
　　四、旅客乘机证件 ……………………………………………………… 107
　　五、机上座位安排 ……………………………………………………… 107

第二节　乘机手续办理前的准备工作 …………………………………… 108
　　一、个人仪容仪表准备 ………………………………………………… 108
　　二、业务用品配备和设备检查准备 …………………………………… 109
　　三、航班信息掌握 ……………………………………………………… 110

第三节　航班值机手续的办理 …………………………………………… 110
　　一、国内电子客票的识读与查验 ……………………………………… 110
　　二、电子客票行程单的使用规定 ……………………………………… 112
　　三、值机办理的流程 …………………………………………………… 113

第四节　航班值机关闭的处理 ·· 115
　　　一、航班值机关闭的操作 ··· 115
　　　二、打开已关闭航班 ·· 115
　　　三、临时变更机型的处置 ··· 116
　　第五节　离港系统 ·· 116
　　　一、计算机离港控制系统介绍 ··· 116
　　　二、离港系统与订座系统之间的关系 ·································· 116
　　　三、离港系统几种前端产品的比较 ····································· 117
　　　四、主机与客户端 ··· 117
　　　五、使用离港系统的意义 ··· 118
　　　六、离港系统办理航班的工作流程 ····································· 118

第七章　安检服务 ··· 120

　　第一节　安检机构和人员要求 ·· 120
　　　一、安检的定义 ·· 120
　　　二、安检的法律法规 ·· 120
　　　三、安检机构 ··· 121
　　　四、安检人员 ··· 121
　　第二节　安检工作 ·· 122
　　　一、旅客及行李、货物、邮件的检查 ·································· 124
　　　二、安全检查岗位的主要职责 ··· 126
　　　三、航空器安全监护 ·· 126
　　　四、安检特殊情况的处置 ··· 127

第八章　联检服务 ··· 129

　　第一节　国际旅客运输联检流程 ··· 129
　　　一、各联检部门职责 ·· 129
　　　二、联检流程 ··· 130
　　第二节　海关 ·· 131
　　　一、海关机构职责 ··· 131
　　　二、航空口岸实行旅客书面申报制度 ·································· 131
　　　三、暂不予放行旅客行李物品暂存有关事项 ························· 132
　　　四、海关检查的方式 ·· 133
　　　五、案例 ··· 133
　　第三节　出入境检验检疫 ·· 135
　　　一、国家质检总机构和职责 ··· 135
　　　二、检验检疫的作用 ·· 136
　　　三、出入境检验检疫入境健康检疫申报 ······························ 136

四、依法对进出境邮寄物实施检疫 ……………………………………… 138
　第四节　出入境边防检查 …………………………………………………… 138
　　一、出入境边防检查总站机构和职责 …………………………………… 138
　　二、出入境的基础知识 …………………………………………………… 139
　　三、边防检查 ……………………………………………………………… 144

第九章　候机楼内旅客服务 …………………………………………… 147

　第一节　候机服务 …………………………………………………………… 147
　　一、候机服务的原则 ……………………………………………………… 147
　　二、登机前的准备工作 …………………………………………………… 148
　　三、发布旅客登机通知 …………………………………………………… 148
　第二节　登机服务 …………………………………………………………… 149
　　一、旅客登机总则 ………………………………………………………… 149
　　二、旅客登机次序 ………………………………………………………… 149
　　三、登机口工作人员的工作职责 ………………………………………… 149
　　四、工作人员的操作流程 ………………………………………………… 150
　　五、航班的操作要求 ……………………………………………………… 151
　　六、减客程序 ……………………………………………………………… 152
　　七、特殊情况 ……………………………………………………………… 152
　　八、登机口行李的操作要求 ……………………………………………… 153
　第三节　进港服务 …………………………………………………………… 154
　　一、进港服务的原则 ……………………………………………………… 154
　　二、旅客下机的次序 ……………………………………………………… 154
　　三、进港旅客服务的流程 ………………………………………………… 154
　第四节　过站和中转服务 …………………………………………………… 156
　　一、过站服务 ……………………………………………………………… 156
　　二、中转服务 ……………………………………………………………… 157

第十章　行李运输 ………………………………………………………… 162

　第一节　行李运输的一般规定 ……………………………………………… 162
　　一、行李的定义及分类 …………………………………………………… 162
　　二、免费行李额 …………………………………………………………… 163
　　三、国内逾重行李处理 …………………………………………………… 164
　　四、行李的声明价值 ……………………………………………………… 167
　第二节　行李的收运、运送、保管、退运和交付 ………………………… 168
　　一、行李的收运 …………………………………………………………… 168
　　二、行李的运送 …………………………………………………………… 174
　　三、行李的保管和装卸 …………………………………………………… 174

四、行李的退运 ……………………………………………………… 176
　　五、行李的交付 ……………………………………………………… 176
第三节　特殊行李运输 …………………………………………………… 176
　　一、不得作为行李运输的物品 ……………………………………… 177
　　二、限制运输的物品 ………………………………………………… 177
　　三、限制运输的行李 ………………………………………………… 178
第四节　行李查询 ………………………………………………………… 179
　　一、行李查询的工作内容 …………………………………………… 179
　　二、行李查询的基本流程 …………………………………………… 179
　　三、行李不正常运输的类别和处理 ………………………………… 180
第五节　行李的赔偿 ……………………………………………………… 181
　　一、行李赔偿责任的划分 …………………………………………… 181
　　二、办理行李赔偿的程序 …………………………………………… 182
　　三、行李赔偿额的计算方法 ………………………………………… 187

第十一章　特殊旅客运输 …………………………………………… 189

第一节　重要旅客运输 …………………………………………………… 189
　　一、重要旅客的定义和分类 ………………………………………… 189
　　二、重要旅客特殊服务的内容 ……………………………………… 190
　　三、重要旅客服务的操作规范 ……………………………………… 191
第二节　无成人陪伴儿童运输 …………………………………………… 195
　　一、一般规定 ………………………………………………………… 195
　　二、操作程序 ………………………………………………………… 195
第三节　病残旅客运输 …………………………………………………… 198
　　一、病残旅客的范围 ………………………………………………… 198
　　二、航空公司可以拒绝承运的范围 ………………………………… 198
　　三、病残旅客的接受条件 …………………………………………… 199
　　四、病残旅客运输的一般规定 ……………………………………… 202
　　五、常见病残旅客的处理和操作 …………………………………… 202
第四节　老年、孕妇和婴儿旅客运输 …………………………………… 204
　　一、老年旅客运输 …………………………………………………… 204
　　二、孕妇运输 ………………………………………………………… 205
　　三、婴儿旅客运输 …………………………………………………… 205
第五节　携带宠物旅客运输 ……………………………………………… 206
　　一、携带宠物旅客运输的一般规定 ………………………………… 206
　　二、携带宠物旅客的乘机须知 ……………………………………… 207
第六节　特殊餐食旅客运输 ……………………………………………… 207
　　一、特殊餐食旅客运输的一般规定 ………………………………… 208

二、特殊餐食旅客的值机工作与服务 …………………………………… 208
　第七节　醉酒旅客、犯人（嫌疑人）运输 ……………………………… 209
　　一、酒醉旅客 ……………………………………………………………… 209
　　二、犯人（嫌疑人）运输 ………………………………………………… 209

第十二章　不正常运输服务 …………………………………………… 211

　第一节　旅客运输不正常服务 …………………………………………… 211
　　一、误机、漏乘、错乘 …………………………………………………… 211
　　二、登机牌遗失 …………………………………………………………… 213
　　三、航班超售 ……………………………………………………………… 213
　第二节　航班运输不正常服务 …………………………………………… 215
　　一、不正常航班的原因 …………………………………………………… 215
　　二、不正常航班的类别 …………………………………………………… 215
　　三、航班延误 ……………………………………………………………… 215
　　四、航班取消 ……………………………………………………………… 216
　　五、补班 …………………………………………………………………… 216
　　六、航班中断 ……………………………………………………………… 217
　　七、航班返航 ……………………………………………………………… 217
　　八、航班备降 ……………………………………………………………… 217
　第三节　航空赔偿 ………………………………………………………… 218
　　一、旅客人身伤害的责任与赔偿 ………………………………………… 218
　　二、航班不正常责任认定与赔偿 ………………………………………… 218

参考文献 ………………………………………………………………………… 223

附录A　航班正常管理规定 ………………………………………………… 224

附录B　民用航空安全检查规则 …………………………………………… 236

第一章　运输业和民航运输业

 学习目标

1. 交通运输的产品和特点。
2. 民航运输的定义和分类。
3. 我国现在的民航体制。

2017年民航业发展取得了优异成绩,在国内经济进入发展新常态的背景下,民航主要运输指标均取得了高速发展,特别是全行业实现利润同比增长超过16%,取得了民航发展数量和质量的"双高速"。

本章节介绍了铁路运输、航空运输、公路运输、水路运输、管道运输等不同运输形式,在比较各种交通运输的优劣势的基础上,分析航空运输业的特点和分类,重点论述我国民航体制的改革和发展。

第一节　交通运输概述

一、交通运输业的性质和产品

交通运输业是社会活动中借助运输工具从事旅客、货物、行李、邮件等运输的物质生产部门。运输业不仅是从事旅客和货物运输的物质生产部门,同时也是公共服务业,属于第三产业。"公共服务"强调运输业在运输活动中的服务性质,也就是运输业必须以服务作为前提向全社会提供运输产品。

交通运输业的产品是位移,即通过改变劳动对象的空间位置,使其价值和使用价值发生变化。

二、交通运输业的特征

交通运输业的特征如下。

(1)运输业是一个不产生新的实物形态产品的物质生产部门。运输产品是运输对象的空间位移,用旅客人公里和货物吨公里计算。运输业的劳动对象可以是物也可以是人,且劳动对象不必为运输业所有,运输业参与社会总产品的生产和国民收入的创造,但却不增加社会产品实物总量。

(2)运输业的劳动对象是旅客和货物,运输业不改变劳动对象的属性或形态,只改变其空间位置。运输业提供的是一种运输服务,它对劳动对象只有生产权(运输权),不具有所有权。

(3)运输是社会生产过程在流通领域内的继续,具有先行性的特点。产品在完成了生产过程后,必然要从生产领域进入到消费领域,这就需要运输,产品只有完成了这个运动过程,才能变成消费品,运输和流通是紧密相连的,是社会生产过程在流通领域内的继续。

(4)运输生产和运输消费是同一过程。运输业的产品不能储存、不能调配,生产出来的产品如果不及时消费就会被浪费。运输产品的效用是和运输生产过程密不可分的,这种效用只能在生产过程中被消费,生产过程开始,消费过程也就开始,生产过程结束,消费过程也就结束,这一特点要求运输业一方面应留有足够的运输能力储备,以避免由于能力不足而影响消费者需求。

(5)运输产品具有同一性。使用不同的运输设备和运输工具,形成了不同的运输方式,但其产品均为位移,所以不同的运输方式之间可以互相替代,从而形成了不同运输方式之间的行业内竞争。

(6)运输业具有"网络型产业"特征。运输业的生产具有"网状"特征,它的场所遍及广阔空间。运输业的网络性生产特征决定了运输业内部各个环节以及各种运输方式相互间密切协调的重要性。

(7)运输业的资本结构具有特殊性。运输业固定资本比重大,流动资本比重小,资本的周转速度相对较慢。

三、交通运输业的分类

根据交通工具的不同,现代运输业分为铁路运输、公路运输、航空运输、水路运输和管道运输五种运输方式,共同构成了现代综合运输体系,如表1-1所示。

表1-1 交通运输的分类和特点

交通工具	特　　点
铁路运输	(1)运行速度快,随着高铁的发展,4年内时速从160千米提升至300千米,对民航业产生了很大的冲击;(2)运输能力大,适合于大批量低值产品的长距离运输;(3)铁路运输过程受气候和自然条件限制较小,连续性强,能保证全年运行;(4)铁路运输成本较低,能耗较低;(5)铁路线路是专用的,因而固定成本很高,原始投资较大,建设周期较长
公路运输	(1)公路运输机动灵活,适应性强,可实现"门到门"直达运输;(2)在中、短途运输中,运送速度较快;(3)运量较小,运输成本较高;(4)安全性较低,环境污染较高

续表

交通工具	特　点
航空运输	（1）速度快、时间短，现代喷气式客机巡航速度为800~1 000km/h，比汽车、火车快5~10倍，比轮船快20~30倍；（2）机动性强；（3）安全舒适，统计显示，民航客机安全性高于其他运输方式，现代民航客机的客舱宽畅，噪音小，机内有供膳、视听等设施，旅客乘坐的舒适程度较高；（4）适宜于距离长、要求时间短的运输，不宜短途运输；（5）但其运营成本较高、能耗大、运输能力小，飞机的商务业载小，一般只有几百千克或几吨，即使大型的宽体波音747-400全货机，商务载重也仅110吨；（7）受气候条件影响大
水路运输	（1）水运运输成本低，运量大；（2）时间长，适宜于运输距离长、运量大、时间性不太强的各种大宗物资运输；（3）水运航线无法在广大陆地上任意延伸，所以，水运要与铁路、公路和管道运输配合，并实行联运
管道运输	（1）管道运输是为运送某些特殊产品，如石油、天然气、煤等而建立起来的特殊运输系统，它是一种地下运输方式；（2）它运量大，能耗小，运价低廉，专用性强

联合运输是使用两种或两种以上的运输方式，完成一项运输任务的综合运输方式。近些年，随着大型枢纽中心的建成，不同交通工具之间的联运变得更加方便。

第二节　民航运输业概述

一、民用航空的定义

民用航空是指利用各类民用航空器从事除军事、海关和警察任务以外的民用航空飞行活动，这个定义明确了民用航空是航空业的一部分，以"使用"航空器界定了它和航空器制造业的界限，以"非军事"性质界定了它和军事航空的不同。

二、民用航空的分类

民用航空可分为两大部分：商业航空和通用航空。

商业航空运输是指以盈利为目的，进行经营性的客货运输的航空活动。在国内和国际航线上为获取报酬而使用大、中型旅客机、货机和支线飞机以及直升机从事定期和不定期的运送旅客、行李、货物、邮件的运输。商业航空运输习惯上称作航空运输或简称空运。

通用航空是指除去商业航空以外的民用航空活动。按照国际民航组织的分类，可以将通用航空划分为航空作业和其他类两部分，具体分类如表1-2所示。

表 1-2　通用航空分类和服务内容

通用航空类别	航空服务内容
工业航空	包括使用航空器进行与工矿业有关的各种活动,如航空摄影、航空遥感、航空物探、航空吊装、石油航空、航空环境监测等
农业航空	包括为农、林牧渔各行业服务的航空活动,如森林防火、灭火、播撒农药等
航空科研和探险活动	包括新技术的验证、新飞机的试飞,以及利用航空器进行的气象天文观测和探险活动
航空体育运动	用各类航空器开展的体育活动,如跳伞、滑翔机、热气球以及航空模型运动等
公务航空	大企业和政府高级行政人员用单位自备的航空器进行公务活动。跨国公司的出现和企业规模的扩大,使企业自备的公务飞机越来越多,公务航空就成为通用航空中的一个独立部门
私人航空	私人拥有航空器进行航空活动
飞行训练	除培养空军驾驶员外,还有培养各类飞行人员的学校和俱乐部的飞行活动

第三节　我国民航的发展概况

一、我国民航的发展简史

（一）旧中国时代 1920—1949 年

1909 年旅美华侨冯如在美国制造出一架飞机并试飞成功。1910 年（清宣统二年）8 月,清政府在北京南苑五里店毅军练兵场内始建飞行场和简易跑道,开办了飞机制造厂制造飞机,由此开始了中国的航空事业。1911 年爆发辛亥革命之后,南方革命政府、北洋政府和其他地方势力都积极发展民用航空,在北京、广东和东北地区组建空军,把航空用于军事目的。

1918 年北洋政府设立航空事务处,这是中国第一个主管民航事务的正式管理机构。1920 年开通的北京—天津航线是我国的第一条航线,中国民航由此拉开了序幕。

1928 年南京国民政府开始筹办民用航空,1929 年 5 月,成立沪蓉航线管理处,当年开通了上海—南京航线。同年 5 月,根据国民政府同美国航空开拓公司签订的"航空运输及航空邮务合同",在上海成立了中国航空公司。1930 年 8 月,沪蓉航线管理处撤销,被中国航空公司兼并。到 1947 年年底,"中航"已拥有以上海为中心的国内航线 31 条,上海至旧金山、香港、东京、汉城以及香港至曼谷的国际、地区航线 5 条,通航城市 38 个,飞机 46 架,员工 3 970 人。

1930 年 2 月,德国汉莎航空公司代表同国民政府交通部签订了合资经营欧亚航空公司的合同。1936 年开通了广州到河内的航线,这是我国的第一条国际航线。1941 年中德断交,中国政府接管了欧亚航空公司,没收了德方股份。1943 年 2 月,国民政府改组欧亚航空公司为中央航空公司，该公司于同年3月3日在重庆正式成立。到1947年中央航空公司有飞机42架，航线26条，通航城市27个。

（二）1949—1978年

1949年中华人民共和国中央人民政府的成立，开始了中国历史的新篇章。1949年9月中央军委成立了航空小组，接收国民党残留在中国大陆上的民航和军航机场、装备和人员。中国民航局于1949年11月2日正式成立。

1949年11月9日中国航空公司和中央航空公司的数千名员工在香港宣布起义，十二架飞机和四千余名员工回到祖国。这就是奠定新中国民航事业基础的著名的"两航起义"。20世纪50—70年代末，由于当时社会经济发展水平和社会环境的限制，中国民航集政府当局、航空公司和机场于一身，实行高度集中的政企合一的管理体制。1950年新中国民航初创时，仅有30多架小型飞机，年旅客运输量仅1万人，运输总周转量仅157万吨公里；1978年，航空旅客运输量达到231万人，运输总周转量3亿吨公里。

（三）1978年至今

第一阶段——管理体制的非军事化改革（1980—1986年）

1978年10月9日，邓小平同志指示民航要用经济观点管理。1980年2月14日，邓小平同志指出："民航一定要企业化。"同年3月5日，中国政府决定民航脱离军队建制，把中国民航局从隶属于空军改为国务院直属机构，实行企业化管理。这期间中国民航局是政企合一，既是主管民航事务的政府部门，又是以"中国民航（CAAC）"名义直接经营航空运输、通用航空业务的全国性企业。下设北京、上海、广州、成都、兰州（后迁至西安）、沈阳六个地区管理局。1980年我国民航只有140架运输飞机，且多数是20世纪50年代或40年代生产制造的苏式伊尔14、里二型飞机，载客量仅20多人或40人，载客量100人以上的中大型飞机只有17架；机场只有79个。1980年，我国民航全年旅客运输量仅343万人；全年运输总周转量4.29亿吨公里，居新加坡、印度、菲律宾、印度尼西亚等国之后，列世界民航第35位。

第二阶段——企业化改革和引入竞争机制（1987—2002年）

1987年，中国政府决定对民航业进行以航空公司与机场分设为特征的体制改革。主要内容是将原民航北京、上海、广州、西安、成都、沈阳六个地区管理局的航空运输和通用航空相关业务、资产和人员分离出来，组建了六个国家骨干航空公司，实行自主经营、自负盈亏、平等竞争。这六个国家骨干航空公司是中国国际航空公司、中国东方航空公司、中国南方航空公司、中国西南航空公司、中国西北航空公司、中国北方航空公司。此外，以经营通用航空业务为主并兼营航空运输业务的中国通用航空公司也于1989年7月成立。

在组建骨干航空公司的同时，在原民航北京管理局、上海管理局、广州管理局、成都管理局、西安管理局和沈阳管理局所在地的机场部分基础上，组建了民航华北、华东、中南、西南、西北、东北及新疆七个地区管理局，以及北京首都机场、上海虹桥机场、广州白云机场、成都双流机场、西安西关机场（现已迁至咸阳，改为西安咸阳机场）和沈阳桃仙机场。七个地区管理局既是管理地区民航事务的政府部门，又是企业，领导管理各民航省（区、市）局和机场。

航空运输服务保障系统也按专业化分工的要求相应进行了改革。1990年，在原民航各级供油部门的基础上组建了专门从事航空油料供应保障业务的中国航空油料总公司，该公司通过设在各机场的分支机构为航空公司提供油料供应。属于这类性质的单位还有从事航空器材（飞机、发动机等）进出口业务的中国航空器材公司，从事全国计算机订票销售系统管理与开发的计算机信息中心，为各航空公司提供航空运输国际结算服务的航空结算中心，以及飞机维修公司、航空食品公司等。

1993年4月19日，中国民用航空局改称中国民用航空总局，属国务院直属机构。12月20日，中国民用航空总局的机构规格由副部级调整为正部级。

二十多年中，我国民航运输总周转量、旅客运输量和货物运输量年均增长分别达18%、16%和16%，高出世界平均水平两倍多。2002年，民航行业完成运输总周转量165亿吨公里、旅客运输量8 594万人、货邮运输量202万吨，国际排位进一步上升，成为令人瞩目的民航大国。

第三阶段（2002年至今）

中国民航发生最深刻的改革是在这个阶段，2002年3月，中国政府决定对中国民航业再次进行重组。主要内容如下。

民航总局直属航空公司及服务保障企业合并重组后，于2002年10月11日正式挂牌成立，组成为六大集团公司，分别是中国航空集团公司、中国东方航空集团公司、中国南方航空集团公司、中国民航信息集团公司、中国航空油料集团公司、中国航空器材进出口集团公司。成立后的集团公司与民航总局脱钩，交由中央管理。

民航政府监管机构改革民航总局下属七个地区管理局（华北地区管理局、东北地区管理局、华东地区管理局、中南地区管理局、西南地区管理局、西北地区管理局、新疆管理局）和四十个省级安全监督管理办公室（天津、河北、山西、内蒙古、大连、吉林、黑龙江、江苏、浙江、安徽、福建、江西、山东、青岛、河南、湖北、湖南、海南、广西、深圳、重庆、贵州、云南、甘肃、青海、宁夏等），对民航事务实施监管，如表1-3所示。

表1-3 各民航管理局区域代号

管理局名称	地址	代码	管理局名称	地址	代码
华北管理局	北京	1	华东管理局	上海	5
西北管理局	西安	2	东北管理局	沈阳	6
中南管理局	广州	3	新疆管理局	乌鲁木齐	9
西南管理局	成都	4			

各地区管理局管辖区域如下。
- 华北地区管理局：北京、天津、河北、山西、内蒙古。

- 西北地区管理局：陕西、甘肃、宁夏、青海。
- 中南地区管理局：河南、湖北、湖南、海南、广西、广东。
- 西南地区管理局：重庆市、四川、贵州、云南、西藏。
- 华东地区管理局：上海、江苏、浙江、山东、安徽、福建、江西。
- 东北地区管理局：辽宁、吉林、黑龙江。
- 新疆地区管理局：新疆。

机场实行属地管理，按照政企分开、属地管理的原则，对90个机场进行了属地化管理改革，民航总局直接管理的机场下放所在省（区、市）管理，相关资产、负债和人员一并划转；民航总局与地方政府联合管理的民用机场和军民合用机场，属民航总局管理的资产、负债及相关人员一并划转所在省（区、市）管理。首都机场、西藏自治区区内的民用机场继续由民航总局管理。2004年7月8日，随着甘肃机场移交地方，机场属地化管理改革全面完成，也标志着民航体制改革全面完成。

二、我国民航体制的改革成就

经过多年深入的研究和探索，我国民航的体制改革已经取得了一定成就。中国成为全球增长最快、最重要的民航市场之一，《2016年民航行业发展统计公报》显示，2016年，民航全行业的主要运输指标都保持较快增长。其中，共计完成运输总周转量962.51亿吨公里，比2015年增长13%；完成旅客运输量48 796万人次，比2015年增长11.9%，超过2015年11.3%的增速；完成货邮运输量668万吨，比2015年增长了6.2%；运输总量已连续9年排名世界第二。并且，国内218个机场在2016年完成旅客运输量达10.16亿人次，首次突破10亿大关。图1-1~图1-3所示是我国民航发展的基本状况。

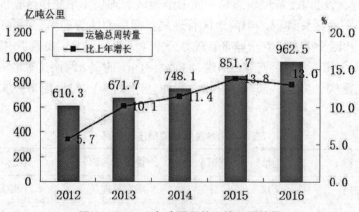

图1-1 2016年我国民航运输总周转量

专栏1 "十二五"时期民航发展指标完成情况					
类别	指标	2010年	2015年目标	年均增长	2015年	年均增长
业务规模	航空运输总周转量（亿吨公里）	538	830	9.0%	852	9.6%
	旅客运输量（亿人）	2.68	4.5	10.9%	4.4	10.4%
	货邮运输量（万吨）	563	670	3.5%	629	2.2%
	通用航空生产作业（万小时）	14	30	16.5%	28.8	15.5%
	旅客周转量在综合交通中的比重（%）	14.5	16	—	24.2	—
发展质量	运输飞行百万小时重大事故率	[0.05]	<[0.20]	—	[0.00]	—
	航班正常率（%）	75	>80	—	67	—
	载运率（%）	71.6	>70	—	72.2	—
	运输飞机日利用率（小时/天）	9.4	≥9.6	—	9.5	—
	吨公里燃油消耗（公斤）	[0.306]	<[0.294]	—	[0.293]	—
保障能力	保障起降架次（万）	605	1040	11.4%	857	7.2%
	全国民用运输机场（个）	175	≥230	—	207*	—
	运输机队规模（架）	1597	2750	11.5%	2650	10.7%
	通用机队规模（架）	1010	>2000	—	1904	13.5%
	全年航油供应（万吨）	1600	2850	12.2%	2580	10.0%
	飞行员数量（万人）	2.4	4	10.8%	4.6	13.9%
	民航院校在校生（万人）	5.0	6.3	4.7%	6.3	4.7%

注：带[ ]的数据为5年累计数；*不含3个通勤机场。

图1-2 "十二五"民航指标完成情况

专栏2 "十三五"时期民航发展主要预期指标				
类别	指标	2015年	2020年	年均增长
行业规模	航空运输总周转量（亿吨公里）	852	1420	10.8%
	旅客运输量（亿人）	4.4	7.2	10.4%
	货邮运输量（万吨）	629	850	6.2%
	通用航空飞行量（万小时）	77.8	200	20.8%
	旅客周转量在综合交通中的比重（%）	24.2	28	—
发展质量	运输飞行百万小时重大及以上事故率	[0.00]	<[0.15]	—
	航班正常率	67%	80%	—
	平均延误时间（分钟）	23	20	—
	中国承运人占国际市场份额	49%	>52%	—
保障能力	保障起降架次（万）	857	1300	8.7%
	民用运输机场（个）	207*	≥260	—
	运输机场直线100km半径范围内覆盖地级市	87.2%	93.2%	—
绿色发展	吨公里燃油消耗（公斤）	[0.293]	[0.281]	—
	吨公里二氧化碳排放（公斤）	[0.926]	[0.889]	—

注：带[ ]的数据为5年累计数；*不含3个通勤机场。

图1-3 "十三五"民航发展主要预期指标

课后练习

一、简答题

1. 交通运输的分类和它们的优劣势？
2. 改革开放后，我国航空改革的阶段和主要改革内容是什么？
3. 改革后，现有我国六大航空集团有哪些？

二、选择题

1. 交通运输的产品是（　　）。
   A. 吨公里　　　　　　　　B. 客公里
   C. 位移　　　　　　　　　D. 货物
2. 民用航空分为哪两类？（　　）
   A. 军用航空　　　　　　　B. 商业航空
   C. 通用航空　　　　　　　D. 工业航空
3. 华东管理局的数字代码是（　　）。
   A. 2　　　　　　　　　　B. 3
   C. 4　　　　　　　　　　D. 5

第二章 航空公司和机场

 学习目标

1. 航空公司的定义和分类。
2. 我国主要航空公司的代码。
3. 机场的定义和分类。
4. 我国主要机场的代码。

改革开放后,我国航空业迅速发展,特别是2002年的《民航体制改革方案》,2013年民航局推进放松公共航空运输企业经营许可,使我国航空客运企业快速增加,至2016年年底,全国航空客运企业达到了51家。中国的民航机场总数也在迅速增加,至2016年年底达到了216座,年旅客发送量1 000万以上的为28座。

本章节介绍了我国主要的航空公司,现有的重要航空协会和航空三大联盟,同时阐述了空港的构成,并对我国运输量最大的几大机场进行了介绍。

第一节 国内航空公司

一、航空公司的定义

航空公司是指以各种航空器(主要指飞机)为运输工具,以空中运输的方式运载人员或货物的企业。国际航空运输协会(IATA)为全球各大航空公司指定了两个字母的 IATA 航空公司代码。国际民用航空组织(ICAO)为全球各个航空公司指定了三个字母的 ICAO 航空公司代码。

二、国内航空公司的类别和现状

根据航空公司资产主体的性质不同,可分为以下几类。

(一)国有资产占主体

国资委所属,如中国国际航空股份有限公司、中国东方航空股份有限公司、中国南方航空股份有限公司。

（二）地方政府占主体

如山东航空股份有限公司、四川航空股份有限公司、厦门航空股份有限公司。

（三）民营资本为主

如春秋航空股份有限公司、上海吉祥航空有限公司、奥凯航空有限公司。

截至2016年年底，我国共有运输航空公司59家，比2015年年底增加4家，按不同所有制类别划分，国有控股公司44家，民营和民营控股公司15家；全部运输航空公司中，全货运航空公司8家，中外合资航空公司11家，上市公司7家。

中航集团完成飞行小时237.4万小时，完成运输总周转量261.7亿吨公里，比2015年增长10.1%；完成旅客运输量1.15亿人次，比2015年增长9.3%；完成货邮运输量191.6万吨，比2015年增长7.0%。各航空公司运输总周转量占比如图2-1所示。

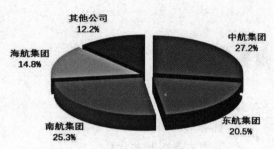

图2-1　2016年各航空（集团）公司的运输总周转量比重

东航集团完成飞行小时197.3万小时，完成运输总周转量197.3亿吨公里，比2015年增长10.6%；完成旅客运输量1.02亿人次，比2015年增长8.6%；完成货邮运输量139.5万吨，比2015年下降0.3%。

南航集团完成飞行小时237.5万小时，完成运输总周转量243.9亿吨公里，比2015年增长8.9%；完成旅客运输量1.15亿人次，比2015年增长4.8%；完成货邮运输量161.3万吨，比2015年增长6.7%。

海航集团完成飞行小时139.5万小时，完成运输总周转量142.1亿吨公里，比2015年增长22.9%；完成旅客运输量0.83亿人次，比2015年增长22.4%；完成货邮运输量78.4万吨，比2015年增长0.8%。

其他航空公司共完成飞行小时137.7万小时，完成运输总周转量117.5亿吨公里，比2015年增长22.4%；完成旅客运输量0.73亿人次，比2015年增长22.7%；完成货邮运输量97.3万吨，比2015年增长19.6%。

三、国内主要航空公司简介

（一）中国国际航空股份有限公司

简称：国航

英文名称：Air China Limited

IATA代码：CA

ICAO 代码：CCA
总部：北京
企业性质：中央直属企业，国旗承运人
主运营基地：北京首都国际机场、成都双流国际机场
所属联盟：星空联盟
常旅客计划：国航知音

（二）中国东方航空股份有限公司

简称：东航
英文名称：China Eastern Airlines Company Limited
IATA 代码：MU
ICAO 代码：CES
总部：上海
企业性质：中央直属企业
主运营基地：上海虹桥国际机场、上海浦东国际机场
所属联盟：天合联盟
常旅客计划：东方万里行

（三）中国南方航空股份有限公司

简称：南航
英文名称：China Southern Airlines Company Limited
IATA 代码：CZ
ICAO 代码：CSN
总部：广州
企业性质：中央直属企业
运营基地：广州白云国际机场、北京首都国际机场、郑州新郑国际机场
所属联盟：2007 年加入天合联盟，2019 年 1 月 1 日退出天合联盟
常旅客计划：南航明珠俱乐部

（四）海南航空股份有限公司

简称：海航
英文名称：Hainan Airlines Company Limited
IATA 代码：HU（山西航空、长安航空、中国新华航空为海航控股子公司，均使用 HU 代码）
ICAO 代码：CHH
总部：海口
企业性质：地方国企
主运营基地：海口美兰国际机场

常旅客计划：金鹏俱乐部

（五）深圳航空有限责任公司

简称：深航
英文名称：Shenzhen Airlines Company Limited
IATA 代码：ZH
ICAO 代码：CSZ
总部：深圳
企业性质：地方国企，现国航控股
主运营基地：深圳宝安国际机场
所属联盟：星空联盟
常旅客计划：凤凰知音

（六）上海航空股份有限公司

简称：上航
英文名称：Shanghai Airlines Company Limited
IATA 代码：FM
ICAO 代码：CSH
总部：上海
企业性质：地方国企，东航全资子公司
主运营基地：上海浦东国际机场、上海虹桥国际机场
所属联盟：天合联盟（随同母公司东航一同加入）
常旅客计划：东方万里行

（七）厦门航空有限公司

简称：厦航
英文名称：Xiamen Airlines Company Limited
IATA 代码：MF
ICAO 代码：CXA
总部：厦门
企业性质：地方国企
主运营基地：厦门高崎国际机场、福州长乐国际机场
所属联盟：天合联盟
常旅客计划：白鹭飞行奖励计划

（八）四川航空股份有限公司

简称：川航
英文名称：Sichuan Airlines Company Limited

IATA 代码：3U
ICAO 代码：CSC
总部：成都
企业性质：地方国企
主运营基地：成都双流国际机场
常旅客计划：金熊猫俱乐部、南航明珠俱乐部

（九）山东航空股份有限公司

简称：山航集团公司
英文名称：ShandongAirlines Company Limited
IATA 代码：SC
ICAO 代码：CDG
总部：济南
企业性质：地方国企，现国航控股
主运营基地：济南遥墙国际机场
常旅客计划：凤凰知音

（十）春秋航空股份有限公司

简称：春秋航空
英文名称：Spring Airlines Company Limited
IATA 代码：9C
ICAO 代码：CQH
总部：上海
企业性质：民营航空公司
主运营基地：上海虹桥国际机场

（十一）上海吉祥航空股份有限公司

简称：吉祥航空
英文名称：Juneyao Airlines Company Limited
IATA 代码：HO
ICAO 代码：DKH
总部：上海
企业性质：民营航空
主运营基地：上海虹桥国际机场、上海浦东国际机场

（十二）中国联合航空有限公司

简称：中国联航
英文名称：China United Airlines Company Limited

IATA 代码：KN
ICAO 代码：CUA
总部：北京
企业性质：东航全资子公司
主运营基地：北京南苑机场
所属联盟：天合联盟
常旅客计划：东方万里行

国内主要航空公司的基本信息如表 2-1 所示。

表 2-1　我国主要航空公司名称及二字代码

编号	二字代码	票证代号	航空公司名称（中文）	航空公司名称（英文）	公司性质	企业标志
1	BK	866	奥凯航空有限公司	Okay Airways Company Limited	民营	
2	CA	999	中国国际航空股份有限公司	Air China Limited	央企	
3	CZ	784	中国南方航空股份有限公司	China Southern Airlines Company Limited	央企	
4	EU	811	成都航空有限公司	Chengdu Airlines Company Limited	民营	
5	FM	774	上海航空股份有限公司	Shanghai Airlines Company Limited	地方国企 东航收购	
6	GS	826	天津航空有限责任公司	Tianjin Airlines	海航控股	
7	G5	987	华夏航空股份有限公司	China Express Airlines Company Limited	中外合资	
8	HO	018	上海吉祥航空有限公司	Juneyao Airlines Company Limited	民营	
9	HU	880	海南航空股份有限公司	Hainan Airlines Company Limited	地方国企	
10	JD	898	北京首都航空有限公司	Beijing Capital Airlines Company Limited	海航控股	
11	KN	822	中国联合航空有限公司	China United Airlines Company Limited	东航控股	
12	KY	833	昆明航空有限公司	Kunming Airlines Company Limited	地方国企	
13	MF	731	厦门航空有限公司	Xiamen Airlines Company Limited	南航控股	

续表

编号	二字代码	票证代号	航空公司名称（中文）	航空公司名称（英文）	公司性质	企业标志
14	MU	781	中国东方航空股份有限公司	China Eastern Airlines Company Limited	央企	中国东方航空 CHINA EASTERN
15	NS	836	河北航空有限公司	Hebei Airlines Company Limited	厦航控股	河北航空 HEBEI AIRLINES
16	OQ	878	重庆航空有限责任公司	Chongqing Airlines Company Limited	南航控股	重庆航空 CHONGQING AIRLINES
17	PN	847	西部航空有限责任公司	West Air Company Limited	海航控股	West Air 西部航空
18	SC	324	山东航空股份有限公司	Shandong Airlines Company Limited	地方国企	山东航空公司 SHANDONG AIRLINES
19	TV	088	西藏航空有限公司	Tibet Airlines Company Limited	地方国企	西藏航空 TIBET AIRLINES
20	ZH	479	深圳航空有限责任公司	Shenzhen Airlines Company Limited	国航控股	深圳航空 Shenzhen Airlines
21	3U	876	四川航空股份有限公司	Sichuan Airlines Company Limited	地方国企	四川航空 SICHUAN AIRLINES
22	8L	859	云南祥鹏航空有限责任公司	Lucky Air Company Limited	海航控股	Lucky Air 祥鹏航空
23	9C	089	春秋航空股份有限公司	Spring Airlines Company Limited	民营	春秋航空 SPRING AIRLINES
24	VD	981	鲲鹏航空有限公司	Kun Peng AirlinesCompany Limited	深航参股	鲲鹏航空 Kunpeng Airlines
25	QW	912	青岛航空股份有限公司	Qingdao Airlines Company Limited	民营	青岛航空 QINGDAO AIRLINES
26	AQ	902	九元航空有限公司	9 Air Company Limited	民营	九元航空有限公司 9AIR CO. LTD.

四、航空组织和航空联盟

（一）国际民航组织 ICAO

国际民航组织（International Civil Aviation Organization）前身为根据1919年《巴

黎公约》成立的空中航行国际委员会（ICAO），图标如图 2-2 所示。由于第二次世界大战对航空器技术发展起到了巨大的推动作用，使得世界上已经形成了一个包括客货运输在内的航线网络，但随之也引起了一系列亟待国际社会协商解决的政治上和技术上的问题。因此，在美国政府的邀请下，52 个国家于 1944 年 11 月 1 日至 12 月 7 日参加了在芝加哥召开的国际会议，签订了《国际民用航空公约》（通称《芝加哥公约》），按照公约规定成立了临时国际民航组织（PICAO）。

图 2-2　国际民航组织的徽标

1947 年 4 月 4 日，《芝加哥公约》正式生效，国际民航组织也因此正式成立，并于 5 月 6 日召开了第一次大会。同年 5 月 13 日，国际民航组织正式成为联合国的一个专门机构。

我国是国际民航组织的创始国之一，南京国民政府于 1944 年签署了《国际民用航空公约》，并于 1946 年正式成为会员国。

1971 年 11 月 19 日国际民航组织第七十四届理事会第十六次会议通过决议，承认中华人民共和国政府为中国唯一合法代表。

（二）国际航空运输协会 IATA

国际航空运输协会（International Air Transport Association，IATA）是一个由世界各国航空公司所组成的大型国际组织，其前身是 1919 年在海牙成立并在第二次世界大战时解体的国际航空业务协会，总部设在加拿大的蒙特利尔，执行机构设在日内瓦，图标如图 2-3 所示。和监管航空安全和航行规则的国际民航组织相比，IATA 更像是一个由承运人（航空公司）组成的国际协调组织，管理在民航运输中出现的诸如票价、危险品运输等问题，主要作用是通过航空运输企业来协调和沟通政府间的政策，并解决实际运作的问题。

IATA 的宗旨是为了世界人民的利益，促进安全、正常而经济的航空运输，对于直接或间接从事国际航空运输工作的各空运企业提供合作的途径，与国际民航组织以及其他国际组织通力合作。

截至 2016 年 11 月，国际航空运输协会共有 265 个会员：北美 16 个；北大西洋 1 个；欧洲 100 个；中东 21 个；非洲 36 个；亚洲 50 个；南美 21 个；太平洋 6 个；中美洲 14 个。年度大会是最高权力机构，执行委员会有 27 个执行委员，由年会选出的空运企业高级人员组成，任期三年，每年改选 1/3，协会的年度主席是执行委员会的当然委员。常设委员会有运输业务、技术、财务和法律委员会；秘书处是办事机构。

图 2-3　IATA 的徽标

（三）中国航空运输协会

中国航空运输协会（简称：中国航协，图标如图 2-4 所示。英文译名：China Air Transport Association，缩写：CATA）成立于 2005 年 9 月 9 日，是依据我国有关法律规定，经中华人民共和国民政部核准登记注册，以民用航空公司为主体，由企、事业法人和社团法人自愿参加组成的、行业性的、不以盈利为目的的全国性社团法人。截至 2017 年 9 月，协会会员 4 027 家，本级会员 87 家，分支机构会员 3 940 家。行业主管部门为中国民用航空局。2009 年和 2015 年连续被民政部评为全国 5A 级社团组织。

图 2-4　CATA 的徽标

中国航协设理事长、副理事长、秘书长等领导职务，常务副理事长为法人代表。协会下设综合人事部、财务部、研究部、市场部、培训部、交流部六个部门；分支机构有航空安全工作委员会、通用航空分会、航空运输销售代理分会、航空油料分会、航空食品分会、飞行乘务员委员会、法律委员会、收入会计工作委员会、海峡两岸航空运输交流委员会、航空物流发展基金管理委员会和科技教育文化委员会。在华北、华东、中南、西南、西北、东北和新疆分别设有代表处。

（四）航空联盟

航空联盟是两家或多家航空公司同意进行实质性合作，互惠互利的一种组织。全球最大的三个航空联盟是星空联盟、寰宇一家及天合联盟。除客运外，货物航空公司之中亦有航空联盟，例如 WOW 货物联盟。航空联盟提供了全球的航空网络，加强了国际的联系，并使跨国旅客在转机时更方便。

1. 星空联盟（Star Alliance）

星空联盟成立于 1997 年，其名字和标志上星形图案的五个部分代表着五大创始航空公司：北欧航空公司、泰国国际航空公司、加拿大航空公司、汉莎航空公司和美国联合航空公司。星空联盟是目前世界上最大的航空联盟，总部在德国法兰克福，图标如图 2-5 所示。

中国大陆的航空公司中，国航和深航属于星空联盟。

到目前为止，星空联盟拥有 28 家正式成员，联盟成员如图 2-6 所示。星空联盟的优势在于成员数量多，新加坡航空有限公司（简称新航）、全日本空输株式会社（简称全日空）、德国汉莎航空股份公司（简称汉莎航空），包括新西兰航空公司已经是星空联盟的标杆航空公司。

图 2-5　星空联盟的徽标

图 2-6 星空联盟的成员

2. 寰宇一家（One World）

星空联盟的成立，刺激并启发了英国航空公司和美国航空公司。所以在1999年，他们联合国泰航空公司、澳洲航空公司以及原加拿大航空公司，发起并成立了寰宇一家，图标如图 2-7 所示。

图 2-7 寰宇一家的徽标

寰宇一家号称精英联盟，绝大多数成员不是高端航空公司就是所在区域的霸主，仅有少数因为扩展航线的需要被邀请加入的小航空公司。

寰宇一家航空联盟目前拥有14家航空公司，在中国大陆没有成员，周边地区则有日本航空公司、国泰航空有限公司（包括港龙）、卡塔尔航空公司、澳洲航空公司等，其成员如图 2-8 所示。

图 2-8 寰宇一家的成员

3. 天合联盟（Sky Team）

天合联盟的总部设在荷兰阿姆斯特丹，2000 年成立，图标如图 2-9 所示。天合联盟创始成员包括法国航空公司、达美航空公司、墨西哥国际航空公司和大韩航空公司，是三大联盟中成立最晚，但也是发展最快的，尤其是在大中华区，南航、东航、厦航、华航都加入了天合联盟。2018 年天合联盟共有 20 家航空公司，目的地包括 177 个国家、地区的 1 062 个机场，年客运量超过 6 亿人次，具体成员如图 2-10 所示。天合联盟在大中华区拥有首屈一指的地位。

图 2-9　天合联盟的徽标

图 2-10　天合联盟的成员

航空联盟的好处有以下几方面。

（1）代码共享。航空联盟可提供更大的航空网络。很多航空联盟的开始都是来自几个航空公司之间的代码共享网络发展而成。

（2）资源共用。共用维修设施、运作设备、职员，相互支援地勤与空厨作业以降低成本。

（3）降低成本。由于成本减少，乘客可以更低廉价格购买机票。

（4）调配灵活。航班开出时间更灵活、有弹性。

（5）减少转机。转机次数减少，乘客可更方便地抵达目的地。

（6）积分互通。乘客在旅游奖励计划（如亚洲万里通）使用同一户口乘搭不同航空公司均可赚取飞行里数。

知识链接

代码共享

代码共享最基本的概念是,旅客在全程旅行中有一段航程或全程航程是乘坐出票航空公司航班号但非出票航空公司承运的航班的,即出票承运人并非是实际承运人。

代码共享可以使航空公司利用合作伙伴现成的航线、飞机,绕过国家间市场准入的限制,使自身的航线结构快速全球化。利用代码共享的安排,航空公司可能既满足了航线扩张的需要,又不用投入巨额资金,也可以使航空公司在不增加新的运力的情况下,增加航班班次,提高航线质量,降低单位营运成本,提高市场占有率,并使原有的竞争对手变成合作伙伴,优化经营环境。

对于旅客而言,则可以享受到更加便捷、丰富的服务,如众多的航班和时刻选择、一体化的转机服务、优惠的环球票价、共享的休息厅以及常旅客计划等。正因为代码共享优化了航空公司的资源,并使旅客受益匪浅,所以它于20世纪70年代在美国国内市场诞生后,短短20年便已成为全球航空运输业内最流行的合作方式。

代码共享的种类有以下两种。

(1)完全代码共享,是指共享航空公司和承运航空公司用各自的航班号共同销售同一航班,而不限制各自的座位数。

(2)包座代码共享,是指共享航空公司和承运航空公司达成合作协议,购买承运航空公司某一航班的固定座位数,共享航空公司只能在此范围内用自己的航班号进行销售。

第二节 机　　场

一、机场的定义和分类

国际民航组织对机场的定义为:供航空器起飞降落和地面活动而划定的一块地域或水域,包括域内的各种建筑物和设备装置。

《中华人民共和国民用航空法》对机场的定义为:机场是专供民用航空器起飞、降落、滑行、停放及进行其他活动使用的划定区域(包括附属的建筑物、装置和设施)。

机场主要分为民用和军用两大类,用于商业航空运输的机场称为航空港。在我国大型的民用机场称为空港,小型的民用机场称为航站,分类如图2-11所示。

重要空港是一个国家在航空运输中占据核心地位的空港,我国一般把对外开放的国际空港作为重要空港的标准,北京、上海、广州是我国最重要的空港,也被称作枢纽空港。

一般空港是重要空港之外的其他小型空港,在我国其中大多数都属于航站,虽然运输量不大,但作为沟通全国航路或对某个地区的经济发展起着重要作用。

通用航空港主要用于通用航空,为专门航空的小型机场或直升机服务。

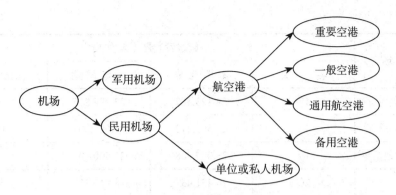

图 2-11 我国机场的分类

2018 年我为机场旅客吞吐量排名如表 2-2 所示。

表 2-2 2018 年我国机场旅客吞吐量排名

机　场	名　次	旅客吞吐量（人次）		
		本期完成	上年同期	同比增速 %
全国合计		1,264,688,737	1,147,866,788	10.2
北京/首都	1	100,983,290	95,786,296	5.4
上海/浦东	2	74,006,331	70,001,237	5.7
广州/白云	3	69,720,403	65,806,977	5.9
成都/双流	4	52,950,529	49,801,693	6.3
深圳/宝安	5	49,348,950	45,610,651	8.2
昆明/长水	6	47,088,140	44,727,691	5.3
西安/咸阳	7	44,653,311	41,857,229	6.7
上海/虹桥	8	43,628,004	41,884,059	4.2
重庆/江北	9	41,595,887	38,715,210	7.4
杭州/萧山	10	38,241,630	35,570,411	7.5
南京/禄口	11	28,581,546	25,822,936	10.7
郑州/新郑	12	27,334,730	24,299,073	12.5
厦门/高崎	13	26,553,438	24,485,239	8.4
长沙/黄花	14	25,266,251	23,764,820	6.3
青岛/流亭	15	24,535,738	23,210,530	5.7
武汉/天河	16	24,500,356	23,129,400	5.9

续表

机　场	旅客吞吐量（人次）			
	名　　次	本期完成	上年同期	同比增速%
海口/美兰	17	24,123,582	22,584,815	6.8
天津/滨海	18	23,591,412	21,005,001	12.3
乌鲁木齐/地窝堡	19	23,027,788	21,500,901	7.1
哈尔滨/太平	20	20,431,432	18,810,317	8.6

二、空港的构成

航空港作为商业运输的基地可以划分为飞行区、候机楼区、地面运输区三个部分，如表2-3所示。

表2-3　空港区域功能划分

空港构成	区　域	功　　能	图　片
飞行区	空中部分	机场的空域	
	地面部分	跑道、滑行道、停机坪、登机门	
候机楼区	登机机坪	单线式	
		指廊式	
		卫星厅式	
		车辆运送式	
	航站楼	旅客服务区	
		管理服务区	
地面运输区	进入通道	机场和附近城市连接起来	
	机场停车场	空港旅客、工作人员等的车辆足够容量	
	机场内道路系统	候机楼下客区、停车场和旅客离开候机楼的通道	

三、国内主要机场介绍

1. 北京首都国际机场

北京首都国际机场（Beijing Capital International Airport，IATA：PEK，ICAO：ZBAA），距离市中心 25 千米，为 4F 级民用机场，是中国三大门户复合枢纽之一、环渤海地区国际航空货运枢纽群成员、世界超大型机场，如图 2-12 所示。

图 2-12　首都机场图片

北京首都国际机场建成于 1958 年。1980 年 1 月 1 日，T1 航站楼及停机坪、楼前停车场等配套工程建成并正式投入使用。1999 年 11 月 1 日，T2 航站楼正式投入使用，同时 T1 航站楼开始停用装修。2004 年 9 月 20 日，T1 航站楼重新投入使用。2008 年春，机场扩建工程（T3 航站楼）完工。

截至 2017 年 7 月，北京首都国际机场拥有三座航站楼，面积共计 141 万平方米；有两条 4E 级跑道、一条 4F 级跑道，长宽分别为 3 800m×60m、3 200m×50m、3 800m×60m；机位共 314 个；共开通国内外航线 252 条。

从 1978 年至 2014 年，北京首都国际机场年旅客吞吐量由 103 万人次增长到 8 612.83 万人次，位居亚洲第 1 位、全球第 2 位。2016 年 12 月 14 日，机场年旅客吞吐量正式突破 9 000 万人次大关。2017 年，北京首都国际机场旅客吞吐量 9 579.63 万人次，同比增长 1.5%；货邮吞吐量 202.96 万吨，同比增长 4.4%；起降架次 59.7 万架次，同比增长 -1.5%；分别位居中国第 1 位、第 2 位、第 1 位。

2. 上海浦东国际机场

上海浦东国际机场（Shanghai Pudong International Airport，IATA：PVG，ICAO：ZSPD），位于中国上海市浦东新区，距上海市中心约 30 千米，为 4F 级民用机场，是中国三大门户复合枢纽之一，长三角地区国际航空货运枢纽群成员，华东机场群成员，华东区域第一大枢纽机场、门户机场，如图 2-13 所示。

图 2-13 上海浦东机场图片

上海浦东国际机场于1999年建成，1999年9月16日一期工程建成通航，2005年3月17日机场第二跑道正式启用，2008年3月26日机场扩建工程第二航站楼及第三跑道正式通航启用，2015年3月28日机场第四跑道正式启用。

根据2017年11月官网信息显示，浦东机场有两座航站楼和三个货运区，总面积82.4万平方米，有218个机位，其中135个客机位。拥有跑道四条，分别为3 800米2条、3 400米、4 000米。截至2016年底，浦东机场已吸引了37家航空公司在此运营全货机业务，全货机通航31个国家、112个通航点，每周全货机起降近1 000架次。

2017年，机场旅客吞吐量7 001.24万人次，同比增长6.1%；货邮吞吐量382.43万吨，同比增长11.2%；起降架次49.68万次，同比增长3.5%；分别位居中国第2位、第1位、第2位。

3. 广州白云国际机场

广州白云国际机场（Guangzhou Baiyun International Airport，ICAO：ZGGG，IATA：CAN），是位于中国广东省广州市北部约28千米的民用机场，地处广州市白云区人和镇和花都区新华街道、花东镇交界处，机场飞行区等级为4F级，是中国三大门户复合枢纽机场之一、世界前百位主要机场，如图2-14所示。

图 2-14 广州白云机场图片

机场前身为1932年始建的旧白云机场。1963年，名称变为"广州白云国际机场"。2004年8月5日，新广州白云国际机场正式启用。2015年2月，广州白云国际机场第三跑道投入使用。

根据2017年8月信息显示，机场有3条跑道和1座航站楼，远期规划为5条跑道和3座航站楼，有138个客机位、45个货机位；一号航站楼总面积52.3万平方米；二号航站楼共63万平方米，2018年4月26日投入使用；覆盖全球200多个通航点，其中国际及地区航点超过80个，通达全球40多个国家和地区。

2017年，广州白云国际机场旅客吞吐量6 580.70万人次，同比2016年增长10.2%，在世界机场排名第13位，在中国机场排名位居第3位；货邮吞吐量178.04万吨，同比2016年增长7.8%；起降架次（架次）46.53万次，同比2016年增长6.9%。

4. 成都双流国际机场

成都双流国际机场（Chengdu Shuangliu International Airport，IATA：CTU，ICAO：ZUUU），位于中国成都市双流区中心城区西南方向，距离成都市区16千米，机场飞行区等级为4F级，是中国八大区域枢纽机场之一、中国内陆地区的航空枢纽和客货集散地，如图2-15所示。

图2-15 成都双流机场图片

成都双流国际机场前身是1938年建设的成都双桂寺机场。1956年12月12日，成都双桂寺机场更名为成都双流机场。1995年11月30日，成都双流机场被批准更名为成都双流国际机场。2012年8月9日，成都双流国际机场二号航站楼正式运行。

根据2017年8月机场官网信息显示，机场有2座航站楼，候机面积50万平方米，可满足年旅客吞吐量5 000万人次需求，建有3座航空货运站；有2条平行跑道、3个飞机停放区，总面积约100万平方米；共设置停机位178个，其中近机位74个、远机位104个；开通航线270条，通航国内外城市209个。

2017年，成都双流国际机场完成旅客吞吐量4 980.17万人次，同比2016年增长8.2%；完成货邮吞吐量64.29万吨，同比2016年增长5.1%；完成起降33.71万架次，同比2016年增长5.5%。

5. 昆明长水国际机场

昆明长水国际机场（Kunming Changshui International Airport，ICAO：ZPPP，IATA：KMG）位于云南省昆明市官渡区长水村，在昆明市东北24.5千米处，由云南机场集团有限责任公司运营管理，为全球百强机场之一、国家"十一五"期间唯一批准建设的大型门户枢纽机场，是中国八大区域枢纽机场、国际航空枢纽，与乌鲁木齐地窝堡国际机场并列为中国两大国家门户枢纽机场，如图2-16所示。

图2-16 昆明长水国际机场图片

2008年12月5日，昆明长水国际机场正式开工建设。2009年12月1日，航站楼组合体混凝土结构工程完成。2011年5月1日，国家民航总局正式批复定名昆明新机场为昆明长水国际机场。2012年6月28日，昆明机场由昆明巫家坝国际机场整体搬迁至长水国际机场运营。

根据2016年6月综合信息显示，机场共有两条跑道，东跑道长4 500米，西跑道长4 000米；机位数量（含组合机位）161个；可保障旅客吞吐量3 800万人次、货邮吞吐量95万吨、飞机起降30.3万架的运行需要。

2017年，昆明长水国际机场共保障航班起降38.29万架次，完成旅客吞吐量4 472.77万人次，完成货邮吞吐量41.80万吨。年旅客吞吐量位列世界机场第37位。

6. 深圳宝安国际机场

深圳宝安国际机场（Shenzhen Bao'an International Airport，IATA：SZX，ICAO：ZGSZ），位于中国深圳市宝安区、珠江口东岸，距离深圳市区32千米，为4F级民用运输机场，是世界百强机场之一、国际枢纽机场、中国十二大干线机场之一、中国四大航空货运中心及快件集散中心之一，如图2-17所示。

深圳机场于1991年10月正式通航。2001年9月18日，深圳黄田国际机场正式更名为深圳宝安国际机场。2006年6月15日，飞行区扩建工程取得国家发改委批复。2011年7月26日，深圳机场第二跑道正式启用。

图 2-17　深圳宝安国际机场图片

根据 2017 年 8 月机场官网信息显示，机场共有飞行区面积 770 万平方米，航站楼面积 45.1 万平方米，机场货仓面积 166 万平方米；新航站楼占地 19.5 万平方米，共有停机坪 199 个（廊桥机位 62 个）；共有 2 条跑道，其中第二跑道长 3 800 米、宽 60 米；航线总数 188 条，其中，国内航线 154 条、港澳台地区航线 4 条、国际航线 30 条；通航城市 139 个，其中国内城市 108 个、港澳台 4 个、国际城市 27 个。

2003 年，机场旅客年吞吐量首次突破 1 000 万人次。2015 年，机场货邮吞吐量首次突破 100 万吨。2017 年，机场实现旅客吞吐量 4 561.07 万人次，同比 2016 年增长 8.7%；货邮吞吐量 115.90 万吨，同比 2016 年增长 2.9%；起降 34.04 万架次，同比 2016 年增长 6.8%。

知识链接

我国主要城市、机场三字代码如表 2-4 所示。

表 2-4　我国主要城市、机场三字代码

三字代码	城市/机场	所属直辖市、省、自治区	三字代码	城市/机场	所属直辖市、省、自治区
AAT	阿勒泰	新疆	KWL	桂林	广西
AKA	安康	陕西	LHW	兰州	甘肃
AKU	阿克苏	新疆	LJG	丽江	云南
AQG	安庆	安徽	LNJ	临沧	云南
BAV	包头	内蒙古	LXA	拉萨	西藏
BHY	北海	广西	LYA	洛阳	河南
BJS	北京	北京	LYG	连云港	江苏

续表

三字代码	城市/机场	所属直辖市、省、自治区	三字代码	城市/机场	所属直辖市、省、自治区
BSD	保山	云南	LYI	临沂	山东
CAN	广州	广东	LZH	柳州	广西
CGD	常德	湖南	LZO	泸州	四川
CGO	郑州	河南	MDG	牡丹江	黑龙江
CGQ	长春	吉林	MFM	澳门	澳门
CHG	朝阳	辽宁	MIG	绵阳	四川
CHW	酒泉	甘肃	MXZ	梅州	广东
CIF	赤峰	内蒙古	NAO	南充	四川
CIH	长治	山西	NAY	北京南苑机场	北京
CKG	重庆	重庆	NDG	齐齐哈尔	黑龙江
CSX	长沙	湖南	NGB	宁波	浙江
CTU	成都	四川	NKG	南京	江苏
CZX	常州	江苏	NNG	南宁	广西
DAT	大同	山西	NNY	南阳	河南
DAX	达州	四川	NTG	南通	江苏
DDG	丹东	辽宁	PEK	北京首都机场	北京
DIG	迪庆	云南	PVG	上海浦东机场	上海
DLC	大连	辽宁	PZI	攀枝花	四川
DLU	大理	云南	SHA	上海/上海虹桥机场	上海
DNH	敦煌	甘肃	SHE	沈阳	辽宁
DYG	张家界	湖南	SHP	秦皇岛	河北
ENH	恩施	湖北	SHS	荆州	湖北
ENY	延安	陕西	SIA	西安	陕西
FOC	福州	福建	SJW	石家庄	河北
FUG	阜阳	安徽	SWA	汕头	广东
GHN	广汉	四川	SYM	思茅	云南
GOQ	格尔木	青海	SYX	三亚	海南
HAK	海口	海南	SZX	深圳	广东
HEK	黑河	黑龙江	TAO	青岛	山东
HET	呼和浩特	内蒙古	TCG	塔城	新疆

续表

三字代码	城市/机场	所属直辖市、省、自治区	三字代码	城市/机场	所属直辖市、省、自治区
HFE	合肥	安徽	TGO	通辽	内蒙古
HGH	杭州	浙江	TNA	济南	山东
HHA	长沙黄花机场	湖南	TNH	通化	吉林
HKG	香港	香港	TPE	台北	台湾
HLD	海拉尔	内蒙古	TSN	天津	天津
HLH	乌兰浩特	内蒙古	TXN	黄山	安徽
HNY	衡阳	湖南	TYN	太原	山西
HRB	哈尔滨	黑龙江	URC	乌鲁木齐	新疆
HSN	舟山	浙江	UYN	榆林	陕西
HTN	和田	新疆	WEF	潍坊	山东
HYN	黄岩	浙江	WEH	威海	山东
HZG	汉中	陕西	WNZ	温州	浙江
INC	银川	宁夏	WUH	武汉	湖北
IQM	且末	新疆	WUS	武夷山	福建
JDZ	景德镇	江西	WUX	无锡	江苏
JGN	嘉峪关	甘肃	WXN	万县	四川
JGS	井冈山	江西	XFN	襄阳	湖北
JHG	西双版纳	云南	XIC	西昌	四川
JIL	吉林	吉林	XIL	锡林浩特	内蒙古
JIU	九江	江西	XIY	西安咸阳机场	陕西
JJN	泉州	福建	XMN	厦门	福建
JMU	佳木斯	黑龙江	XNN	西宁	青海
JNZ	锦州	辽宁	XUZ	徐州	江苏
JUZ	衢州	浙江	YBP	宜宾	四川
JZH	九寨沟	四川	YIH	宜昌	湖北
KCA	库车	新疆	YIN	伊宁	新疆
KHG	喀什	新疆	YIW	义乌	浙江
KHN	南昌	江西	YNJ	延吉	吉林
KMG	昆明	云南	YNT	烟台	山东
KOW	赣州	江西	YNZ	盐城	江苏
KRL	库尔勒	新疆	ZHA	湛江	广东

续表

三字代码	城市/机场	所属直辖市、省、自治区	三字代码	城市/机场	所属直辖市、省、自治区
KRY	克拉玛依	新疆	ZUH	珠海	广东
KWE	贵阳	贵州	ZYI	遵义	贵州

课后练习

一、简答题

1. 航空公司和机场的定义分别是什么？
2. 我国国内航空公司的类别有哪些？
3. 分别简述 ICAO/IATA 的全称和构成成员。
4. 航空港的构成和功能有哪些？

二、选择题

1. 国航加入的航空联盟为（　　）。
   A. 天合联盟　　　　B. 星空联盟　　　　C. 寰宇一家

2. 以下航空公司的两字代码为：
   国航（　）东航（　）南航（　）春秋（　）吉祥（　）厦航（　）
   A. 9C　　　　　　B. MU　　　　　　C. CZ
   D. HO　　　　　　E. MF　　　　　　F. CA

3. 以下机场的代码分别为：
   浦东机场（　）首都机场（　）三亚（　）咸阳机场（　）桂林（　）
   A. SYX　　　　　B. XIY　　　　　C. PVG
   D. KWL　　　　　E. PEK

第三章　民航运输生产的基础知识

 学习目标

1. 航线的定义和分类。
2. 机型的分类。
3. 航班号码的识别。
4. 识读我国的航班时刻表。

自 2017 年 10 月 29 日至 2018 年 3 月 24 日，中国民航将执行 2017/2018 年冬春航季航班计划，新航季共涉及 50 家内地航空公司、13 家港澳台航空公司和 143 家外国航空公司，日均航班计划量约 14 460 班，相比 2016/2017 年冬春航季增加约 5.7%。其中，内地航空公司、港澳台航空公司和外国航空公司航班量占比分别为 90.3%、2.1% 和 7.6%。根据 2018 年排定的冬春航季航班计划，内地航空公司共安排国内航班每周 63 765 班。其中，新增 419 条国内独家航线，主要涉及遵义、果洛、乌兰察布、博鳌等机场与北京、广州、上海、昆明、西安、天津、郑州、武汉等机场间的航线。

本章节首先介绍了航线的概念、分类和构成，然后对机型进行了分类和总结，接着，对我国航班号码的构成进行了说明，最后介绍了航班时刻表的编排和查询。

第一节　航　　线

一、航线的概念

民航从事运输飞行必须按照规定的线路进行。连接两个或几个地点，进行定期或不定期飞行，并对外经营航空业务的航空线，简言之，飞机飞行的路线称为航空交通线，简称航线。

航线不仅确定有航行的具体方向、起讫与经停地点，还根据空中交通管制的需要，规定了航路的宽度和飞行的高度层，以维护空中交通秩序，保证飞行安全。

航线是航空公司满足社会需要的形式，是实现企业自我发展的手段。对于航线的选择，以及在此基础上形成的航线网络，是航空公司长远发展的战略决策。

二、航线的分类

航线按起讫地点、约定经停地点的归属不同分为国内航线、国际航线和地区航线。国内航线是指飞机飞行的线路起讫地点、约定经停地点均在本国国境以内的航线。

国内航线又分为干线和支线。干线是指连接首都北京和各省会、直辖市或自治区首府的航线,以及连接两个或两个以上的省会、直辖市、自治区首府或各省、自治区所属的城市之间的航线。例如,上海——北京。

支线是指在一个省（区）以内的城市间的航线。例如,昆明——丽江。

国际航线是指飞机飞行的路线跨越本国国境,通达其他国家的航线。例如,上海——东京——洛杉矶。

地区航线是指根据国家的特殊情况,在一国境内与特定地区之间飞行的航线,目前是指连接香港、澳门与大陆城市之间的航线,它是特殊管理的国内航线,其运输适用于国际运输规则。例如,上海——香港。

三、航线的构成形式

民航运输航线结构的主要形式有以下两种。

（一）城市对式

城市对式是指从各个城市自身的需求出发,建立城市与城市之间的航线,即点对点式的航线结构。

城市对式航线为直达航线,因此对旅客而言,这是最理想的航空运输方式,因为旅客可以以最短的飞行时间到达目的地。同时对于航空公司而言,航班间的运营没有任何相互关联,航班排班比较容易进行。但也正是由于网络中航班之间没有时间上的联系,一条航线承载的旅客往往仅限于该航线所衔接城市对间的旅客需求,而仅限于一个航空市场的需求又往往有限,因此这种航线网络从根本上抑制了航班客座率和载运率水平,无论是通达城市还是航班频率都难以满足旅客日益增长的运输需求。

（二）轴心辐射式

轴心辐射式,是指以大城市为中心,大城市之间建立干线航线,同时以支线航线形式由大城市辐射至附近各大小城市。

轴心辐射式航线网络可通过"合零为整"将各市场需求融为一体,使航空公司在枢纽机场提供高密度航班服务成为可能,大量分散的市场通过支线飞机汇聚至枢纽,这些旅客在枢纽机场进行重组,换乘下一航班继续旅行。

辐射式航线网络给旅客带来更多出行选择。对于旅客而言,可以搭乘该航空公司航班飞往更多的城市,完成更多城市之间的旅行,航班频率的增加也使出行时间有了更多的选择,同时也可以促进枢纽机场自身的发展。

轴心辐射式航线网络结构也有其不足。对于乘客而言,轴心辐射航线网络使旅客要接受更长的旅行时间,以及中转带来的种种不便;对航空公司而言,航班时刻的安排、运力的调配和人力的安排都变得更加复杂,使运营管理成本有所增加;对机场而言,"航班波"带来客货流量的高峰极易造成枢纽机场和航路上的拥塞,增加枢纽机场运营压力;由于航班编排紧凑,当一个航班遇到突发事件(如天气原因)导致航班不正常时,会对其他航班造成很大的后续影响。

四、我国的航线布局

我国的国内航线集中分布在哈尔滨—北京—西安—成都—昆明一线以东的地区。整体来看,航线密度由东向西逐渐减少,航线多以大、中城市为中心向外辐射,以北京、上海、广州三个城市为中心的辐射航线基本构成了我国国内航线的格局,再加上以西安、成都、沈阳、乌鲁木齐、昆明为中心形成的几个放射单元,共同组成了国内的主要航线网络。

第二节 机 型

一、机型的分类

国际上对飞机的分类有以下几种,如表 3-1 所示。

表 3-1 机型的分类和详解

分类方式	类 别	详 解
飞机的用途	国家航空飞机	军队、警察和海关等使用的飞机
	民用航空飞机	民用的客机、货机、客货两用机和通用航空飞机
客机的座位数	小型机	100 座以下
	中型机	100~200 座
	大型机	200 座以上
飞机的航程	短程飞机	2 400 千米以下
	中程飞机	2 400 千米~4 800 千米
	远程飞机	4 800 千米以上
飞机飞行速度	亚音速飞机	速度 800~1 000 千米/小时
	超音速飞机	音速 1 224 千米/小时以上
飞机发动机数量	单发	一个发动机
	双发	两个发动机
	三发	三个发动机
	四发	四个发动机

续表

分类方式	类别		详解
飞机发动机的类型	螺旋桨式	活塞螺旋桨式	利用螺旋桨的转动将空气向后推动，借其反作用力推动飞机前进
		涡轮螺旋桨式	
	喷气式	涡轮喷气式	是使空气与燃料混合燃烧后产生大量气体以推动涡轮，然后以高速度将气体排出体外，借其反作用力使飞机前进
		涡轮风扇喷气式	
飞机客舱的走道数	窄体飞机		只有一条通道的飞机
	宽体飞机		两条通道的飞机

表 3-2 是按宽体飞机和窄体飞机分类的主要机型表。

表 3-2 主要机型表

宽体飞机	200 座以上	BOEING747、767、777、787
		AIRBUS300、310、330、340、350、380
		MD11；IL86
窄体飞机	100~200 座	BOEING707、737、757
		AIRBUS320（318、319、320、321）
		MD82、90；TU154；FK100；BAE146；YK42
	100 座以下	YU7；AN24；SAAB340；DHC8；CRJ200/700/900；DO328JET；ERJ145

二、飞机的客舱布局

飞机客舱内各种舱位的安排以及每种舱位具体设置的座位数目，称为飞机的客舱布局。飞机订购后投入生产时，制造商可按照航空公司的具体要求进行客舱布局。一般来说，小型飞机只设有经济舱（Economic Class 用字母 Y 表示），中型飞机设有头等舱（First Class 用字母 F 表示）和经济舱，大型飞机除设有头等舱和经济舱之外，有的飞机还设有公务舱（Business Class 用字母 C 表示）。

例如，东方航空的机队有：

- 波音 B737-300：Y 舱 148 座，如图 3-1 所示。
- 波音 B737-800：F 舱 8 座；Y 舱 162 座，如图 3-2 所示。
- 空客 A320：C 舱 8 座；Y 舱 150 座，如图 3-3 所示。
- 空客 A300-600：F 舱 24 座；Y 舱 250 座，如图 3-4 所示。
- 空客 A340-600：F 舱 8 座；C 舱 42 座；Y 舱 272 座，如图 3-5 所示。

第三章　民航运输生产的基础知识

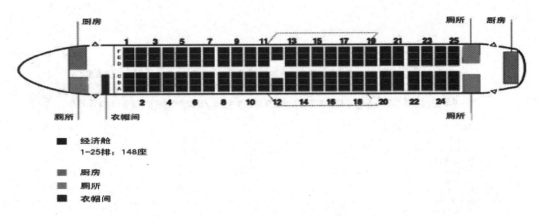

图 3-1　波音 B737-300 客舱布局

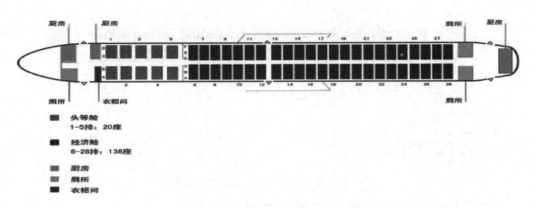

图 3-2　波音 B737-800 客舱布局

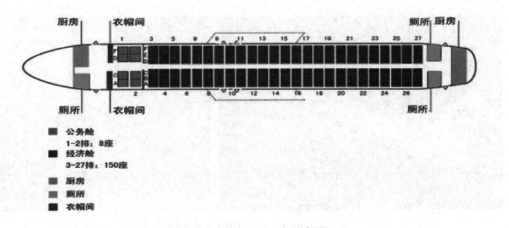

图 3-3　空客 A320 客舱布局

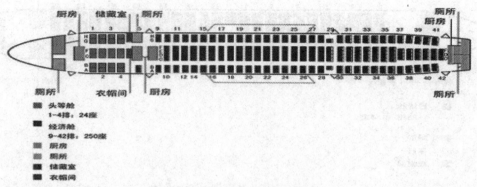

图 3-4 空客 A300-600 客舱布局

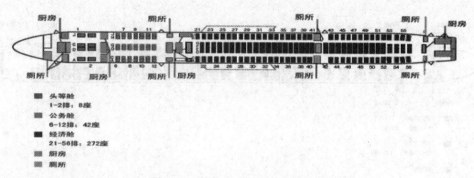

图 3-5 空客 A340-600 客舱布局

三、航空器国籍和登记标志的编号

飞机投入营运前，每架飞机都要进行注册登记，以取得飞机的注册编号。飞机的注册编号由字母和数字构成，如图 3-6 所示。一位或二位字母表示飞机的国别，即国籍标志。

图 3-6 飞机注册编号所在位置

例如，中国的飞机用字母 B 表示；美国的飞机用字母 N 表示。

世界上每个国家的民用航空器都有国籍标志，并要取得国际民航组织的认同。中国是国际民航组织的成员国，根据国际规定，于1974年选用"B"作为中国民用航空器的国籍标志。凡是中国民航飞机机身上都必须涂有"B"标志和编号，以便在无线电联系、导航空中交通管制、通信通话中使用，尤其是在遇险失事情况下呼叫，以利于识别。

字母后的第一位数字表示该飞机的驱动方式。例如，2 表示喷气式飞机；3、4、8 表示螺旋桨式飞机。

字母后的第一、二位数字或第一、二、三位数字合起来表示飞机的种类，最后一位或二位数字为该架飞机的序号。

由于近年我国飞机大量引进，编号已不够使用，因而规律性已不明显。

第三节　航班和航班号

一、航班

（一）航班的定义

航班是指根据班期时刻表，飞机在规定的航线上，使用规定的机型，按照规定的日期、时刻进行运输生产的定期飞行。

航班分去程航班和回程航班。去程航班一般是指飞机从基地站出发的运输飞行；返回基地站的运输飞行为回程航班。

航班又可分为国内航班和国际航班。在国内航线上飞行的航班称国内航班；在国际航线上飞行的航班称国际航班。

（二）班次

班次是指航班在单位时间内飞行的次数。通常用一周为标准计算航班的飞行班次，一个班次包括去程航班和回程航班。

班次的多少依据运量的需要和运力的供给来确定。每周的班次反映某航线的航班密度，它是根据运量、运力、机型及效益等因素来决定的。

（三）航段

航段是指航班在航线上点与点之间的航程。

航班的经停点越多，航段数就越多。航班经停点的多少是根据客货运输的需求和飞机航行能力决定的，中小型飞机在飞远距离航线时一般航段较多。有时为了提高飞机的载运量而增加飞机的经停点。但是，为了提高飞机的日利用率和体现飞机速度快的优点，在一条航线上尽量减少经停点。

二、航班号

为了便于区别，并有利于业务上的处理，民航运输中按照一定的方法给各个航班编以不同的号码，并加上航空公司的两字代码组成航班号。

（一）国内航班号的编排

目前，我国大多数航空公司国内航线航班号的编排是由航空公司两字代码加四位数字组成，也有部分地方航空公司的航班号是由航空公司两字代码加三位数字组成。

正班飞行的航班号的第一位数字表示执行该航班任务的航空公司的所属管理局区域代号，第二位数字表示航班终点站所属管理局区域代码，第三位、第四位数字表示某个具体的航班序号，第四位数字单数表示去程航班，双数表示回程航班。图 3–7 是携程网上的截屏航班号码。

航班	计划出发	实际出发	乘机楼	计划到达	实际到达	状态	操作
MU5211	08:00	08:03	--	09:31	09:31	到达	
CZ3820	08:20	08:29	--	09:59	09:59	到达	
MF3820	08:20	08:29	--	09:57	09:59	到达	
MU2357	10:25	11:16	--	12:44	12:44	到达	
CZ3804	11:55	12:12	--	13:47	13:47	到达	
MF3804	11:55	12:12	--	13:47	13:47	到达	
CA1721	13:10	13:15	--	14:56	14:59	到达	

图 3–7　航班号码

加班飞行的航班号按正班飞行的航班号的编排方法编排，第一位数字表示执行该加班航班任务的航空公司的所属管理局区域代号，第二位数字表示航班终点站所属管理局区域代码，第三位、第四位数字自“91”开始至“00”为止，表示某个具体的加班航班。

同一天同一航线的加班不能编排相同航班号，不是同一天的加班可编相同的航班号。

（二）国际与地区航线航班号

国际与地区航线航班号均是由航空公司两字代码加三位数字组成。第一位数字表示执行该航班任务的航空公司的所属管理局区域代号，国航沿用数字“9”代表国际航班。第二位、第三位数字表示某个具体的航班序号，第三位数字单数表示去程航班，双数表示回程航班。

（三）航班号的编排原则

目前由于国内航空公司兼并和航班数量的大幅增长，航班号的编排规律不再明显，只对各航空公司航班的数字编号的第一位有规定。

为了区别航班的不同，在编排时按以下原则进行处理。

（1）起讫站相同，但路线不同，航班号也不同。
（2）同一航线有不同航空公司承担航班任务，各有各的航班号。
（3）航班飞行时刻不同，航班号不同。
（4）航线相同，机型不同，航班号也不同。

三、民航运输的飞行方式

民航的运输飞行主要有两种形式：定期飞行和不定期飞行。

（一）定期飞行

定期飞行是民航运输生产的基本形式，是根据班期时刻表，按照规定的航线、定机型、定日期、定时刻的飞行，定期飞行也叫班期飞行。其包括正班飞行、补班飞行和加班飞行。

由于天气等原因，正班飞行取消，第二天或以后加补的飞行叫补班飞行。

根据临时性的需要，在正班飞行以外增加的飞行叫加班飞行，加班飞行是在正班飞行的航线上，解决航班客货运输拥挤现象，并对外公布航班时刻的临时飞行，是正班飞行的补充。

（二）不定期飞行

不定期飞行包括包机飞行、专机飞行和专业飞行。

（1）包机飞行是指包机单位提出申请，经承运人同意并签订包机合同，包用航空公司的飞机，在固定和非固定的航线上，按约定的起飞时间、航程、载运旅客及货物等的飞行。包机飞行也有定期和不定期之分。
（2）专机飞行是指运送我国党、政领导人和外国国家元首或重要外宾的包机。
（3）专业飞行是指为了维修检测或调机等进行的飞行。

第四节　班期时刻表

一、航班时刻表的定义

为了适应空运市场的季节变化，根据飞行季节的不同和客货流量、流向的客观规律，我国各航空公司的有关业务部门每年制订两次航班计划，并将航线、航班及其班期和时刻等按一定的秩序汇编成册，称为班期时刻表。班期时刻表是航空运输企业组织日常运输生产的依据，也是航空公司向社会各界和世界各地用户介绍航班飞行情况的一种业务宣传资料。

二、航班时刻表的编制与发布

国内航班时刻表一年发布两次,分别为冬春季和夏秋季航班时刻表。

(1)夏秋季时刻表:从每年的3月份最后一个星期日开始实施。

(2)冬春季时刻表:从每年的10月份最后一个星期日开始实施。

班期时刻表分为全国班期时刻表和当地班期时刻表两种。全国班期时刻表由民航局编印、发行,当地班期时刻表由当地航空公司或售票处编印发行。全国班期时刻表包括全国国内、国际航线的所有班期时刻,中国民航国际、国内航线图,国际时间计算表,怎样使用班期时刻表及乘坐中国民航各航空公司班机旅客须知等内容。当地班期时刻表由当地售票处根据当地始发和到达航班编排,包括旅客须知、每日航班起飞或到达时间安排等内容。

图3-8所示为中航信SK周航班信息查询。

```
▶SK:SHACAN/12DEC/MU
09DEC(WED)/15DEC(TUE) SHACAN VIA MU
1- *MU9301  SHACAN 0730  1005  JET 0 S E  25    08DEC18DEC UFPAJCDIOYBMEHKLN*
2  *MU9301  SHACAN 0730  1005  JET 0 S E  X257  30NOV01FEB UFPAJCDIOYBMEHKLN*
3  *MU9303  SHACAN 0830  1105  JET 0 S E        28NOV30JAN UFPAJCDIOYBMEHKLN*
4  *MU3591  SHACAN 0845  1115  321 0 C E        25NOV07FEB YMENS
5  *MU9305  PVGCAN 0845  1130  JET 0     E      02DEC15DEC UFPAJCDIOYBMEHKLN*
6   MU5301  SHACAN 0930  1205  JET 0     E      02DEC15JAN UFPAJCDIOWYBMEHKL*
7  *MU3347  SHACAN 0945  1215  321 0 L E        27NOV26MAR YMENS
8   MU5303  SHACAN 1030  1305  325 0     E      09DEC25DEC UFPAJCDIOWYBMEHKL*
9+  MU5305  SHACAN 1130  1405  321 0     E      29NOV30JAN UFPAJCDIOWYBMEHKL*
```

图3-8 中航信SK周航班信息查询

三、查阅时刻表

阅读常用航班时刻表,如表3-3所示。

表3-3 航班时刻表

	A	B	C	D	E	F	G	H
	班期	离站	到达	航班号	机型	经停	等级	注
	Days	Dep.	Arr.	Flight	A/C	Stops	Class	Rmk
I		SHANGHAI	上海 TO 至					
J		CHENGDU	成都 CTU					
	X4,6	0725	0935	FM541	JET	O	FY	01APR→
	1234567	1020	1255	CA4516	757	1	FCY	OR73M
	-2-4-6-	1735	2010	3U562	320	0	FCYK	30MAR→31JUL

说明:

【A】班期是指航班每周执行的情况。

X4,6表示除了周4、周6以外每天都有航班。

1234567 表示每周天天有航班，也可以用 DAILY 或 DLY 表示。

–2-4-6– 表示每周 2、4、6 有航班。

【B】（1）航班离站时间为北京时间。

（2）国内航班时间采用 24 小时制，用 4 位数字表示。

（3）民航上表示时间的方法有两种，即 12 小时制和 24 小时制，我国采用 24 小时制。24 小时制时间从 0001 开始至 2400 结束，如表 3-4 所示。

表 3-4　24 小时制、12 小时制时间显示方式

时间	24 小时制	12 小时制	时间	24 小时制	12 小时制
午夜零点	2400	12：00 am	中午 12 点	1200	12：00 pm
零点零 1 分	0001	12：01 am	中午 12 点零 1 分	1201	12：01 pm
半夜 1 点	0100	1：00 pm	下午 1 点	1300	1：00 pm

（4）离站时间定为航班关闭舱门时间，航班按时刻表规定离站时间关闭舱门，称为航班准点起飞。

【C】航班到达时间为预计到达目的站机场的时间。

时刻表上的航班离站时间和到达时间均为当地时间，在我国为北京时间。

【D】执行本次飞行的航班号。

【E】机型：执行该航班的飞机机型代号。

我国常用的机型如下。

机型代号 Type of Aircraft

AB3	空中客车 A300	Airbus Industrie A300
AB6	空中客车 A300-600	Airbus Industrie A300-600
AT7	阿列尼亚 ATR—72	Aerospatiale／Alenia ATR-72
CRJ	庞巴迪 CRJ	Canadair Regional Jet
DON	Dormer 328	Dormer 328
EM4	EMB 145	Embraer EMB 145
ERJ	ERJ-145	ERJ-145
FK1	福克 100	Fokker FK100
JET	喷气式飞机	Jetliner
ILW	伊尔 86	Ilyushin IL—86
MA6	MA60	MA60
MET	美多 23	Metro 23
M11	麦道 MD-11	McDonneld Douglas MD-11
M1F	麦道 MD-11 货机	McDonneld Douglas MD-11 freighter
M82	麦道 MD-82	McDonneld Douglas MD-82
M90	麦道 MD-90	McDormeld Douglas MD-90
SF3	萨伯 340	Saab SF340

代码	中文	英文
TU5	图 154	Tupolev 154
YK2	雅克 42	Yakovlev YAK 42
YN7	运-7	YUN-7
YN8	运-8	YUN-8
143	英国宇航公司 146-300	British Aerospace 146-300
146	英国宇航公司 146	British Aerospace 146
310	空中客车 A310	Airbus Idustrie A310
312	空中客车 A310-200	Airbus Industrie A310-200
313	空中客车 A310-300	Airbus Industrie A310-300
319	空中客车 A319	Airbus Industrie A319
320	空中客车 A320	Airbus Industrie A320
321	空中客车 A321	Airbus Industrie A321
340	空中客车 A340	Airbus Industrie A340
343	空中客车 A340-300	Airbus Industrie A340-300
73F	波音 737 货机	Boeing 737（freighter）
73G	波音 737-700	Boeing 737-700
73M	波音 737-200 客货混装	Boeing 737-00（mixed configuration）
73S	波音 737-200 全客	Boeing 737-200 passenger
732	波音 737-200	Boeing 737-200
733	波音 737-300	Boeing 737-300
734	波音 737-400	Boeing 737-400
735	波音 737-500	Boeing 737-500
736	波音 737-600	Boeing 737-600
737	波音 737 全系列	Boeing 737 all series
738	波音 737-800	Boeing 737-800
74E	波音 747-400 客货混装	Boeing 747-400（mixed configuration）
74F	波音 747-200 货机	Boeing 747-200 freighter
74L	波音 747 SP	Boeing 747 SP
74M	波音 747-200 客货混装	Boeing 747-200（mixed configuration）
74Y	波音 747-400 货机	Boeing 747-400 freighter
744	波音 747-400 全客	Boeing 747-400 passenger
747	波音 747 全系列	Boeing 747 all series
757	波音 757 全系列	Boeing 757 all series
763	波音 767-300	Boeing 767-300
767	波音 767-200	Boeing 767-200
772	波音 777-200	Boeing 777-200
777	波音 777 全系列	Boeing 777 all series

JET 表示喷气式飞机，机型未定。

【F】经停：航班飞行计划中该航班的停站次数。

0 表示没有经停站；1 表示有一个经停站；超过 8 个用 M 表示。

【G】舱位等级。

F 表示头等舱 First Class；C 表示公务舱 Business Class；Y 表示经济舱 Economy Class；K 表示经济舱的折扣舱位。

【H】备注信息

01APR →表示该航班从四月一日开始执行。

OR73M 表示执行该航班的机型为波音 757 或 737。

30MAR → 31JUL 表示该航班从三月三十日开始执行至七月三十一日结束。

表 3-5 所示为月份缩写表。

表 3-5　月份缩写表

一月	Jan.	五月	May.	九月	Sept.
二月	Feb.	六月	Jun.	十月	Oct.
三月	Mar.	七月	Jul.	十一月	Nov.
四月	Apr.	八月	Aug.	十二月	Dec.

【I】出发城市（Departure city）即始发站。

【J】到达城市（Arrival city）即目的站。

课后练习

一、简答题

1. 航线的定义是什么？
2. 飞机注册编号由哪两部分构成？
3. 国内航班号码的编排方式是什么？
4. 分别简述定期飞行和非定期飞行的概念和分类。

二、选择题

1. SHA—CTU 属于（　　）。

   A. 国内干线　　　B. 国内支线　　　C. 国际航线　　　D. 地区航线

2. HKG—SHE 属于（　　）。

   A. 国内干线　　　B. 国内支线　　　C. 国际航线　　　D. 地区航线

3. SHA—XUZ—PEK 的航线形式属于（　　）。

   A. 城市对式　　　B. 轴心辐射式

4. 下列属于宽体飞机的是（　　）。

   A. B737　　　　　B. B747　　　　　C. A300

   D. A321　　　　　E. A380

5. 补班飞行属于（　　）。

   A. 定期飞行　　　B. 不定期飞行

6. 下列是上海到广州航班号码的是（　　）。
   A. FM9501　　　　B. CZ3502　　　　D. MU5302　　　　D. HO1301
7. 5月份的航班属于（　　）。
   A. 夏秋时刻表　　B. 冬春时刻表

三、综合题

根据表 3-6 回答以下问题。

表 3-6　上海到广州的航班时刻表

班期	离站	到达	航班号	机型	经停	等级	备注
1234567	0830	1040	MU5303	320	—	FY	01NOV→
DAILY	0845	1035	FM9377	767	—	FCY	
X1	1230	1440	CZ3504	320	—	FCY	
1..4…7	1415	1600	MU5305	320	—	FY	
..3..5...	1845	2050	HU7814	737	—	Y	Or757
X24	2100	2255	CZ3506	320	—	FCY	

（1）列出只提供经济舱的航班号。

（2）列出周一飞行的航班号。

（3）列出 24OCT 周二飞行的航班号。

（4）为旅客找出 11 月 8 日星期五最早到达的航班号。

（5）写出 DAILY 和 X24 表示的含义。

售票服务篇

第四章　航　空　售　票

学习目标

1. 掌握客票的定义、使用要求和购票有效证件。
2. 熟练掌握国内运价的种类和使用范围。
3. 了解订座系统的使用，熟悉订座指令的输入格式和功能。
4. 熟悉客票出票指令的输入格式和功能，了解 Queue 处理。
5. 掌握客票退改签的各项操作。

随着国民经济的不断发展，机场及相关配套设施的不断完善，越来越多的旅客选择飞机作为出行的交通工具。而航空客票销售作为旅客运输服务的首要任务，在整个运输过程中起着非常重要的作用。

本章在编写过程中注重理论与实践工作的紧密结合，学生通过学习，不仅能了解民航国内客票销售的基本知识，而且能掌握国内航空客票销售的相关业务技能。因此，本章首先是介绍客票销售的基础知识，然后介绍国内旅客运价的特点及种类，紧接着对客票销售中的预订出票各项指令进行介绍，最后是针对销售业务中的客票退票、变更、签转等相关知识点进行详细讲解。

第一节　客票销售的基础知识

客票是指由承运人或代表承运人所填开的被称为"客票及行李票"的凭证，是承运人和旅客订立航空运输合同条件的初步证据，是旅客乘坐飞机、托运行李的凭证，同时也是承运人之间相互结算的凭证。客票为记名式，只限客票上所列旅客姓名的旅客本人使用，不得转让。客票分为电子客票和纸质客票。

1993 年世界上第一张电子客票在美国 VALUEJET 航空公司诞生，到 2000 年 3 月 28 日，中国南方航空推出了内地首张电子客票，直到 2007 年年底，全球实现了 100%BSP 电子客票，彻底取代了纸质客票。

一、电子客票的定义及销售渠道

（一）电子客票的基本概念

电子客票是指由承运人或代表承运人销售的，一种不通过纸票来实现客票销售、旅客运输、票证结算以及相关服务的有价凭证。电子客票是普通纸质客票的电子替代产品，它的用途与普通纸质客票相同，不同的是电子客票的所有数据，如旅客航程、运价、舱位等级、支付方式和税费等信息均以电子数据的形式存储在出票航空公司的电子记录中，以数据交换替代纸票交换数据。确认生效的承运人（Validating Carrier）是对电子出票进行业务管理和授权的承运人，也就是出票承运人。出票航空公司以电子数据形式追踪一个旅客运输的全过程。

（二）电子客票的优势

对于购买电子客票的旅客来说，电子客票在以下方面给旅客带来优势。
（1）可直接通过互联网在线支付票款，无须送票、取票。减少因送票、付款等带来的烦琐手续及额外费用。
（2）客人购票后直接在机场凭有效证件办理登机牌，持有效证件和登机牌通过安检直接登机。乘客只需要记住航班号和起飞时间，凭借有效身份证件就能在机场办理登机手续，不存在丢失机票的问题。"无纸化"乘机，轻松环保，绿色健康。

对于航空公司来说，电子客票在以下方面给航空公司带来优势。
（1）拓展航空公司销售渠道，为航空公司提供大客户直销手段。
（2）通过互联网的渗透，吸引更多的旅客，从而扩大与市场的接触面。
（3）与在线支付的良好结合使航空公司加快资金结算速度。
（4）实现航空公司客票管理、客票结算电子化。

（三）电子客票销售渠道

目前，我国的机票销售渠道有分销与直销两种形式。分销即代理制，代理人分销渠道是航空公司通过授权各地的代理商为其销售机票，然后支付给代理商一定的佣金，目前大多航空公司已逐渐取消前返奖励，而是通过航空公司对代理人完成一定量的出票任务之后给予的后返销售奖励。代理人分销渠道可以通过代理人营业门店网点、呼叫中心及代理人在线分销平台进行机票销售，是航空公司通过代理商将机票销售给最终客户；直销渠道是航空公司通过自己的售票营业门店、呼叫中心、官网、移动App等方式直接面对顾客销售机票。我国目前采用的主要是代理人分销渠道，代理人分销渠道占据了航空公司机票销售额的绝大部分份额。但随着电子客票完全取代传统纸质机票进入市场后，航空公司逐渐认识到在新的售票市场环境下开展航空公司直销的重要性，同时越来越重视搭建自己的直销平台，发展自己的直销体系，正一步步抢占机票销售市场。

如图4-1所示为两种销售形式的产业链的示意图。其中，分销模式中，CRS为中国民航信息网络股份有限公司（简称中国航信）的计算机订票系统，其将航空公司与代理人联系在一起，代理人通过CRS实现机票的咨询、订票、出票等功能。航空公司需要向中国航信支付系统费用，并向代理商支付代理费。

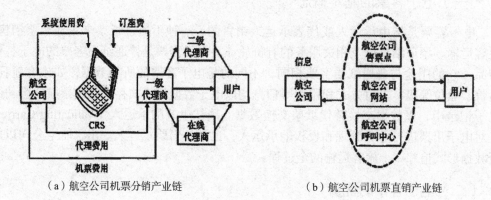

（a）航空公司机票分销产业链　　　　（b）航空公司机票直销产业链

图4-1　航空公司机票分销和机票直销产业链

二、电子客票购票证件及客票使用规则

1. 购票证件要求

为确保飞行安全，国家规定旅客在购买飞机票、办理乘机手续时，必须提供由政府主管部门规定的证明其身份的证件。

（1）国内旅客购买飞机票时，必须核查居民身份证。

（2）法定不予颁发居民身份证的，如人民解放军、人民武装警察及其文职干部、离休干部，分别使用军官证、警官证、士兵证、文职干部或离退休干部证，人民解放军、人民武装警察部队在校学员则使用学员证。16周岁以下的未成年人购票乘机，可使用学生证、户口簿、独生子女证、出生证或暂住证。

（3）凡出席全国或省、直辖市、自治区的党代会、政协会、工青代表会和劳模会的代表，无身份证者（包括军官证、警官证、士兵证、文职干部或离退休干部证明），由所属县团级以上党政军对口部门出具证明信，办理购票。

（4）全国人大代表和全国政协委员执行工作任务时，可以凭全国人民代表大会代表证、全国政协委员证办理购票，但要在"订票单"中注明证件的名称和号码。

（5）凡经国家批准的有突出贡献的中青年科学、技术、管理专家，外出工作或参加学术会议等，可以凭中华人民共和国人事部颁发的"有突出贡献中青年专家证书"办理购票。

（6）旅客因公执行紧急任务或抢救伤员、危重病人（须持有医疗单位出具的适于乘机的证明）及陪同的医护人员和家属，急需乘飞机者，因时间紧迫未带身份证或无身份证件者，经批准后出具证明予以购票。

（7）中央部、局级、地方省、直辖市级负责同志因紧急事务，未带身份证乘坐其他交通工具外出，返回时需要乘坐飞机者，可凭有关接待单位出具的证明办理购票。

（8）外国旅客、华侨及持有中华人民共和国护照的公民在护照签证有效期内均可凭护照直接购票。

（9）港澳地区旅客可凭港《澳居民来往内地通行证》（又称回乡证）购票，台湾旅客可凭《台湾居民来往大陆通行证》（又称台胞证）购票，内地旅客前往港澳地区还需凭《中华人民共和国往来港澳通行证》，前往台湾需凭《大陆居民往来台湾通行证》购票。

（10）旅客的居民身份证在户籍所在地以外被盗或丢失的，凭发案报失地公安机关出具的临时身份证明购票，临时身份证明应贴有本人近期相片，写明姓名、性别、年龄、工作单位和有效日期，并在相片下方加盖公安机关的公章。

2. 客票使用规则

对于乘坐飞机的每一位旅客来说，都应该单独持有一张客票，而每张客票都有使用的要求，具体如下。

（1）持电子客票的旅客应有一张以旅客的姓名及有效身份证件填开的有效电子客票，否则无权乘机。

（2）旅客必须按照客票上所列明的航程，从始发地点开始顺序使用。未按顺序使用的乘机联，航空公司将不予接受。对于未按顺序使用的乘机联，在客票开始旅行之日起（客票第一航段未使用的，从填开之日起）一年内，可以按未使用乘机联对应订座舱位的退票规定办理退票。

（3）旅客在我国境外购买的用于纯国内航空运输的国际客票，必须换成国内客票后才能使用。含有国内航段的国际联程客票，其国内航段的乘机联可直接使用。

（4）每一个旅客，包括婴儿或儿童，都要单独持有一本客票。

（5）每一客票的乘机联必须列明舱位等级，订妥座位后方可接受运输。对未订妥座位的乘机联，航空公司或其销售代理人应按旅客的申请，根据适用的票价和所申请航班的座位可利用情况为旅客预订座位。

（6）当客票上列明的旅客不是该客票付款人时，应根据付款人要求在客票上的"签注"栏列明退票限制条件，如退票款仅退给付款人或指定人等。

三、客运的相关票证

（一）旅费证

旅费证（Miscellaneous Charges Order，MCO），是空运企业用以支付与旅客运输有关费用但又不能包含在机票之类的服务费而填开的一种有价凭证。

1. 旅费证（MCO）的分类

根据用途的不同，MCO 可以划分为指定运输用 MCO 和非指定运输用 MCO。

（1）指定运输用 MCO 可以用于以下运输服务的结算：预先交付的款项或 PTA （PREPAID TICKE ADVICE 预付款通知）的收费，逾重行李费，退票款，提高等级的附加费或降低等级的退款，综合旅游的地面安排，各类杂项收费，如订座或改变航程等。当旅费证用于指定运输或 IT Integrated Tourism 综合旅游地面服务时，不得超过该项运输或地面服务的实际价值。

（2）非指定运输的 MCO 为不属于上述指定运输情况范围之内的运输及其他服务而填开的旅费证。它可以用于以后的运输或逾重行李，也可以用于机票的退款。但非指定运输不允许代理人填开，且其价值不能超过 750 美元或等值货币。当 MCO 用于退款时，其价值可以超过此限制，但仅限于向原始出票人领取并仅可作为退款使用。

2. 旅费证（MCO）填写的注意事项

（1）所有的内容都要用英文大写印刷体字母。

（2）填写价值时，紧靠相应各栏的最左边，文字和数字要紧跟货币代码之后，对任何未用的空白部分要用水平横线填满，防止再填入其他内容。

（3）在"用文字表示的金额（AMOUNT IN LETTERS）"栏内只允许填写一行字母。

（4）当"实付等值货币（EQUIVALENT AMOUNT PAID）"栏不必填写时，要在其中间划一条水平横线。

（5）票价构成中性单位（NUC）不是一种货币，不要填入"换票价值""实付等值货币"或"本联价值"等表示价值的栏目内。

（6）任何时候都不允许更改已填入的内容，一经涂改，自动作废。

（二）电子收费凭证

EMD（Electronic Miscellaneous Document，EMD）也叫电子收费凭证。它的作用是替代航空公司目前使用的各种杂费凭证，实现机票相关的各类服务及航空附加产品服务的无纸化。例如，旅客办理机票相关业务，如改期、退票等，都不可避免地得到各种收费凭证，而目前已有部分国内外航空公司已开始使用 EMD，如国航、芬航，通过使用 EMD 来代替各类纸质的杂费凭证，可大大缩短旅客办理各项业务的时间，使旅客出行更加快捷。EMD 可分为 EMD-A 和 EMD-S 两种类型。

第二节　民航国内旅客运价

一、运价的定义及特点

1. 运价的定义

运价就是运输产品的价格，是运输产品价值的货币表现，是单位旅客及单位货物在一定运输距离的运输价格。

运价反映在客票上是指旅客由出发地机场至目的地机场的航空运输价格，不包括机场与市区之间的地面运输费用，也不包括机场建设费、燃油附加费，以及旅客购买其他付费服务和使用其他付费设施所需要的费用。

2. 运价的特点

（1）运价率递远递减，即每公里的费率随距离的增加而降低。

（2）运价只有销售价格一种形式。由于运输业的产品在生产的同时被消费，不能脱离生产过程这一特点，因而运价只有销售价格一种。

（3）运价随运输对象、方式、数量和距离的不同而变化。

航空运价由其本身在经济技术上的特点决定了还具备以下两个特点。

（1）运输价格高。由于航空运输属于高投入、高成本、低盈利的产业，运输产品成本高，导致运输价格比其他运输方式的价格高。

（2）运价种类繁多。运价随运输对象、运输距离、季节等因素的影响而不同。航空运价种类之多是其他运输方式所没有的，具有更大的灵活性。

二、国内旅客运价的种类和适用范围

（一）服务等级票价

服务等级是指为旅客提供服务的等级，按照提供服务等级的不同收取不同的票价。国内航线的客运价一般分为三个服务等级：头等舱票价（F）、公务舱票价（C）、经济舱票价（Y）。

1. 头等舱票价

航空公司在有头等舱布局的飞机飞行的国内航班上向旅客提供头等舱座位。头等舱的座位较普通舱座位宽而舒适；向旅客免费提供的餐食及地面膳宿标准高于普通舱；专门设置的值机柜台和候机厅为头等舱旅客提供优质、快捷的服务；每人可免费携带的行李限额为40千克。国内头等舱票价每个航空公司针对不同航线，会有不同的定价策略，头等舱全价现一般为经济舱全价的1.5倍、2倍、2.5倍或3倍等。

2. 公务舱票价

航空公司在有公务舱布局的飞机飞行的国内航班上向旅客提供公务舱座位。公务舱座位宽度较头等舱窄；餐食及地面膳宿标准低于头等舱，高于经济舱；每人可免费携带的行李限额为30千克。国内公务舱票价每个航空公司也采取不同的定价策略，公务舱全价一般为经济舱全价的1.3倍、1.5倍、2倍或者2.5倍、3倍等。

3. 经济舱票价

航空公司在飞机飞行的国内航班上向一般旅客、团体旅客和持优惠票价的旅客提供经济舱座位。每人可免费携带的行李限额为20千克（不占座位的婴儿除外）。

（二）旅程方式票价

国内航班票价按旅客的不同行程方式可以分为单程票价、来回程票价、联程票价、分程票价和联程中转票价。

1. 单程票价

单程票价也称为直达票价。它仅适用于规定航线上的从始发地至目的地的航班运输。我国现行对外公布的票价均为航空运输的直达票价。

2. 来回程票价

来回程票价由两个单程票价组成：一是使用直达票价的去程运输；二是使用直达票价的回程运输。我国有些空运企业来回程票价在两个单程票价的基础上可享受一定的折扣。有些空运企业直接推出来回程票价，优惠于两个单程相加价格。

3. 联程、分程票价

旅客的航程超过一个以上航班，需在某航班的中途站或终点站换乘另一个航班才能到达目的地，称之为联程。

中途分程是指经承运人事先同意，旅客在出发地点和目的地点间旅行时，由旅客有意安排在某个地点的旅程间断。

在国内运输中分程、联程旅客的票价并无差别，都应按实际航段分段相加计算票价。

4. 联程中转票价

联程中转票价，各航空公司为了最大限度地利用舱位，整合运力资源推出的票价。与直达航班相对应，旅客在中转点换乘本航空公司其他航班前往目的站，全程多个航段视为一个运价区所使用的票价，即为中转联程票价，一般价格低于直达票价，航空公司要求订特殊舱位。

（三）优惠票价

优惠票价是承运人向特定的运输对象提供一定折扣的优惠票价，以适用的票价为计算基础，除另有规定外，不得重复享受其他票价优惠。

1. 儿童、婴儿票价

儿童是指运输开始之日年龄满两周岁但不满十二周岁的人。儿童按成人票价的50%购儿童票，提供座位。

婴儿是指运输开始之日年龄不满两周岁的人。婴儿按成人票价的10%购婴儿票，不提供座位。如需要单独占用座位，应购买50%的儿童票。旅客所带婴儿超过一名时，其中只有一名婴儿可购婴儿票，超过的婴儿人数应购儿童票，提供座位。

未满5周岁的儿童乘机，必须有成人陪伴而行。如果无成人陪伴的儿童（5~12周岁），应在购票前提出申请，经航空公司同意后，在航空公司售票处购票乘机。

2. 革命残废军人和伤残人民警察票价

凡是因公致残的革命军人和人民警察凭《中华人民共和国革命伤残军人证》或《中华人民共和国人民警察伤残抚恤证》购国内航线客票，可享受普通成人票的50%的优惠。旅客须在航空公司售票处办理购票手续。我国残疾军人票价折扣代码为YDFMM50，伤残人民警察票价折扣代码为YDFPP50。

3. 教师、学生票价

航空公司在寒暑假期间，在指定的航线上，对国内全日制大学、大专、中专、中小学和职校等在校教师、学生给予不等幅度的优惠。购买教师、学生优惠票时，教师必须持教师工作证和身份证，学生凭有效的学生证和身份证或出生证、独生子女证、户口簿；无学生证的，须凭就读学校出具的证明信和身份证件办理购票。所购机票只能乘坐指定航空公司的航班，不得办理签转。有关订座和退票的具体规定，以航空公司的运价通告为准。

4. 行业票价

航空公司内部职工、销售代理人、民航局职工及协作单位职工因私或因公乘坐飞机，经航空公司批准，可享受低于适用票价50%的一种票价。旅客必须在购票前提出书面申请，经航空公司主管部门受理和审批同意后签发"授权出票通知"单，旅客凭"授权出票通知"单、身份证件到指定的航空公司售票处办理购票手续。

优惠票价一般分优惠75%（1/4票，代号为ID75或AD75）、优惠50%（半票，代号为ID50或AD50）、优惠100%（免票，代号为ID00或AD00）三种。购买航空公司内部员工优惠票的旅客均不得事先订座，只能持票在航空公司的值机柜台申请候补，在航班有空余座位的情况下，办理乘机手续。

5. 团体旅客票价

团体旅客是指统一组织的人数在承运人规定的人数以上（一般为10人），航程、乘机日期和航班相同并支付相同票价的旅客。

团体旅客可根据团体旅客人数和航班座位销售情况给予适当的票价优惠，折扣率按季节、团队人数、代理商资质各不相同，由航空公司视具体情况而定，大多数航空公司采用一团一议的方式给予优惠。

（四）包舱票价

航空公司在有小客舱的大型飞机飞行的国内航班上，可以向旅客提供包舱服务，人数以小客舱内的座位数为限，价格给予一定优惠，称为包舱票价。包舱内的座位数乘以包舱票价，即包舱总费用，包舱的总免费交运行李限额为包舱内的座位数乘以该舱位等级对应的每位旅客免费交运行李限额。

（五）包机运输

包机运输是承运人和包机单位单独签订运输合同的客运、货运或客货兼运的特殊形式。承运人组织包机运输，必须根据客观实际需要及主管力量妥善安排，尽量满足包机需求，确保飞行安全、合理、经济地安排包机运输。包机的费用通过协商的方式列入包机合同。

（六）多等级票价

航空公司通过设计不同的子舱位来进行不同价格的销售。飞机的舱位就是航空公司的产品，舱位种类的多少就是航空公司产品种类的多少。在航空公司的市场营销中，除了根据服务等级确定了头等舱、公务舱和经济舱的运价外，为丰富航空公司的产品，通过不同的运价去满足不同的市场需求，从而赢得收入最大化。航空公司在同一服务等级的运价基础上，通过对运价附加如签转、更改、退票、出票和付款时限等运价限制条件，制订出多个价格依次递减的子舱位运价，所谓"等级"指的只是运价等级以及相关运价的客票销售和使用方面限制条件的等级。

限制条件无疑是多等级票价系统的关键。完全相同的产品出现高低不同的价格时，只有限制条件才能阻止承受能力较高、理应购买高票价的旅客购买便宜机票。航空公司利用各类旅客需求的特点，制订了一系列的运价使用限制条件。

表4-1所示为国内各航空公司舱位对照表。

表 4-1 国内各航空公司舱位对照表

航空公司	二字码	头等舱	子舱位	特殊舱	全价	0.99	0.9	0.88	0.85	0.84	0.8	0.78	0.76	0.75	0.73	0.72	0.7	0.68	0.65	0.64	0.6	0.56	0.55	0.52	0.5	0.45	0.4	0.35	0.3	特殊舱位
四川航空舱位表	3U	F	A	-	Y	-	T	-	-	-	H	-	M	-	-	G	-	S	-	L	-	Q	-	E	V	R	K	K X U
东方航空舱位表	MU	F	P	CDU	Y	B	M	-	-	-	E	-	H	-	-	K	-	L	-	N	-	-	-	R	S	V	T	JZQXIO
祥鹏航空舱位表	8L	F	P	C	Y	-	B	-	B1	-	K	-	K1	-	-	M	-	M1	-	Q	-	H	L	X	U	E	D	JZITV
南方航空舱位表	CZ	F	PJ	CDIW	Y	S	B	-	-	-	M	-	H	H1	-	U	-	A	-	L	-	-	-	K	E	Z	-	TNR
中国国际航空舱位表	CA	PF	A	JCDZ	Y	-	B	M	-	-	H	M1	K	-	K1	L	-	L1	-	Q	-	Q1	-	Q	V	V1	T	E S
山东航空舱位表	SC	F	A	DW	Y	-	B	-	-	-	-	-	K	-	-	L	-	P	-	Q	-	-	-	G	V	U	Z	T E
深圳航空舱位表	ZH	F	A	PCJ	Y	B	M	-	M1	-	U	-	H	-	-	Q	-	Q1	-	V	-	V1	-	G	W	E	T	JL
昆明航空舱位表	KY	F	AG	PG	Y	B	M	-	M1	-	U	-	H	-	-	Q	-	Q1	-	V	-	V1	-	G	S	E	J	LZDI
上海航空舱位表	FM	F	P	A	Y	B	M	-	M1	-	E	-	H	-	K	L	-	N	-	T	-	-	R	S	W	T	JZQXIO	
厦门航空舱位表	MF	F	J	C	Y	-	B	-	-	-	K	-	L	-	M	N	-	Q	-	Q	-	-	V	X	R	GIW	T	
天津航空舱位表	GS	F	A	C	Y	B	B	-	J	-	K	-	L	-	M	M	-	Q	-	Q	-	-	X	U	E	T	ZV	

续表

航空公司	二字码	头等舱	子舱位	特殊舱	全价 0.99	0.9	0.88	0.85	0.84	0.8	0.78	0.76	0.75	0.73	0.72	0.7	0.68	0.65	0.64	0.6	0.56	0.55	0.52	0.5	0.45	0.4	0.35	0.3 特殊舱位
上海吉祥航空舱位表	HO	F	A	C	Y	B	-	-	L	M	T	-	-	-	E	-	H	-	-	V	X	-	-	W	R	Q	Z	PXS
海南航空舱位表	HU	F	A	C	Y	-	B	H	-	K	L	-	-	-	-	M	-	M1	-	Q	-	Q1	-	X	U	E	T	Z
首都航空舱位表	JD	-	-	-	Y	-	B	H	-	K	L	-	-	-	-	M	-	P	-	Q	-	S	-	X	I	E	T	ZDSC
西藏航空舱位表	TV	F	A	-	Y	-	B	-	H	K	L	-	-	-	J	-	Q	-	-	-	G	V	R	E	I	-	-	
中国联合航空舱位表	KN	F	P	A	Y	B	M	-	-	E	H	-	-	-	K	-	L	-	N	-	-	R	S	V	T	JZQXIO	-	
成都鹰联航空舱位表	EU	-	-	-	Y	T	-	-	-	H	M	-	-	G	-	S	-	L	-	Q	-	E	V	R	L	I	-	
上海吉祥航空舱位表	HO	F	A	J	Y	B	-	-	L	M	T	-	E	-	H	-	V	-	X	-	W	R	Q	P	S	-	

57

第三节 客票预订

订座程序的一般规定如下。

（1）接受旅客订座，应问清旅客旅行的路线、日期、航班、承运人、座位等级、人数、需要提供何种特殊照料和服务等情况。

（2）接受旅客订座，应根据旅客意愿选择航班。如旅客要求订座的航班已满，应主动帮助选择，提供其他航班和旅行线路供旅客参考；也可以列入候补名单，等有空座时，立即通知旅客。

（3）订座时，应按旅客要求输入订座系统，并要求旅客提供准确无误的身份信息，建立相应的PNR。

（4）旅客预订联程航班时，在航班衔接地点，应为旅客留有足够时间办理衔接航班的换乘手续，以免衔接不上。每一机场对国内航班之间的最短衔接时间会有不同的要求，订座时应查核相关机场最短衔接时间。

（5）座位全部订妥后，注意查看系统的自动出票时限，并告知旅客在规定的时限前购票，超过时限的订座不予保留。

（6）对特殊旅客订座，应问清情况，严格按照特殊旅客运输的有关规定办理。

（7）订座系统只能接受9人（含）以下散客订座，超过9人以上可按团体旅客订座方法另行申请机位进行办理。

一、计算机订座系统的介绍

1. 中国民航计算机旅客服务系统的构成

中国民航计算机旅客服务系统（CAAC MIS）包括航空公司订座系统（CAAC ICS）、代理人分销系统（CAAC CRS）、民航旅客离港控制系统（CAAC DCS）三大部分。

（1）航空公司订座系统（Inventory Control System，ICS）是指航空公司人员使用的一个集中式、多航空公司的系统。每个航空公司享有自己独立的数据库、独立的用户群、独立的控制和管理方式，各种操作均可以加以个性化，包括航班班期、座位控制、运价及收益管理、航空联盟、销售控制参数等信息和一整套完备的订座功能引擎。

（2）代理人分销系统（Computer Reservation System，CRS）主要功能是为代理人提供航班可利用情况查询、航段销售、订座记录、电子客票预订、旅游产品等服务。

（3）民航旅客离港控制系统（Departure Control System，DCS）是指机场人员使用的系统，为机场提供旅客值机、配载平衡、航班数据控制、登机控制联程值机等信息服务，可以满足值机控制、装载控制、登机控制以及信息交换等机场旅客服务所需的全部功能。

三大类型系统的关系如图4-2所示。

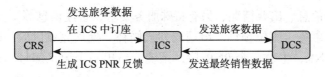

图 4-2 三大类型系统的关系图

中国民航信息网络股份有限公司（简称中国航信）主机系统作为中国最大的主机系统集群，担负着中国民航重要的信息处理业务。

2. ICS 系统与 CRS 系统的关系

航空公司订座系统包括航空公司系统（Inventory Control System，ICS）和代理人分销系统（Computer Reservation System，CRS）。ICS 为航空公司专用，其服务对象为航空公司的航班与座位控制人员、航空公司市场与营运部门的管理人员及航空公司售票处，而 CRS 则面向销售代理，服务于从事订座业务的销售代理人员，通过此系统进行航班座位及其他旅行产品的销售。CRS 作为代理人分销系统，其目的如下：一是为航空公司代理商提供全球航空航班的分销功能；二是为代理商提供非航空旅游产品的分销功能；三是为代理商提供准确的销售数据与相关辅助决策分析结果。

CRS 如何销售航空公司的座位是由 CRS 与 ICS 的技术连接方式及商务协议决定的，ICS 加入 CRS 的协议等级主要有如下几种方式（按由低到高顺序）。

（1）无协议级。

（2）次高等级——直接存取级（Direct Access）。

（3）较高等级——直接销售级（Direct Sell，DS）。

（4）最高等级——无缝存取级（Seamless）。

中国 CRS 与 ICS 的技术连接方式是无缝存取级（Seamless），它是直接销售级中的最高级别，也是世界上最先进的连接方式。

航空公司的座位管理人员借助于 ICS 与 CRS 的实时连接，可完成如下功能。

（1）各类旅客订座记录的提取、座位确认、取消、修改旅客订座记录中的航段。

（2）随时向 CRS 拍发航班状态更改电报。

（3）可针对 CRS 中的具体订座部门进行座位销售的分配与限制。

目前我国航空公司主要采用中国民航信息网络股份有限公司的计算机订座系统。主要全球分销系统代码及名称如下。

1E 为中国民航信息网络股份有限公司全球分销系统代码。其他系统代码如下：

1A AMADEUS 　　1B ABACUS 　　　　1F INFINI 　　1G GALILEO
1J AXESS 　　　　1P WORLDSPAN 　　1S SABRE 　　1V APPOLO

二、旅客订座的基本指令

（一）旅客订座记录的定义

旅客订座记录（Passenger Name Record，PNR）是指旅客在航空公司销售系统中整个航程的订座、购票的完整信息。旅客订座记录包括旅客姓名、航段、联系方式、客票号码、证件信息、出票情况、另有特殊服务要求、备注信息等。

当一项订座事务（座位预订、申请或列入候补）处理完成以后，即为每一旅客建立和储存一个 PNR，生效一个 PNR 后，系统会给出一个记录编号，记录编号由 6 位字母或数字组成。

（二）PNR 的基本组成

一个完整的 PNR 建立一般带有下列项目。
（1）姓名组（NM），由座位数与姓名（Name）组成。
（2）航段组（SS），可分以下四种情况。
①可采取行动的航段组，（Actionable）（SS）或（SD）。
②提供情况航段组，（Informational）（SA）。
③到达情况不明航段组，（ARNK）（SA）。
④不定期航段组，（Open）（SN）。
（3）联系组（CT），用于建立与旅客联系的信息。

联系组（CT）的信息相当重要，包括可以与旅客联系上的真实有效的信息（办公电话/家庭电话/销售代理人电话/旅客本人电话）。另外各航空公司为了进一步体现对于航班服务的理念，提高不正常航班的旅客本人通知到达率，要求 PNR 中输入旅客本人手机号（OSI）。

（4）出票组（TK），注明旅客出票情况，已出票的将给予证实（对订座有限制的优惠客票除外），而未出票的则写明具体出票的安排与限定。
（5）旅客身份信息组（SSR FOID），用于输入旅客的有效证件信息。
（6）特殊服务组（Special Service Request，SSR），包括需要马上采取行动后回复的各类服务。
（7）其他服务情况组（Other Service Information，OSI），提供的服务情况不需要答复。
（8）备注组（Remark，RMK），用于记录某些可能有助于了解旅客的情况。
（9）责任组，是指当前所操作的终端所属区域，由订座系统自动建立。

其中（1）~（4）、（9）项是必有项目。其他项为可选项。

（三）PNR 的建立

建立 PNR，要按照不同旅客的不同情况，首先要建立 PNR 的各个项目，最后以封口指令 @ 使记录生效，订座系统自动产生记录编号。

1. 建立 PNR 的一般程序

查询航班座位可利用情况（AV）→建立航段组（SD）→输入旅客姓名（NM）→输入旅客联系地址（CT&OSI）→输入票号（或输入取票时间）（TK）→输入特殊服务组（SSR）[或其他服务组（OSI）、备注组（RMK）]→输入封口指令 @。

一般情况下，如果旅客无特殊服务要求、无其他服务情况，或无需输入备注情况时，可以省去这三项内容，其余五项为必选项。

2. 系统键盘操作说明

在中国航信的 CRS 中，通过以下方式输入有效的指令。

（1）指令前必须有小三角符号▶，小三角符号▶由键盘左上角的"ESC"键产生。

（2）在首页（系统黑色当前屏的第一行第一列），指令前可不使用小三角符号▶。

（3）指令紧跟小三角符号，指令与小三角符号之间不能有空格、字母、数字或其他符号等。

（4）执行指令符号用"F12"键（或数字键盘的"Enter"）实现，主键盘的"Enter"键仅表示换行。

3. PNR 的建立实例

（1）航班座位可利用情况查询

AV：查询座位可利用情况（Display Availablity）

● 例：查询 10 月 10 日北京至上海座位可利用情况。

▶AV：PEKSHA/10OCT（F12）

说明：输入指令后，在 eTerm 系统中按 F12 键，系统主机接收到指令后便会把反馈信息显示在电脑屏幕上，如图 4-3 所示。在本教材之后的案例中，F12 发送都省略。

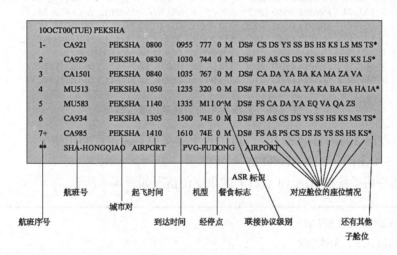

图 4-3 系统显示的反馈信息

● 例：查询 2 月 6 日上海至北京座位可利用情况。

▶AV：SHAPEK/6FEB

输入指令后系统显示的航班座位情况如图 4-4 所示。

```
▶AV SHAPEK/6FEB
06FEB18(TUE) SHABJS
1- MU564   PVGPEK 0655  0925  33L0^   E  DS# JA CA DA Q7 IQ WA YA BA MA EA
2  MU5137  SHAPEK 0700  0920  333 0^B E  DS# UC F4 PQ JA CA D8 QQ I3 WC YA
3  CA1858  SHAPEK 0745  1010  747 0^B E  DS# PA FA A2 JC CC DC ZC RC GA ES
4 *ZH1858  SHAPEK 0745  1010  747 0^   E  DS# YA
5  MU5101  SHAPEK 0800  1015  333 0^B E  DS# UC FA PQ JA C5 DS QQ IS WC YA
6  KN5988  PVGNAY 0805  1030  73V 0^   E  DS#
```

图 4-4 系统显示的航班座位情况

AV 显示的常用座位代号说明如下：

A——航班有座位。

1—9——表示所要求座位不能满足，航班只剩下所显示的座位数。

L——只允许候补座位。

R——只能申请座位。

C——航班完全关闭。

X——航班已取消。

Z——情况不明航班。

Q——永久申请航班。

S——限制销售航班。

● 例：查询2月6日由东航承运上海至北京座位可利用情况。

▶AV：SHAPEK/6FEB/MU

输入指令后系统显示的东航航班座位情况如图4-5所示。

```
▶AV SHAPEK/6FEB/MU
06FEB18(TUE) SHABJS VIA MU
1- MU564    PVGPEK  0655  0925  33L 0^    E  DS# JA CA DA Q7 IQ WA YA BA MA EA
2  MU5137   SHAPEK  0700  0920  333 0^B   E  DS# UC F4 PQ JA CA D8 QQ I3 WC YA
3  MU5101   SHAPEK  0800  1015  333 0^B   E  DS# UC FA PQ JA C5 DS QQ IS WC YA
4 *MU3848   PVGNAY  0805  1030  73V 0^    E  DS# YA BA MQ EQ HQ XQ
5  MU5151   SHAPEK  0830  1050  333 0^    E  DS# UC FA PQ JA C5 DS QQ IS WC YA
6  MU5103   SHAPEK  0900  1120  333 0^    E  DS# UC FA PQ JA C5 DS QQ IS WC YA
```

图4-5 系统显示的东航航班座位情况

● 例：查询2月6日上午10：00以后上海至曼谷座位可利用情况。

▶AV：SHABKK/6FEB/1000/FM

输入指令后系统显示的10点后的航班座位情况如图4-6所示。

```
▶AV SHABKK/6FEB/FM
06FEB18(TUE) SHABKK
1- FM839   PVGBKK  0710  1120  73H 0^  E  DS# UC FA PQ JA C5 DS QQ IS WC YA
2  FM833   PVGBKK  1040  1450  73H 0^  E  DS# UC FC PC JA CA D5 QQ IQ WC YA
3  FM855   PVGBKK  1315  1630  73H 0^  E  DS# UC FC PC JA CA D6 QQ I3 WC YA
```

图4-6 系统显示的10点后的航班座位情况

● 例：查询2月10日上午11：00以后的回程情况。

▶AV：RA/10FEB/1100

输入指令后系统显示的回程航班座位情况如图4-7所示。

AV 显示的航班代号中如显示有"^"标识，此航班可以进行机上座位的预订。

```
▶AV RA/10FEB/1100
10FEB18(SAT) BKKSHA VIA FM
1- FM840  DS# UC FC PC JA C6 D4 QQ I1 WC YA  BKKPVG  1335  1850    73H 0^   E
>        BA MA EA HA KA LA NA RA SS VS TQ GQ Z2        -- T1 4:15
2  FM834  DS# UC FC PC JA CA D7 QQ IQ WC YA  BKKPVG  1650  2210    73H 0^D E
>        BA MA EA HA KA LA NA RA SQ VQ TQ GQ ZQ        -- T1 4:20
3  FM856  DS# UC FC PC JA CA D8 QQ I4 WC YA  BKKPVG  1905  0020+1 73H 0^D E
>        BA MA EA HA KA LA NA RA SA VA T1 GQ ZA        -- T1 4:15
```

图 4-7　系统显示的回程航班座位情况

（2）建立航段组

直接建立航段组（SS）：是在售票员知道待订航班的所有信息，如航班号、日期、航段、舱位、座位数及起飞和到达时间的情况下建立起来的。

指令格式：SS：航班号 / 舱位 / 日期 / 航段 / 行动代号 / 订座数

- 例：▶SS MU564 Y 6FEB SHAPEK 2

输入指令后系统显示建立的航段组（SS）如图 4-8 所示。

```
▶SS MU564 Y 6FEB SHAPEK 2
1.  MU564 Y  TU06FEB  PVGPEK DK2  0655 0925       33L  0  R E T1T2 A
```

图 4-8　输入指令后系统显示建立的航段组（SS）

间接建立航段组（SD）：用在 AV 显示之后，建立航班信息。

指令格式：SD：航段序号 / 舱位等级 / 行动代号 / 订座数

▶AV:SHAPEK/6FEB/9

执行完马上显示航班内容，根据要求然后现输入第二个指令▶SD1Y2，第二指令后面内容是可变的。

输入指令后系统显示建立的航段组（SD）如图 4-9 所示。

```
▶AV SHAPEK/6FEB/9
06FEB18(TUE) SHABJS
1- MU564   PVGPEK 0655  0925  33L 0^   E  DS# JA CA DA Q7 IQ WA YA BA MA EA
2  MU5137  SHAPEK 0700  0920  333 0^B  E  DS# UC F4 PQ JA CA D8 QQ I3 WC YA
3  *ZH1858 SHAPEK 0745  1010  747 0^   E  DS# YA
4  CA1858  SHAPEK 0745  1010  747 0^B  E  DS# PA FA A2 JC CC DC ZC RC GA ES
5  MU5101  SHAPEK 0800  1015  333 0^B  E  DS# UC FA PQ JA C5 DS QQ IS WC YA
▶SD1Y2
1.  MU564 Y  TU06FEB  PVGPEK DK2  0655 0925       33L  0  R E T1T2 A
```

图 4-9　输入指令后系统显示建立的航段组（SD）

行动代码说明：

RR——直接销售出票。

DK/HK——已占好座。

NN——预订但不出票（可省略）。

HL/LL——无座，预订候补座位。
提供到达情况航段的建立（SA）
- 例：旅客 2 月 5 日查询从杭州到上海座位可利用情况。
▶SA 5FEB HGHSHA
输入指令后系统显示 SA 航段的建立，如图 4-10 所示。

```
▶SA 5FEB HGHSHA
 1.  ARNK   MO05FEB HGHSHA
```

图 4-10　输入指令后系统显示 SA 航段的建立

OPEN 航段组的建立（SN）
- 例：建立北京至广州，2 月 10 日，头等舱，东航航班的 OPEN 航段。
▶SN MU/F10FEBPEKCAN
输入指令后系统显示 OPEN 航段的建立，如图 4-11 所示。

```
▶SN MU/F10FEBPEKCAN
 1.  MUOPEN F  SA10FEB PEKCAN
```

图 4-11　输入指令后系统显示 OPEN 航段的建立

（3）建立旅客姓名组
指令格式：NM：该姓氏的订座数旅客姓名（特殊旅客代号）
- 例：一个大人张三带一个儿童李四。
▶NM：1 张三 1 李四 CHD
输入指令后系统显示成人带儿童的姓名组，如图 4-12 所示。

```
▶NM1 张三 1 李四 CHD
 2.李四 CHD 1.张三
```

图 4-12　输入指令后系统显示成人带儿童的姓名组

- 例：两名旅客姓张 ZHANG/SAN，ZHANG/SI，三名旅客姓李 LI/FEI，LI/JUN，LI/XIAO
▶NM2ZHANG/SAN/SI　3LI/FEI/JUN/XIAO
输入指令后系统显示成人的姓名组，如图 4-13 所示。

```
▶NM 2ZHANG/SAN/SI 3LI/FEI/JUN/XIAO
 3. LI/FEI 4.LI/JUN 5.LI/XIAO 1.ZHANG/SAN 2.ZHANG/SI
```

图 4-13　输入指令后系统显示成人的姓名组

- 例：一名为王伟的 6 岁无人陪伴儿童。
▶NM1 王伟（UM6）
输入指令后系统显示无成人陪伴儿童的姓名组，如图 4-14 所示。

```
▶NM1 王伟(UM6)
1.王伟(UM6)
```

图 4-14 输入指令后系统显示无成人陪伴儿童的姓名组

- 例：一大人王林携带一名 2016 年 10 月出生的婴儿王晓。
▶XN IN/王晓（OCT16）/P1（婴儿跟随成人的序号）
输入指令后系统显示一成人携带一婴儿的姓名组建立，如图 4-15 所示。

```
▶NM1 王林
1.王林
2.SHA/T SHA/T 021-62538888/SHA YI XIAO AIR SERVICE CO.,LTD/GAO LIN ABCDEFG
3.13811111111
4.SHA8888
▶XN IN/王晓(OCT16)/P1
1.王林
2.SHA/T SHA/T 021-62538888/SHA YI XIAO AIR SERVICE CO.,LTD/GAO LIN ABCDEFG
3.13811111111
4.OSI YY 1INF WANGXIAO/P1
5.XN/IN/王晓(OCT16)/P1
6.SHA8888
```

图 4-15 输入指令后系统显示一成人携带一婴儿的姓名组建立

GN　团体名称输入功能指令（GROUP NAME）
- 例：建立携程（Ctrip）25 人团体名称。
▶GN 25 CTRIP/GRP
输入指令后系统显示团队名称的建立，如图 4-16 所示。

```
▶GN25CTRIP/GRP
0.25CTRIP/GRP NM0
```

图 4-16 输入指令后系统显示团队名称的建立

- 建立其他特殊类型旅客姓名：
例：NM：1 姓名 EXST 额外占座旅客姓名输入
▶NM 1LIN/LING　EXST
例：NM：1 姓名 CBBG　占座行李旅客姓名输入
▶NM 1LIN/LING　CBBG
例：NM：1 姓名 STCR　担架旅客姓名输入
▶NM 1LIN/LING　STCR

（4）建立联系地址组
指令格式：CT：城市代码 / 自由格式用于记录各种联系信息，方便查询代理人及旅客信息，联系组一般分为如下两部分。
- 旅客联系信息由售票员手工输入，如记录旅客联系电话、地址等。

例：▶CT/021-12345888

输入指令后系统显示旅客的联系信息，如图4-17所示。

```
▶CT/021-12345888
1. 王林
2. MU564 Y  TU06FEB PVGPEK DK1  0655 0925      33L  0 R E T1T2 A
3. SHA/T SHA/T 021-62538888/SHA YI XIAO AIR SERVICE CO.,LTD/GAO LIN ABCDEFG
4. 021-12345888
```

图4-17　输入指令后系统显示旅客的联系信息

- 代理人联系信息由计算机系统自动生成，包括代理人所在城市、名称、电话及负责人。

各航空公司为了进一步体现其对于航班服务的理念，提高不正常航班的旅客本人通知到达率，要求PNR中输入旅客本人手机号。

输入格式：OSI MU CTCM+手机号/Pn（旅客姓名在显示中的序号）

例：OSI MU CTCM13888886666/P1

输入指令后系统显示旅客手机联系组，如图4-18所示。

```
▶OSI MU CTCM13888886666/P1
1. 王林
2. MU564 Y  TU06FEB PVGPEK DK1  0655 0925      33L  0 R E T1T2 A
3. SHA/T SHA/T 021-62538888/SHA YI XIAO AIR SERVICE CO.,LTD/GAO LIN ABCDEFG
4. 021-12345888
5. OSI MU CTCM13888886666/P1
```

图4-18　输入指令后系统显示旅客手机联系组

（5）建立出票情况组

注明旅客的出票情况，一般有两种情况：已出票的将给出票号；未出票的则自动显示出票的时限。

- 已出票指令格式：TK：T/TN完整票号

例：▶TK：T/7814010096452

输入指令后系统显示机票号码，如图4-19所示。

```
▶TK:T/7814010096452
1. 王林
2. MU564 Y  TU06FEB PVGPEK DK1  0655 0925      33L  0 R E T1T2 A
3. SHA/T SHA/T 021-62538888/SHA YI XIAO AIR SERVICE CO.,LTD/GAO LIN ABCDEFG
4. 021-12345888
5. T/7814010096452
6. OSI MU CTCM13888886666/P1
```

图4-19　输入指令后系统显示机票号码

- 输入已出电子客票的票号7814010096452

▶SSR TKNE CZ CANNKG 3513Y20FEB　7814010096452/2/P1

备注：2 表示客票第二航段。
- 输入已出婴儿电子客票的票号 781-4010096452
▶SSR TKNE CZ CANNKG 3513Y20FEB　INF7814010096452/2/P1
- 未出票指令：

▶TK：TL/ 出票时限 / 日期时限 / 出票部门

例：出票时限为 2 月 1 日 12：00 以前。

▶TKTL/1200/1FEB/SHA888

输入指令后系统显示出票时限，如图 4-20 所示。

```
▶TKTL/1200/1FEB/SHA888
1.王林
2.MU564 Y  TU06FEB  PVGPEK DK1  0655 0925       33L  O  R E T1T2 A
3.SHA/T SHA/T 021-62538888/SHA YI XIAO AIR SERVICE CO.,LTD/GAO LIN ABCDEFG
4.021-12345888
5.TL/1200/01FEB/SHA888
6.OSI MU CTCM13888886666/P1
```

图 4-20　输入指令后系统显示出票时限

说明：表示该订座的保留时间为 2 月 1 日 12：00，由上海 SHA888 代理人预订。

（6）建立特殊服务组

为旅客建立特殊服务项目时，应在订座电脑的 PNR 的补充项目中选用 SSR 代码。SSR 特殊服务项，表示旅客要求提供的一项特别服务或一项订座服务信息，收电承运人要立即采取行动和答复。PNR 封口后，每次建立或修改，随着相应的电报或 Queue 会拍发到各个有关承运人或部门。

特殊服务组指令格式：

SSR/ 特殊服务类型 / 航空公司两字代码 / 行动代码 / 人数 / 航段 / 内容 / 旅客标识 / 需要该服务的航段序号

例：为第 1 个旅客订素食餐食。

▶SSR VGML MU NN1/P1/S2

输入指令后系统显示素食餐预订申请，如图 4-21 所示。

```
▶SSR VGML MU NN1/P1/S2
1.王林
2. MU564 Y  TU06FEB  PVGPEK DK1  0655 0925       33L  O  R E T1T2 A
3.SHA/T SHA/T 021-62530461/SHA YI XIAO AIR SERVICE CO.,LTD/GAO LIN ABCDEFG
4.13811111111
5.SSR VGML MU NN1 PVGPEK 564 Y06FEB/P1
```

图 4-21　输入指令后系统显示素食餐预订申请

例：建立一个 SSR 项，为该旅客提供轮椅。

▶SSR WCHR MU NN1/P1/S2

输入指令后系统显示轮椅预订申请，如图 4-22 所示。

```
▶SSR WCHR MU NN1/P1/S2
1.王林
2. MU564 Y  TU06FEB PVGPEK DK1  0655 0925       33L  0 R E T1T2 A
3. SHA/T SHA/T 021-62530461/SHA YI XIAO AIR SERVICE CO.,LTD/GAO LIN ABCDEFG
4. 13811111111
5. SSR VGML MU NN1 PVGPEK 564 Y06FEB/P1
6. SSR WCHR MU NN1 PVGPEK 564 Y06FEB/P1
```

图 4-22　输入指令后系统显示轮椅预订申请

例：输入旅客身份证号码／护照号码。

▶SSR FOID MU HK/NI123456789/P1

输入指令后系统显示旅客证件信息，如图 4-23 所示。

```
▶SSR FOID MU HK/NI101123197405067890/P1
1.王林
2. MU564 Y  TU06FEB PVGPEK DK1  0655 0925       33L  0 R E T1T2 A
3. SHA/T SHA/T 021-62530461/SHA YI XIAO AIR SERVICE CO.,LTD/GAO LIN ABCDEFG
4. 13811111111
5. SSR FOID MU HK1 NI101123197405067890/P1
6. SSR VGML MU NN1 PVGPEK 564 Y06FEB/P1
7. SSR WCHR MU NN1 PVGPEK 564 Y06FEB/P1
```

图 4-23　输入指令后系统显示旅客证件信息

说明：

证件种类：NI——身份证；PP——护照；ID——其他证件。

（7）建立其他服务组

OSI 其他服务项，向收电航空公司相关部门提供其所需要的信息，供收电承运人参阅，而不要求答复时，可用其他服务情况组 OSI 这个项目。PNR 封口后，相应的 Queue 或电报会出现在航空公司有关部门。

其他服务组指令格式：

▶OSI：航空公司两字代码／服务代码／内容／旅客序号

例：P1 旅客为 VIP，为他建立 OSI 项。

▶OSI MU VIP MAYOR OF SHANGHAI/P1

（8）建立备注组

备注组记录某些可能有助于了解旅客情况的信息，备注组有以下两类。

● 代理人手工输入的信息。

▶RMK：备注组类型自由格式文本／旅客标志

例：为旅客建立备注组"不要取消座位"。

▶RMK PLS NOT CXL SEAT

● 由 ICS 系统反馈的记录编号。

（9）封口指令 @

建立或修改 RMK 时使用封口指令使其生效，PNR 已经完成，提交系统处理，系统赋予其一个记录编号。

例：正确封口时显示：（该机票纪录编号为 KX2DE6）。

▶@

输入指令后系统显示 PNR 生成，如图 4-24 所示。

```
▶@
MU 5401 Y TH10NOV SHACTU RR1 0800 1120
KX2DE6
```

图 4-24　输入指令后系统显示 PNR 生成

（四）PNR 的取消与还原

取消订座记录 PNR 指令

1. 当建立的 PNR 需要取消时，使用取消指令 XE 取消指令（CANCELL）。

▶XE：PNR@　+　自由格式用以说明取消原因。

2. 还原指令 IG（IGNORE）

当建立或修改 PNR 时，没有执行封口指令之前，如果不想生成或修改这个 PNR，可以利用还原指令（IG）来恢复。

格式：▶IG

（五）旅客订座过程示例

例：为旅客王伟预订上海至北京 2 月 6 日早上最早一班直达经济舱机票一张。

预订座位流程如下。

（1）▶AV SHAPEK/6FEB（查询航班信息）

指令输入后系统中显示的航班信息如图 4-25 所示。

```
▶AV SHAPEK/6FEB
06FEB18(TUE)  SHABJS
1- MU564    PVGPEK 0655  0925  33L 0^   E   DS# JA CA DA Q7 IQ WA YA BA MA EA
2  MU5137   SHAPEK 0700  0920  333 0^B  E   DS# UC F4 PQ JA CA D8 QQ I3 WC YA
3  CA1858   SHAPEK 0745  1010  747 0^B  E   DS# PA FA A2 JC CC DC ZC RC GA ES
```

图 4-25　指令输入后系统中显示的航班信息

（2）▶SD1Y1（预订航段）（注意确认航段的状态为有效订座）

指令输入后系统中显示的航段，如图 4-26 所示。

```
▶SD1Y1
1. MU564  Y  TU06FEB  PVGPEK DK1  0655 0
```

图 4-26　指令输入后系统中显示的航段

（3）▶NM1 王萍　（输入旅客姓名）

指令输入后系统中显示的旅客姓名，如图 4-27 所示。

```
►NM1 王萍
1.王萍
2. MU564  Y   TU06FEB  PVGPEK DK1   0655 0925         33L  0 R E T1T2 A
```

图 4-27 令输入后系统中显示的旅客姓名

（4）►SSR FOID MU HK/NI310103198404070245/p1（输入旅客证件号码）
指令输入后系统中显示的旅客证件信息，如图 4-28 所示。

```
►SSR FOID MU HK/NI310103198404070245/p1
1.王萍
 2. MU564  Y   TU06FEB  PVGPEK DK1   0655 0925         33L  0 R E T1T2 A
 3.SHA/T SHA/T 021-62538888/SHA YI XIAO AIR SERVICE CO.,LTD/GAO LIN ABCDEFG
 4. SSR FOID MU HK1 NI310103198404070245/P1
```

图 4-28 指令输入后系统中显示的旅客证件信息

（5）►OSI MU CTCM13634663088/P1/CT/13811111111 （输入联系电话）指令输入后系统中显示的旅客联系电话，如图 4-29 所示。

```
►OSI MU CTCM13634663088/P1
CT/13811111111
1.王萍
 2. MU564  Y   TU06FEB  PVGPEK DK1   0655 0925         33L  0 R E T1T2 A
 3.SHA/T SHA/T 021-62538888/SHA YI XIAO AIR SERVICE CO.,LTD/GAO LIN ABCDEFG
 4.13811111111
 5.SSR FOID MU HK1 NI310103198404070245/P1
 6.OSI MU CTCM13634663088/P1
```

图 4-29 指令输入后系统中显示的旅客联系电话

（6）►TKTL/1200/1FEB/SHA888（输入预留时限项）
指令输入后系统中显示的出票时限，如图 4-30 所示。

```
►TKTL/1200/1FEB/SHA888
1.王萍
 2. MU564  Y   TU06FEB  PVGPEK DK1   0655 0925         33L  0 R E T1T2 A
 3.SHA/T SHA/T 021-62538888/SHA YI XIAO AIR SERVICE CO.,LTD/GAO LIN ABCDEFG
 4.13811111111
 5.TL/1200/01FEB/SHA888
 6.SSR FOID MU HK1 NI310103198404070245/P1
 7.OSI MU CTCM13634663088/P1
 8.SHA888
```

图 4-30 指令输入后系统中显示的出票时限

（7）►@IK（封口，形成编码后即预订完成，同时请核对订座状态为有效）
指令输入后系统中显示的 PNR 生成，如图 4-31 所示。

```
►@IK
JS58E2 -EOT SUCCESSFUL, BUT ASR UNUSED FOR 1 OR MORE SEGMENTS
 MU 564  Y  TU06FEB  PVGPEK DK1   0655 0925
```

图 4-31 指令输入后系统中显示的 PNR 生成

(8) ▶RT JS58E2（提取纪录编号 PNR）

```
▶RT JS58E2
1.王萍 JS58E2
2. MU564  Y  TU06FEB  PVGPEK HK1   0655 0925        E T1T2
3.SHA/T SHA/T 021-62538888/SHA YI XIAO AIR SERVICE CO.,LTD/GAO LIN ABCDEFG
4.13811111111
5.TL/1200/01FEB/SHA888
6.SSR FOID MU HK1 NI310103198404070245/P1
7.SSR ADTK 1E BY SHA01NOV17/2037 OR CXL MU564 Y06FEB
8.OSI MU CTCM13634663088/P1
9.RMK CA/MD5RNC
10.SHA888
```

图 4-32　提取出的完整的旅客订座记录显示

第四节　客票出票

查询目前航段的票价，并以打印客票的格式显示结果，使用 PAT：指令来实现。

一、出票的基本指令

（一）票价组（FN）

1. 成人票价组指令格式

▶FN FCNY 公布价 /SCNY 实收价 /C 代理费 /TCNY 金额 + 税种类别 1/TCNY 金额 + 税种类别 2

例：成人票价组的输入格式如图 4-33 所示。

```
▶FN:FCNY900.00/SCNY900.00/C0.00/TCNY50.00CN/TCNY100.00YQ
```

图 4-33　成人票价组的输入格式

2. 婴儿票价组指令格式

▶FN IN/FCNY 公布价 /SCNY 实收价 /C 代理费 /TCNY 金额 + 税种类别 1/TCNY 金额 + 税种类别 2

例：婴儿票价组的输入格式如图 4-34 所示。

```
▶FN:IN/FCNY900.00/SCNY900.00/C0.00/TEXEMPTCN/TCNY50.00YQ
```

图 4-34　婴儿票价组的输入格式

说明：如果 FN 中出现某个税款免收的情况，可以使用"TEXEMPT+ 税款"进行标示。

（二）票价计算组（FC）

FC 指令可以输入票价计算过程，以及票价类别、客票有效期、免费行李等内容。

▶FC：城市 1 / 航空公司 / 城市 2 / 航段票价 / 货币单位 / 总价 END

例：▶RT JS58E2

系统显示的票价计算组如图 4-35 所示。

```
▶RT JS58E2
1.王萍 JS58E2
2. MU564  Y  TU06FEB PVGPEK HK1  0655 0925        E T1T2
3.SHA/T SHA/T 021-62538888/SHA YI XIAO AIR SERVICE CO.,LTD/GAO LIN ABCDEFG
4.13811111111
5.TL/1200/01FEB/SHA888
6.SSR FOID MU HK1 NI310103198404070245/P1
7.SSR ADTK 1E BY SHA01NOV17/2037 OR CXL MU564 Y06FEB
8.OSI MU CTCM13634663088/P1
9.RMK CA/MD5RNC
10.SHA771
▶PAT:
PVG MU564 PEK  1240.00 Y      100%  1240.00 33L 06FEB18 0655 0925+1
▶FN FCNY 1240.00/ SCNY1240.00/ C0.00/ TCNY 50.00CN/ TEXEMPTYQ
FC PVG MU PEK 1240.00Y CNY 1240.00 END
```

图 4-35　系统显示的票价计算组

（三）付款方式组（FP）

1. 付款方式为现金、人民币

▶FP　CASH，CNY

2. 信用卡付款方式

▶FP　CC/ 卡号

3. 支票付款方式

▶FP　CHECK，CNY

说明：婴儿客票的付款方式组，在 FP 后输入 IN。

▶FP/IN/CASH，CNY

（四）签注信息（EI）

▶EI：文本内容

说明：婴儿客票的 EI 指令格式：▶EI：IN/ 文本内容

（五）TC 的信息（Tour Code）

TC 指令可以输入旅游代码。通常在出特殊票时，要将航空公司要求输入的特殊代码打印在客票上。指令格式如下。

TC　F/+ 自由格式，示例如下。

- ▶TC：F/CN301A
- ▶TC：F/IN/CN301A（婴儿票）

（六）打印客票指令

- ▶ETDZ　打票机号
- ▶ETDZ　打票机号/P旅客序号
- ▶ETDZ　打票机号/P旅客序号范围
- ▶ETDZ　打票机号，INF（只打印婴儿电子客票）
- ▶ETDZ　打票机号，ADL（只打印成人电子客票）

二、电子客票查询

1. 常用查询电子客票信息指令

- ▶DETR：TN/票号　　　　　　　　根据票号提取航信数据库电子客票记录
- ▶DETR：CN/PNR记录编号　　　　按照PNR记录编号提取电子客票记录
- ▶DETR：NM/旅客姓名　　　　　　按照旅客姓名提取电子客票记录
- ▶DETR：NI/身份证号　　　　　　按照身份证号提取电子客票记录
- ▶DETR：PP/护照号　　　　　　　按照护照号提取电子客票记录
- ▶DETR：TN/票号，H　　　　　　 提取电子客票历史记录信息
- ▶DETR：TN/票号，P　　　　　　 提取已归档的电子客票记录
- ▶DETR：TN/票号，P，H　　　　　提取已归档的客票历史记录信息
- ▶DETR：TN/票号，F　　　　　　 显示指定票号的旅客身份信息
- ▶DETR：TN/票号，S　　　　　　 显示指定票号的电子客票行程单信息
- ▶DETR：TN/票号，K　　　　　　 根据票号查询旅客身份及其他出票信息
- ▶DETR：TN/票号，I　　　　　　 根据票号打印电子客票行程单
- ▶DETR：CN/PNR记录编号，I　　　根据PNR编号打印电子客票行程单

2. 电子客票历史记录查询

- ▶DETR：TN 票号，H
- ▶DETR：TN 票号，P，H（已归档的电子客票历史记录）

常见历史记录操作简码说明如表4-2所示。

表4-2　操作简码说明表

简码	说明	简码	说明
TRMK	注释	ETLU	系统ETL报文自动更新航段状态
CKIN	值机操作	CRSU	CRS系统更新
RAVL	更改航班和日期	EOTU	CRS系统PNR封口
TKSU	手工修改航段状态	NFMT	生成结算数据报告

3. 电子客票历史记录的识读

电子客票历史记录的识读如图 4-36 所示。

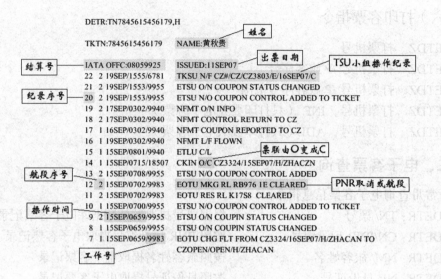

图 4-36　电子客票历史记录的识读

（1）提取的旅客姓名为航信票面里的旅客姓名。

（2）记录序号：是指票联状态或 PNR 中航段出现变化时，系统会在操作记录中显示。

（3）航段序号：指此客票的第几票联，如数字"1"表示该票号的第一个航段。

（4）此操作时间为中国时区，不需要加上 8 个小时。

（5）操作工作号指操作此步的工作号，其中，9955、9940、9983 为系统工作号，不属人为操作，在系统自动交换控制权、PNR 取消、旅客误机等情况下，系统会记录相关操作。

（6）票联变化过程：指该客票的票联状态从什么状态修改为什么状态。如第 14 步，"14 115SEP/0715/18507CKIN O/C CZ3324/15SEP07/H/ZHACAN"表示：该客票的第一航段，在 9 月 15 日的 0715，工作号 18507，办理了 ZHA 至 CAN 的 07 年 9 月 15 日的 CZ3324 航班的值机手续，舱位：H 舱。其中 O/C 表示客票状态从 OPEN FOR USE 修改成 CHECK-IN，O、C 均表示各自的票联代码。

（7）TSU 小组操作记录：第 22 步表示 2007 年 9 月 19 日 1555，工作号 6781，将该客票的第二航段从 CPN 状态修改为 USED/FLOWN。

第五节　Queue 的处理

Queue 系统是计算机订座系统中的待处理项目，简称 Q。它提供了系统与任何一个安装终端的部门（Office）之间进行业务联系的手段。系统会自动将有关旅客记录、订座电报、票价、航班更改等方面有关的信息及时发送给不同的部门。每个部门的工作人员应及时处理 Q，以便更好地完成本部门的业务，确保航班及座位的正常管理。Q 的作用与电报相同，不过比电报更直接和方便，通过处理 Q，可以对订座进行检查，对过时的 PNR 进行清理，对更改过的航班及超订 PNR 进行检查等工作。

一、常见 Q 种类介绍

每个部门都有一个 GQ，当有些 Q 在系统中无法识别其种类或本部门没有建立此种类的 Q 时，就会将它传送到 GQ 中。按照 Q 所包含的不同内容，Q 又可分为不同种类，每个种类又有相应的两字代码。订座系统常见的 Q 种类如表 4-3 所示。

表 4-3 Q 种类说明表

Q 种类	含义	Q 种类	含义
GQ	综合 Queue	PT	预付票款通知
GR	团队订座检查	SC	航班更改
CQ	可以进行候补	TL	出票时限
KK	证实回复电报	VP	重要旅客

二、出 Q 操作指令

出 Q 操作说明表如表 4-4 所示。

表 4-4 出 Q 操作说明表

指令（再按 XMIT 键）	用途
QS：Q 种类或 QS：Q/ 城市部门代号	开始进入某一类 Queue
QN	处理下一个此类 Queue
QR	重新显示当前的 Queue
QE：Q 种类 / 城市部门代号	将有关信息转送到相应部门
QC：Q 种类 / 城市部门代号	将当前显示的 Q 转移到另一个 Q 种类中
QB	将修正后的正确电报重新送回系统内

三、退出指令

在处理部门 Queue 过程中，系统会拒绝某些要求，当出现以下情况时可按表 4-5 所示指令退出。

表 4-5 退出指令说明表

屏幕显示	退出指令	屏幕显示	退出指令
NO QUEUE	QN：E	WORKING Q	QD：E
Q EMPTY	QN：E	ILLEGAL	输入口令不对

第六节　客票退改签的办理

一、客票退票的办理

旅客购票后，在有效期内未使用的部分或全部航段的票证，旅客要求退还其所支付的客票款称为退票。旅客要求退票，应根据退票有关规定及时、正确地办理。

退票分为自愿退票和非自愿退票两种，与客票变更分类相同。

1. 退票的一般规定

（1）定期客票在客票旅行始发之日起一年内申请办理，不定期客票在客票填开之日起一年内申请办理，逾期不予办理。

（2）提供旅客本人的有效身份证件办理退票，如果委托他人办理还必须持有乘机人的委托书和旅客本人及退票人的有效身份证明，对于电子客票退票若已打印过行程单需退还。

（3）持婴儿票的旅客要求退票，免收退票费。

（4）旅客在航班的经停地点自动终止旅行，该航班未使用航段作自动放弃，票款不退，但其他航班未使用航段的乘机联仍可作为运输或退票的依据。

（5）退款在任何情况下不得超过旅客原付票款，通常按原收款货币、原收款方式退款，退票费一般以元为单位，元以下四舍五入，具体以各航空公司的规定为准。

（6）如果受票价使用的限制或规定不得退票，并在客票中注明"不得退票"的，不予办理退票。

（7）所有未使用航段的机场建设费和燃油附加费全额退款。

2. 退票地点

（1）旅客在出票地自愿退票，应在原购票地点办理退票。

（2）旅客在出票地以外要求退票，可在当地直属售票处或经承运人授权的销售代理人处办理退票。

（3）非自愿退票原则上在原购票售票处或原购票销售代理人处办理退票，在特殊情况下，可在航班始发地、经停地、终止旅行地的承运人直属售票处或引起非自愿退票事件发生地的承运人授权代理人处办理退票。

（4）通过网站购票的旅客，必须在网站上提交退票申请。

（5）退款人（承运人）有权向客票上所载明姓名的旅客本人办理退款，客票上载明的旅客不是客票的付款人，并在客票上载明退票限制条件的，承运人应按照载明的退票限制条件将票款退给付款人或其指定人。

3. 部分航空公司的具体退票规定

每个航空公司在退票一般规定的指导下，具体操作规定各不相同。

（1）国航退票规定如图 4-37 所示。

第四章 航空售票

国内客票变更及退票费用计算的一般规定											
舱位		头等	头等折扣	公务	公务折扣	超经全价	超经折扣	高端全价	商旅知音	折扣经济	特价经济	超值特价
		P/F	A	J	C/D/Z/R	D	E	Y	B/M/U	H/Q/V	W/S	T/L/N/K
变更手续费	航班起飞前	免费	5%	免费	5%	免费三次,第四次起收费5%	10%	免费三次,第四次起收费5%	10%	20%	30%	30%
	航班起飞后	5%	10%	5%	10%	10%	20%	10%	20%	30%	40%	50%
退票手续费	航班起飞前	5%	10%	5%	10%	10%	20%	10%	20%	30%	50%	只退税费
	航班起飞后	10%	20%	10%	20%	15%	30%	15%	30%	40%	只退税费	只退税费
自愿签转		经济舱(全价、折扣、特价):补齐至Y舱正价,少补多不退,同时收取改期费										
		两舱(头等、公务):补齐至实际承运航空公司对应舱位价格,少补多不退,同时收取改期费										
		<仅限部分产品适用>										

图 4-37 国航退票规定

(2)东航退票规定如图 4-38 所示。

舱位等级	OPEN	自愿签转	自愿变更		自愿退票		客票有效期
			航前	航后	航前	航后	
U、F	允许	允许	免费	5%	5%	10%	除客票另有规定外,客票有效期自旅行开始之日起,一年内运输有效;如果客票全部未使用,则从填开之日起,一年内运输有效
P	不允许	不允许	10%	20%	20%	30%	
J	允许	允许	免费	5%	5%	10%	
C/D/Q/I	不允许	不允许	10%	20%	20%	30%	
Y	允许	允许	免费	5%	5%	10%	
B	不允许	不允许	免费	5%	5%	10%	
M/E/H			10%	20%	20%	30%	
K/L/N/R			20%	30%	30%	50%	
S/V/T/Z			30%	50%	50%	不允许	
注:航前和航后以航班起飞前2小时作为时间划分截点							

图 4-38 东航退票规定

(一)自愿退票

由于旅客本人的原因,在客票有效期内不能完成部分或全部航程而要求办理退票手续的,称为自愿退票。

自愿退票办理操作:有折扣票价的旅客自愿申请退票,航空公司将根据旅客提出退票时间距航班起飞时间以及票价折扣率收取一定的退票手续费。具体以各航空公司的退票规定为准。客票上已注明"不得退票""NON-REF",该客票不得退票。如果客票全部未使用,应从全部原付票款中减去根据退票规定收取的退票费余额,连同所有税费一起退还给旅客。如果客票部分已使用,应从全部原付票款中减去已使用航段的票价,并扣除根据退票规定收取未使用航段的退票费后的余额及未使用航段的税费一起退还给旅客。旅客在航班的经停地自动终止旅行,则未使用航段票款不退,但其他未使用航段的乘机联仍可使用或退票。

(二)非自愿退票

由于航空公司原因或其他不可抗力因素,不能正常承运旅客,旅客要求办理退票手续。

非自愿退票包括以下几种情况。

（1）承运人取消航班。

（2）承运人未按班期时刻表飞行。

（3）航班未在旅客所持客票上列明的目的地点或分程地点降停。

（4）航班衔接错失。

（5）承运人不能提供旅客原订座位。

（6）旅客健康情况经医疗单位证明不适宜乘机。

（7）承运人要求旅客中途下机或拒绝旅客乘机（因旅客证件不符合规定或违反有关国家或承运人规定者除外）。

1. 非自愿退票办理操作

（1）客票全部未使用，退还全部票款及税费，免收退票手续费。

（2）客票已部分使用，应从总票款中扣除已使用航段的适用票价，将其余额与未使用航段的票价比较，取其高者连同未使用的税费一起退还给旅客，免收退票手续费。

（3）通过网站自行购票的旅客，在网站上提交退款申请，同时单击"非自愿退票"，并详细注明退款的原因，工作人员在查实无误后，在一定时间内将应退还票款按原支付方式退还。

（4）航班如在非规定的航站降落，旅客要求退票，原则上退降落站至旅客的到达站的票款，但退款金额以不超过原付票款金额为限。

2. 旅客因病退票

旅客购票后，因病不能旅行而要求退票的，必须在航班规定起飞时间前提出并提供县级以上医疗机构出具的客票列明的航班飞行期间不适宜乘机的诊断证明书原件（包括诊断书原件、病历和旅客不能乘机的证明，交费单原件或复印件）。如因病情突然发生，或在航班经停站临时发生病情，一时无法取得医疗单位证明，也必须经航空公司认可后才能办理。这种退票属于非自愿退票，按照非自愿退票的规定办理，不收取退票费。在航班始发站因病提出退票，退还全部票款；在航班经停站提出，退还的票款金额为旅客所付票价减去已使用航段相同折扣率的票价金额，剩余部分全部退还给旅客；但所退金额不得超过原付票款金额，患病旅客的陪伴人员要求退票，应以航空公司具体规定为准。

（三）退票操作流程

（1）在退票之前须用 DETR 提取票面，检查所退航段是否为 OPEN、FOR 或 USE 状态，其他状态不予退票，且客票上没有"不得退票"的票价限制条件。

（2）核对旅客的有效身份证件，若打印过行程单应收回。

（3）根据退票原因确定属于自愿退票还是非自愿退票，根据退票规定计算出实退金额，填开退款单据，并请旅客签收。

（4）将退款单旅客联交给旅客，退还票款按原支付方式退还。

（5）已订妥座位的旅客要求退票应取消原订座记录 PNR。

（6）用退票指令进行退票操作。

（四）退款单据

1. 国内客运退票、误机、变更收费单

国内客运退票、误机、变更收费单是航空公司及其指定代理人在为旅客办理误机收费、变更航班收费、变更舱位收费和收取退票费并办理退款的专用单据。

国内客运退票、误机、变更收费单一式四联，四联分别为会计联、出票人联、结算联和旅客联。

（1）第一联：会计联（为淡绿色），填制后应随所收款项一并交票证所属航空公司财务部门用于记账。

（2）第二联：出票人联（为粉红色），填制后由填制单位留存并用于记账、备查。

（3）第三联：结算联（或称换取服务联，为黄色），填制后由接收本单的航空公司凭此单开列账单向本单所属航空公司结算款项。

（4）第四联：旅客联（为白色），填制后交旅客用于报销。

图 4-39 为中国国际航空公司的退票、误机、变更收费单。

国内客运退票、变更收费单 Domestic Passenger Tariff Receipt for Refund and Flight Change			784-	
航空承运变更情况 Information of change		应收应退款 Refund Fee		
原承运航空公司 Original Airlines	CZ	原付票款金额 Fare Paid		元
原票号 Original Ticket NO.	784-1702679359	已使用航段金额 Fare Used	−	元
原承运日期 Original Flight Date	260CT	未使用航段税费 Tax and Fee	+	元
原航班号 Original Flight NO.	CZ6761	退票费 Refund Fee	−	元
原航段 Original Routing	MB-5AE	应退金额 Net Refund		元
退款航段 Rrfund Sector	MB-5AE	应收变更费 Changeable Fee		元
变更后航班号 New Flight NO.		应收差额 Charge Balance		元
变更后承运日期 New Flight Date		应退差额 Refund Balance		元
变更舱位情况 Class Change	原舱位(O): -新舱位(N)	制单单位 Ticket Office:	加盖公章 Stamp	
备注 Remarks	客人自愿退票，收取10%手续费			

制单日期 Date:　　　　旅客签名 Passenger Signatuer:　　　　经办人 Transactor:

图 4-39　退票、误机、变更收费单

制单完毕，应由航空公司或其指定的代理人加盖单位专用公章，填写制单日期，由经办人和旅客同时签字。

2. 退款单

退款单一般是售票处为旅客办理退票手续时使用的专用单据，是用以结清售票单位和旅客之间的退款交易的凭证，退款单一式三联，即财务联、旅客联和存根联，需经旅客签字后加盖售票处公章方可生效。

图 4-40 所示为中国东方航空公司的退款单。

	中国东方航空公司 CHINA EASTERN AIRLINES 退款单 REFUND		781-1443456
客票/货运单号码 TICKET / AWB NO:		全　航　程 COMPLETE ROUTING	
原 付 金 额 AMOUNT PAID		退　款　航　段 REFUND SECTOR	
扣已使用金额 AMOUNT USED		退款原因 REASONS	
扣退票费/退运费 SERVICE CHARGE			
实退金额 AMOUNT REFUNDED			
日期和出票地点 DATE & PLACE OF ISSUE_____		经手人 AGENT:_____	签收人 RECEIVED BY:_____

图 4-40　退款单

3. 系统退款申请

图 4-41 所示为系统退款申请显示。

[案例]

成人旅客吴军由于自身原因提出退票号为 781-2546865521 的上海至北京的客票。已知中国东方航空公司的退票规定如图 4-42 所示。

为旅客办理退票手续操作如下。

第一步：查验旅客证件，若打印过行程单，收回行程单。

第二步：执行▶DETR 指令，提取电子客票票面，查看是否满足退票条件，如图 4-43 所示。

第三步：根据航空公司的规定，该旅客自愿退票应收取 20% 的退票手续费。

即 680.00×20%=136.00（元）

计算实退金额 870.00-136.00=734.00（元）

第四步：为旅客填开退款单，请旅客签收，向旅客退款，如图 4-44 所示。

第五步：提取旅客的 PNR，将其取消。

第六步：在系统中完成▶TRFD: AM/1/D 指令，如图 4-45 所示。

第七步：再次执行▶DETR 指令提取旅客票面，确认客票状态是否更改，如图 4-46 所示。

```
▶TRFD:A/3/D
            AIRLINE/BSP TICKET REFUND INFORMATION FORM
Rfd Number:0        Refund Type:    DOMESTIC Device-ID: 3
Date/Time: 25OCT17/2054  Agent: 38888  IATA: 08310188  Office:SHA 888
Airline Code: ·___   Ticket No.: _____-_____    Check:·_
Conjunction No.:·1  Coupon No.: 1:0000  2:0000  3:0000  4:0000
Passenger Name:·_____
Gross Refund:·_____  Payment Form:·CASH____  Currency Code:·CNY-2
SN CD AMOUNT(SN-sequence number ; CD-tax code)   ET - (Y/N):·Y
T| 1·_·_____   2·__·_____   3·__·_____   4·__·_____
 | 5·_·_____   6·__·_____   7·__·_____   8·__·_____
 | 9·_·_____  10·__·_____  11·__·_____  12·__·_____
A|13·__·_____  14·__·_____  15·__·_____  16·__·_____
 |17·__·_____  18·__·_____  19·__·_____  20·__·_____
 |21·__·_____  22·__·_____  23·__·_____  24·__·_____
X|25·__·_____  26·__·_____  27·__·_____   ·    ·
Commission Amount:·_____
Commitment:·_____%·  Other Deduction:·_____  RMK:·__/_____
Net Refund:·_____     Credit Card:·_____
P(Print) C(Copy) S(Save) D(Delete) I/F3(Igno) R/F4(REF) E/F5(Exit)·__
```

图 4–41 系统退款申请显示

1) 航班规定离站时间（含）前：
F/C/Y 如航程全部未使用,票价全退;已使用部分航程,扣除已用航段的单程票价,并将余额返回给旅客;
B/E/H 收取实际票面价格 5%的退票手续费;
L/M/N/R 收取实际票面价格 20%的退票手续费;
S/V/T/W 收取实际票面价格 40%的变更手续费。

2) 航班规定离站时间后：
F/C 如航程全部未使用,票价全退;已使用部分航程,扣除已用航段的单程票价,并将余额返回给旅客;
Y/B/E/H 收取实际票面价格 10%的退票手续费;
L/M/N/R 收取实际票面价格 30%的退票手续费;
S/V/T/W 收取实际票面价格 50%的变更手续费。

图 4–42 中国东方航空公司退票规定

```
ISSUED BY: CHINA EASTERN AIRLINES      ORG/DST: SHA/BJS      BSP - D
E/R:不得签转,退票收费
TOUR CODE:
PASSENGER: 吴军
EXCH:                  CONJ TKT:
O FM:1SHA  MU  5103  R  19JUN  0825  OK  Y60       20K  OPEN FOR USE
       RL: HCZR7 / QZ8OB
 TO: PEK
FC:19JUN12SHA MU PEK680.00CNY680.00END
FARE:       CNY 680.00    | FOP: CASH(CNY)
TAX:        CNY 50.00CN   | OI:
TAX:        CNY 140.00YQ  |
TOTAL:      CNY 870.00    | TKTN: 781-2546865521
```

图 4-43 电子客票票面显示

	中国东方航空公司 CHINA EASTERN AIRLINES 退款单 REFUND	781-1443456
客票/货运单号码 TICKET / AWB NO:	781-2546865521	全 航 程 COMPLETE ROUTING SHA—PEK
原 付 金 额 AMOUNT PAID CNY870.00	退 款 航 段 REFUND SECTOR SHA—PEK	
扣已使用金额 AMOUNT USED		
扣退票费/退运费 SERVICE CHARGE CNY136.00	退款原因 自愿退票 REASONS	
实退金额 AMOUNT REFUNDED CNY734.00		
日期和出票地点 xxx 售票处 经手人 xxx 签收人 xxx DATE & PLACE OF ISSUE AGENT: RECEIVED BY:		

图 4-44 东航退款单

```
▶TRFD:M/ 1 /D/0
AIRLINE CODE  781 TKT NUMBER  254685521 - 6865521 CHECK ___
CONJUNCTION NO.  1 COUPON NO. 1 1000 2 0000 3 0000 4 0000
PASSENGER NAME     吴军
CURRENCY CODE  CNY-2 FORM OF PAYMENT   CASH
GROSS REFUND     680.00        ET-(Y/N):  Y
DEDUCTION  136.00    COMMISSION   3.00 % =  20.40
TAX [1]  CN   50.00  [2]  YQ 140.00  [3] __ _____
    [4] __ _____     [5] __ _____    [6] __ _____
    [7] __ _____     [8] __ _____    [9] __ _____
REMARK          CREDIT CARD
NET REFUND =  713.60     CNY
```

图 4-45 系统中申请退款

```
ISSUED BY: CHINA EASTERN AIRLINES    ORG/DST: SHA/BJS    BSP-D
E/R:不得签转，退票收费
TOUR CODE:
PASSENGER: 吴军
EXCH:                    CONJ TKT:
O FM:1SHA  MU  5103  R  19JUN  0825  OK  Y60    20K  REFUNDED
       RL: HCZR7 / QZ8OB
 TO: PEK
FC:19JUN12SHA MU PEK680.00CNY680.00END
FARE:        CNY   680.00  | FOP: CASH(CNY)
TAX:         CNY    50.00CN | OI:
TAX:         CNY   140.00YQ |
TOTAL:       CNY   870.00   | TKTN: 781-2546865521
```

图 4-46 系统显示原票面退票状态

二、客票更改的办理

由于旅客原因或承运人原因在客票有效期内所发生的承运人、航班、乘机日期或舱位的改变称为变更。变更分为自愿变更和非自愿变更。

客票变更的一般规定如下。

（1）要求变更的客票必须在客票有效期内并且客票乘机联为 OPEN、FOR 或 USE 状态。

（2）要求变更的客票不得违反票价限制条件。

（3）自愿变更航程和乘机人时，按退票处理，重新购票；非自愿变更航程，必须使用客票换开的方式处理，如果地面服务值机部门和特别授权的地面服务代理有《航班中断舱单（FIM）》，应按《航班中断舱单（FIM）》相关规定进行处理。

（4）自愿变更舱位等级按非自愿退票处理，重新购票，非自愿变更舱位等级按下列规定办理：① 非自愿提高舱位等级，不需重新购票，票价差额不补。② 非自愿降低座位等级，应重新购票，票价差额退还旅客。

（一）自愿变更

由于旅客原因造成的变更，称为自愿变更。自愿变更应按照各航空公司的规定办理。

1. 同舱位航班、日期变更的处理程序

旅客购票后，需要变更乘机日期、航班，售票人员按照旅客所提的要求，查看订座情况，如有座位，且原订座记录里的航班日期还未过期，应提取原订座的记录做相应的更改，原 PNR 订座记录编号不变。如原 PNR 已取消，或原订座记录里的航班日期已经过期，则重新订座。

电子客票航班变更操作流程如下。

（1）删除旧航班信息，重新订新的航班，更新 SSR TKNE。

（2）修改航段日期指令：

▶XE 编码记录编号，日期。

例：▶XE 2，2NOV（修改 PNR 的第二项的日期为 11 月 2 日）。

（3）输入新的▶SSR TKNE

指令格式：

▶SSR TKNE　航空公司/行动代码/城市对/航班号/舱位/日期/票号/航段序号/旅客序号

例：▶SSR TKNE　MU　HK1　SHAPEK　564　Y 27OCT 78133005001483/1/P1

说明：

- 电子客票的改期操作，除了修改航班日期外，还需重新输入SSR TKNE项，使关联的电子客票上的航班信息能够正确地更新。一般情况下，系统会自动更新相关SSR TKNE信息；如果发现系统未自动更新，必须手工输入新的SSR TKNE信息。
- 所更改的航班在航段、航空公司和舱位上应保持一致。
- PNR中的旅客姓名应与电子客票票面中的姓名一致。
- 婴儿客票航段信息发生变化时，必须输入新的SSR INFT时，婴儿名必须与票面中婴儿的名字项一致。国内票婴儿名字是中文的，SSR INFT中英文名也必须与票面婴儿姓名一致。
- 儿童客票发生改期，也必须输入新的SSR CHLD信息。

2. 不支持改期的航班的客票处理程序

（1）先提取电子客票信息（DETR），确认客票状态为OPEN、FOR或USE，且签注栏没有"不得变更航班、日期"的限制条件。

（2）提取电子客票旅客记录PNR。

（3）删除航段组、所有的票号项、票价及付款方式。

（4）重新预订航班。

（5）使用换开指令（OI）输入换开内容。

（6）重新计算票价并按照航空公司的规定收取变更手续费。

（7）使用打印客票指令（ETDZ）完成出票。

（8）重新提取电子客票信息（DETR）确认客票航班信息是否已更新。

下面举例说明电子客票换开操作流程。

（1）先提取电子客票信息（DETR），确认客票状态为OPEN、FOR或USE，且签注栏没有"不得变更航班、日期"的限制条件。

（2）提取原PNR，删除原FN、TN、SSR TKNE项。

（3）输入新的FN票价信息、FC、OI项。

- 换开的FN格式如下。

指令：▶FN R新票价单位新票价 /S新票价单位票价 /C代理费 /T新税单位新税 /O已付旧税单位旧税 /ACNY差价

例：▶FN　RCNY1990.00/SCNY0.00/C0.00/TCNY20.00TQ/OCNY28.00YQ/ACNY500.00

说明：

RCNY——以运输始发国货币显示全航程新票价。

SCNY——新票实收价。

TCNY——新税。

OCNY——旧税。

ACNY——补收票款差额（不包括税费差额）。

备注：必须先输入新税（TCNY），再输入旧税（OCNY）。

● 换开的 FC 格式如下。

指令：▶FC 城市 1/ 航空公司城市 2/ 航段票价 / 货币单位 / 总价 /END/XT 新税 /OXT 已付旧税。

说明：

▶换开 FC 后，通过 OXT 列明已付的 XT 税的金额和种类。

▶已部分使用的航段换开，必须在第一个未使用航程的三字代码前加注"T-"标识，以表示该航段之前的航段已经旅行完毕。

例：CANPEK 段已使用，换开 PEKCAN。

▶FC　CAN CZ　T-PEK　CZ CAN　1700.00Y　CNY1700.00END

● 换开的 OI 格式如下。

指令一：

▶OI: ET/ 票号 # 票联号 / 原出票地 / 出票日期 / 原出票年份的尾数（一位数）/ 旅客序号

指令二：(婴儿客票 OI 关联指令格式)。

▶OI: ET/IN/ 票号 # 票联号 / 原出票地 / 出票日期 / 原出票年份的尾数（一位数）/ 旅客序号

例：

▶OI: ET/784-4401336778#1200 CAN 24OCT8　P1

▶OI: ET/IN/784-4401336779#1200　CAN 24OCT8　P1

目前部分航空公司为了保证换开的准确性，已开通自动计算换开差价，使用指令 TRD: X/Pn

（4）输入 EI、TC、FP 等信息。

● 输入原票的 EI 栏信息，如果新票价有新的客票使用规定，补充在旧 EI 信息后面。使用 MCO 等收取变更费的换开，在 EI 栏注明 MCO 号码。

● 换开的 TC 信息：按照新票和相关文件规定输入。

● 付款方式信息：按照新票的付款方式输入。

3. 变更舱位等级的处理程序

旅客购票后，如要求改变舱位等级，承运人及其销售代理人应在航班有可利用座位和时间允许的条件下，予以积极办理，票款的差额多退少补。

（1）从低等级舱位升至高等级舱位

旅客要求从经济舱升至公务舱 / 头等舱，或从公务舱升至头等舱，或在子舱位销售中，由于旅客的自愿变更，旅客要从子舱位的较低舱位升至较高舱位，可采用换开客票或填开"退票、误机、变更收费单"的方法补收差额，不收取手续费。

例：自愿换开旅客王一明购买北京至广州客票一张，当改期时没有对应舱位开放，要求将原客票 Q 舱升至 Y 舱，有效期为半年。

▶AV：PEKCAN/ 日期（显示航班情况）

▶SD：1Y/RR1（显示适当的航班，建立航段组及订好座位）

NM　1 王一明

CT：TEL010-66017755H

SSR　FOID　CZ　HK/NI110101119801000321/P1

FN　RCNY1700.00/SCNY0.00/C0.00/OCNY50.00CN/OCNY80.00YQ/ACNY760.00

（A- additional　760 元为所付升舱差额）

FC：PEK　B-18JUL A-18JAN　CZ　CAN　1700.00Y/UPQ　CNY1700.00　END

FP：CASH，CNY

OI：ET/　784-2432603888#1000　CAN15DEC6　P1（电子客票换开需要在票号前标识 ET）

ETDZ：1（1 表示打票机号码）

换开后系统票面显示如图 4-47 所示。

```
DETR TN/784-2432603889,D
ISSUED BY: CHINA SOUTHERN AIRLINES    ORG/DST: BJS/CAN        ARL -D
 TOUR CODE:
PASSENGER: 王一明
 EXCH: 784-2432603888              CONJ TKT:
O FM:1PEK  CZ 3108   Y  18JUL  0915  OK  Y/UPQ  18JUL6/18JAN7  20K  AIRP CNTL/UNK
    T2T1 RL:NH1D08   /
  TO: CAN
FC: 18JUL16BJS CZ CAN1700.00CNY1700.00END
FARE:           CNY 1700.00    |FOP:CASH(CNY)
TAX:         PD   50.00CN  |OI: 784-2432603888 CAN 15DEC6
TAX:         PD   80.00YQ  |
TOTAL:          CNY 760.00A  |TKTN: 784-2432603889
```

图 4-47　换开后系统票面显示

换开前系统票面显示如图 4-48 所示。

```
DETR TN/784-2432603888,D
ISSUED BY: CHINA SOUTHERN AIRLINES    ORG/DST: BJS/CAN        ARL -D
 TOUR CODE:
PASSENGER: 王一明
 EXCH:                              CONJ TKT:
O FM:1PEK  CZ    3108    Q  18JUL 0915 OK Q        18MAR6/18MAR7 20K  EXCHANGED
    T2T1 RL:NH1D08   /
  TO: CAN
FC: 18JUL17BJS CZ CAN940.00CNY940.00END
FARE:          CNY  940.00|FOP:CASH
TAX:           CNY  50.00CN|OI:
TAX:           CNY  80.00YQ|
TOTAL:         CNY 1070.00 |TKTN: 784-2432603888
```

图 4-48　换开前系统票面显示

（2）从高等级舱位降至低等级舱位

旅客要求从公务舱 / 头等舱降至经济舱，或从头等舱降至公务舱，或在子舱位销售中，由于旅客的自愿变更，旅客要从子舱位的较高舱位降至较低舱位，则先按自愿退票的有关规定办理后，重新购票。

4. 变更航程或乘机人的处理方式

客票为记名式，如果旅客要求变更乘机人，应按自愿退票处理。

国内客票不得改变航程，如果旅客要求更改航程，也按自愿退票处理。

（二）非自愿变更

由于航班取消、提前、延误、航程改变等原因未能向旅客提供原订座位，或未能在旅客的中途分程地点或目的地点停留，或造成旅客已订妥座位的航班衔接错失，旅客要求变更客票，均属于非自愿变更。

旅客因病要求变更日期、航班或航程应提供医疗单位的证明，并在航班规定的离站时间前提出，按非自愿变更的有关规定办理。

1. 非自愿变更航班或乘机日期

由于承运人的原因造成旅客无法乘坐原定航班出行，旅客要求变更航班，承运人应积极为旅客优先安排有可利用座位的承运人后续航班。

2. 非自愿变更承运人

由于承运人的原因要求旅客变更承运人，承运人应征得旅客及被签转承运人的同意后，免费为旅客办理签转手续。

由于航空公司原因引起的非自愿签转，一般发生在机场，可以使用飞行中断舱单或非自愿换开客票形式进行航空公司之间的签转。

3. 非自愿变更舱位等

因承运人原因引起旅客的舱位等级变更时，票款差额多退少不补，免费行李额按原订舱位等级的有关规定办理。

（1）非自愿升舱

值机员在离港系统中使用升舱指令直接为旅客办理乘机手续，在客票上不做任何更改。

（2）非自愿降舱

售票柜台票务员或者值机人员在旅客的行程单上加盖"非自愿降舱"章，并告知旅客必须保留登机牌及盖章的凭证，回出票地退差额。

三、客票签转的办理

旅客或航空公司要求改变客票的乘机联上指定的承运人所需办理的手续，称为客票签转。

1. 电子客票签转分类

（1）自愿签转：旅客本人要求更改其原定航段的承运航空公司。

（2）非自愿签转：因承运航空公司原因，旅客不能按原定航班旅行，原承运航空公司将旅客安排至其他航空公司的航班继续旅行。

2. 电子客票签转规定

（1）客票签转仅限在有多边联运协议MTTA或双边联运协议BITA的承运航空公司之间进行。

（2）旅客要求自愿签转时，只有无任何限制条件和无折扣的全价客票，才可以自愿签转至其他承运航空公司；任何有限制条件和有折扣的客票不得自愿签转至其他承运航空公司。

（3）因公司承运的航班延误、取消以及公司自身原因而导致旅客无法成行的情况下，折扣客票可以签转至其他承运航空公司的航班。

（4）客票签转必须事先征得原承运航空公司或出票航空公司的同意。

3. 有权签转的航空公司

（1）原出票航空公司。

（2）出票航空公司。

（3）在"Carrier"栏内指定的航空公司。

4. 航班中断舱单

（1）航班中断舱单的概念

航班中断舱单（Flight Interruption Manifest，FIM），是以 IATA 标准制订的一种三联的旅客名单表，主要用于航空运输企业因特殊原因无法按原计划航班完成与旅客的运输合同而填开的，由其他航空运输企业或其他航班完成旅客运输的凭证。航班中断舱单既是旅客乘坐接运航空公司的运输凭证，也是接运航空公司与交运航空公司的结算凭证，具有与客票乘机联同等的效力。在当今的电子客票时代，没有纸质乘机联的提供，所以在机场遇到航班变更，签转到其他航空公司时，使用 FIM 是最为方便快捷的。

（2）航班中断舱单的组成

航班中断舱单共三联：第一联为白色，填开后送交接运公司财务结算部门；第二联为黄色，填开单位交本公司财务结算部门；第三联为粉红色，由填开单位留存，如图 4-49 所示。

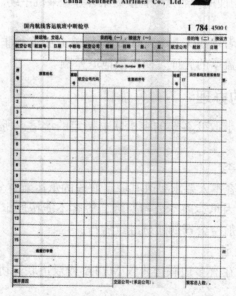

图 4-49　航班中断舱单样本

（3）航班中断舱单使用规定

公司可以接受其他承运航空公司填开的航班中断舱单，也可以向其他承运航空公司填开航班中断舱单，但与本公司无客票结算协议的承运航空公司除外。航班中断舱单不适用于旅客自愿签转。FIM须盖机打章（或财务专用章），并经值班主任（含）以上人员签名后方有效。

课后练习

一、简答题

1. 什么是客票？客票可分为哪些类型？
2. 旅客有效的购票证件有哪些？
3. 什么是旅客订座记录？一个完整的订座记录至少包含哪些内容？
4. 列举常用的查询电子客票信息指令。
5. 旅客客票如需变更航班日期、变更承运人、变更舱位等级、变更航程和乘机人，分别该如何处理？
6. 旅客退票可分为几种类型？该如何处理？
7. 旅客客票签转可以分几种类型？电子客票签转规定是什么？

二、综合题

成人旅客吴军由于自身原因提出退掉票号为 781-2546865521 的上海至北京至哈尔滨的第二个航段客票，如图4-50所示。

```
ISSUED BY: CHINA EASTERN AIRLINES        ORG/DST: SHA/BJS           BSP-D
E/R:不得签转，退票收费
TOUR CODE:
PASSENGER: 吴军
EXCH:                                    CONJ TKT:
O FM:1SHA    MU   5103   R  19JUN  0825  OK    Y60      20K    USED
             RL: HCZR7  /  QZ8OB
O TO:2PEK    MU   5637   E  25JUN  1450  OK    Y85      20K    OPEN FOR USE
             RL: HCZR7  /  QZ8OB
    TO:HRB
FC:19JUN12SHA MU PEK680.00MU HRB720.00CNY1400.00END
FARE:           CNY    1400.00  |  FOP: CASH(CNY)
TAX:            CNY     100.00CN |  OI:
TAX:            CNY     280.00YQ |
TOTAL:          CNY    1780.00  |  TKTN: 781-2546865521
```

图4-50 电子客票

（1）请根据航空公司规定，为旅客吴军计算退票费。
（2）正确填写退款单（见表4-6）。

表 4–6 退款单

REFUND

NO.0000474

客票/货运单号码 TICKET/AWB NO.		全航程 COMPLETE ROUTING	
原付金额 AMOUNT PAID		退款航程 REFUNDSECTOR	
扣已使用金额 AMOUNT USED		退票原因 REASONS	
扣退票费/退运费 SERVICE CHARGE			
实退金额 AMOUNT REFUNDED			

日期和出票地点　　　　　经办人　　　　　签收人

（3）完成系统中的退款操作（见图 4-51）。

```
AIRLINE CODE ___TKT NUMBER_____-_____ CHECK
CONJUNCTION NO.  1  COUPON NO.  1 0000  2 0000  3 0000  4 0000
PASSENGER NAME
CURRENCY CODE  CNY-2  FORM OF PAYMENT   CASH
GROSS REFUND   _____        ET-(Y/N):  _____
DEDUCTION      _____        COMMISSION ____ % =
TAX      [1] _____   [2] _____   [3] _____
         [4] _____   [5] _____   [6] _____
REMARK                  CREDIT CARD
NET REFUND =            CNY
```

图 4-51 申请退款

机场旅客地面服务篇

第五章　航站楼公共服务

 学习目标

1. 航站楼旅客服务的流程。
2. 航站楼问询服务的分类和工作流程。
3. 航站楼广播的操作流程。
4. 航班调度的工作内容。

航站楼，又称航站大厦、候机楼、客运大楼、航厦，是机场内供乘客转换陆上交通与空中交通的设施，方便乘客上下飞机。在航站楼内，乘客购票后需办理报到、托运行李，并经过安全检查及证照查验才能登机。本章具体介绍了航站楼的设施和相关服务，并对航站楼问询、广播、调度等公共服务内容进行了讲解。

第一节　航站楼的功能设施和服务流程

一、航站楼的功能

航站楼是为航空旅客提供地面服务的主要建筑物，又称候机楼，一般根据跑道和通往城市的公路的布局而设置在航空港内比较适中的地点。其主要功能为：保证出发、使到达和中转的旅客能迅速且有秩序地登上飞机或离开机场，同时为旅客或迎送亲友的客人提供候机和休息等场所。

二、航站楼的设施

航站楼的基本设施有车道边、公共大厅、安全检查设施、候机大厅等，具体如表5-1所示。

表 5-1　航站楼的基本设施和功能

基本设施	功　　能
车道边	车道边是航站楼陆侧边缘外,在航站楼进出口附近所布置的一条狭长地带,其作用是让接送旅客的车辆在航站楼门前做短暂停靠,旅客可以方便地上下车辆、搬运行李
公共大厅	航站楼的公共大厅主要用以办理乘机手续、交运行李、旅客及迎送者等候以及安排各种公共服务设施等。通常设有值机柜台、问讯柜台、各航空公司售票处、银行、邮政、电讯等设施,以及供旅客和迎送者购物、休闲餐饮的服务区域
安全检查设施	为确保航空安全,出发旅客登机前必须接受安全检查,安检一般设在值机柜台和候机大厅之间
政府联检设施	政府联检设施包括海关、边防和卫生检疫,是国际旅客必须经过的关卡
候机大厅	候机大厅是出发旅客登机前的集合、休息场所,通常分散设在航站楼机位附近。候机大厅一般设在二层,以便旅客通过登机桥登机
行李处理设施	行李处理设施,可使旅客快速、安全地托运或提取行李。进、出港行李流程应严格分开,旅客的提取行李装置,按在行李提取层行李输送装置的形状,可分为直线式、长圆盘式、跑道式和圆盘式四种形式
机械化代步设施	为方便人们在航站楼内的活动,特别是增加旅客在各功能区转换时的舒适感,航站楼常装设有机械化代步设备。常见的机械化代步设备有电梯、自动扶梯、自动人行步道等
登机桥	登机桥是航站楼在空侧与飞机建立联系的设备,它是航站楼门位与飞机舱门的过渡通道。采用登机桥,可使下机、登机的旅客免受天气、飞机噪声、发动机喷气吹袭等因素影响,也便于机场工作人员对出发、到达旅客客流进行组织和疏导
商业经营设施	航站楼商业经营设施已成为机场当局创收的一个重要渠道,甚至商业收入占到机场总收入的 60% 以上
旅客信息服务设施	主要指旅客问询查询系统、航班信息显示系统、广播系统、时钟等
其他设施	除直接与旅客发生联系的设施,还包括如机场当局、航空公司、公安以及各职能、技术、业务部门的办公、工作用房和众多的设施、设备

三、航站楼旅客服务的流程

航站楼旅客服务包括旅客离港、进港和中转服务。具体流程如表 5-2 所示。

表 5-2 航站楼旅客服务的流程

服务流程类别	流程	详解
旅客离港	01 换登机牌 02 托运行李	旅客购票到达机场离港大厅后,在航班信息显示屏上查询所乘坐航班相应的值机柜台,凭本人有效身份证件到该值机柜台办理乘机和行李托运手续,领取登机牌。旅客一般可以在国内航班起飞前 90 分钟办理乘机手续,应注意国内大部分机场在航班起飞前 30 分钟关闭办理乘机手续
	03 安全检查	在接受安全检查时,旅客准备好登机牌、有效身份证件交给安全检查员查验。为了飞行安全,旅客须从安全门通过接受人身安检,随身行李物品须经 X 光机检查
	04 候机及登机	候机与登机安检后,旅客可以根据登机牌上的登机口号码到相应候机区休息候机。 登机时需要出示登机牌,旅客应提前准备好。通常情况下,在航班起飞前约 30 分钟开始登机,旅客应留意广播提示
旅客进港	01 航班到达	如果航班停靠航站楼登机桥,旅客可沿进港廊道前往一楼行李提取厅;如果旅客是乘摆渡车到达航站楼,下车后可进入行李提取厅
	02 提取行李	大多机场行李提取厅位于一楼,其入口处设有行李转盘显示屏,旅客可根据航班号查知托运行李所在的转盘;如行李较多,可使用免费行李手推车或选择收费手推车服务;为确保旅客的行李不被误领,在出口处将会有工作人员对旅客的行李牌/号进行检查核对。旅客如有疑问可到行李查询柜台咨询
	03 离开机场	提取行李后旅客将进入到达大厅,在那里与接机的亲友会面,或到宾馆接待及问讯柜台进行咨询,或到银行兑换货币;出了到达大厅,旅客可选择机场巴士或出租车离开机场
旅客中转	01 航班到达 02 办理中转 03 候机及登机	中转旅客是等候衔接航班的旅客,一般不到航站楼外活动,所以要专门安排他们的流动路线。中转旅客可分为国内转国内、国内转国际、国际转国际、国际转国内

第二节 航站楼问询服务

航站楼问询可向旅客提供诸如航班信息、机场交通、候机楼设施使用等问询服务。

问询服务往往能直接解决旅客在旅行过程中遇到的许多麻烦，或为旅客解决问题指明方向，深受旅客欢迎。因此，在机场设立专门的问询柜台，为旅客提供各种问询服务，已经成为航空运输企业为旅客服务的不可或缺的窗口。

一、问询服务的分类

问询服务根据服务提供方的不同可以分为航空公司问询、机场问询和联合问询，其中联合问询是航空公司与机场共同派出问询服务人员组成联合问询柜台，向旅客提供最为全面的问询服务。

问询服务根据服务提供方式的不同可以分为现场问询和电话问询。现场问询是指在问询柜台当面向旅客提供问询服务。电话问询是通过电话方式向打来电话的客人提供各类问询服务。通常电话问询还可以分为人工电话问询和自动语音应答问询。人工电话问询主要用来解决旅客提出的一些比较复杂或非常少见的问题；自动语音应答则由旅客根据自动语音提示进行操作，通常能较好地解决旅客所关心的常见问题，它能大大地节省人力，提高服务效率。

根据服务柜台的设置位置不同，还可以将问询服务分为隔离区外的问询服务和隔离区内的问询服务。

二、问询岗位的工作流程

（一）现场问询

1. 现场问询岗位的定义

现场问询位于候机楼值机大厅中央，主要负责为出入候机大厅的旅客提供方位引导、现场航班动态信息查询、机场相关交通信息查询和航空业务知识查询等服务，如图5-1所示。

2. 现场问询岗位的职责

（1）负责了解本岗位的服务项目、内容、服务标准和流程，执行各项管理制度。

（2）负责掌握问询查询系统及相关服务设备设施的操作方法，确保设备操作的正确、规范。

图5-1　机场现场问询柜台

（3）负责提供航站楼内各类柜台、功能设施方位引导、航班信息查询、机场相关交通信息指南及应急服务。

（4）负责接受岗位相关安全知识、服务业务、操作技能的学习、培训，并接受相关考核，确保自身知识水平和服务能力符合岗位要求。

（5）负责现场查询系统、服务设备设施的日常检查、监测和报修工作，确保系统及设备设施运行正常。

（6）负责岗位操作、服务过程中各类问题的及时上报、反馈工作。

（7）负责现场各项操作、服务记录的查看、填写和交接工作。

（8）负责环境清扫，确保岗位整洁、舒适。
（9）服从旅客服务科的人员调配。
（10）完成领导交办的其他事项。

3. 现场问询岗位的工作流程

现场问询的工作流程如图 5-2 所示。

（1）迎候旅客时，当没有客人前来询问时，服务人员坐在座椅上等候。当有客人询问时，站立迎候，并致问候。

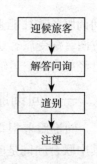

图 5-2　现场问询的工作流程图

（2）解答问询主要分为航班信息类问询、航空业务类问询、方位指引类问询、交通信息类问询四种。当旅客咨询航班信息时，服务人员请旅客出示机票或航班号，在航班查询系统中输入航班号，电脑显示该航班相关信息，然后给予旅客相应信息解答。当旅客咨询航空业务类问询时，服务人员需要问清旅客所要询问的是哪一家航空公司，确认旅客所要问的业务范围，根据确认后的信息提供解答服务。当旅客咨询方位指引类问询时，服务人员需要了解旅客问询内容，根据旅客需要介绍或指引相应的服务点及相关信息，方位指引应五指并拢，使用规范用语：先生/小姐，请往××走，在××号柜台。当旅客咨询交通信息类问询时，服务人员了解旅客问询内容后，点击业务查询计算机中的交通信息查询项目，查询相关内容，向旅客提供所需的交通信息。

（3）道别时，使用规范用语：先生/小姐，再见。

（4）注望。旅客走后，服务人员观察旅客走向是否正确，以确认旅客完全明白解答内容，如发现旅客误解信息或走错方向时，应立即向前重新说明或引导。

（二）电话问询

1. 电话问询室岗位的定义

电话问询室是一项为中外旅客提供航班出发、到达等动态信息，以及相关航空业务信息的电话查询服务的地方。

2. 电话问询室岗位的职责

（1）负责了解本岗位的服务项目、内容、服务标准和流程，执行各项管理制度。

（2）负责提供航班时刻信息及相关航空业务查询服务。

（3）负责掌握问询设备操作方法，确保信息查询操作的正确、规范。

（4）负责接受岗位相关安全知识、服务业务、操作技能的学习、培训，并接受相关考核，确保自身知识水平和服务能力符合岗位要求。

（5）负责问询系统、设备设施的检查、监测和报修工作，确保问询系统及设备设施运行安全、正常。

（6）负责岗位操作、服务过程中各类问题的及时上报、反馈工作。

（7）负责现场各项操作、服务记录的查看、填写和交接工作。

（8）负责环境清扫，确保岗位整洁、舒适。

（9）服从旅客服务科的人员调配。

（10）完成领导交办的其他工作。

3. 电话问询的操作流程

电话问询的操作流程如图 5-3 所示。

（1）接听电话。服务人员听到铃声后按下应答键，问候旅客，听取旅客问询内容。

（2）输入查询内容。服务人员将旅客所要查询的内容输入计算机查询系统，再按回车键，核对信息，将计算机显示的信息与旅客所要查询的内容进行核对。

（3）核对信息。计算机显示的信息内容必须与旅客所查一致。

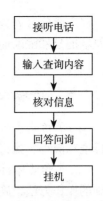

图 5-3　电话问询的操作流程图

（4）回答问询。问询主要分为航班类信息问询和非航班类信息问询等两种。当回答航班类信息问询时，问询征求旅客意见是否需要提供回电服务，如旅客愿意接受回电服务，并待得到信息中心确切信息通知后立即答复，将回电内容记录在《电话问询室回电记录本》内。当回答非航班类信息时，问询员应使用规范用语："很抱歉，我们没有这方面的信息，请您拨打×××查询。"

（5）挂机。问询员回答完毕后按下应答键挂机。旅客先挂电话后，问询员再挂电话。问询员应使用规范用语："没关系，再见。"

第三节　航站楼广播服务

航站楼广播系统是机场航站楼必备的重要公共宣传媒体设备，是机场管理部门播放航班信息、特别公告、紧急通知等语言信息的重要工具，是旅客获取信息的主要途径之一，也是提高旅客服务质量的重要环节。

一、航站楼广播服务系统

航站楼广播服务系统由基本广播、自动广播、消防广播三部分组成。广播系统应采用当今先进的计算机矩阵切换器，对各种音源进行管理和分配，并限定它们的广播范围和广播权限；使所有的广播呼叫站都在设定的范围内工作，避免越权广播。

该系统有自动语言合成功能，可把数字信号转换成语言信号播出，合成后的语音标准、自然、流畅。系统语种一般为中文普通话和英语。

该系统有自动广播功能，在航班信息或航班动态信息的控制下，按时间顺序和不同的广播分区进行广播，无须人工操作可自动地进行。同时，航班信息的广播可与航班信息的显示同步。

该系统也设有噪声控制处理器，设置地点应包括国际、国内办票大厅，迎客大厅，国际、国内候机厅，通过获取现场噪声信号可自动调节音量，增加语言的清晰度。候机楼广播系统的功放设备应设有自检、备份功能，系统能自动检测功放故障，并自动将功放故障单元的负载切换至备用功放上，并显示报警，从而提高了系统的可靠性，使广播不致中断。

广播分区划分应结合旅客进出港流程，按照建筑物的自然隔断而形成的不同功能区域来划分。

图 5-4 所示为登机口广播图。

图 5-4 登机口广播图

二、广播室岗位的职责

（1）负责了解本岗位的服务项目、内容、服务标准和流程，执行各项管理制度。

（2）负责掌握自动广播系统、人工广播设备设施的操作方法，确保广播信息操作的正确、规范。

（3）负责各类广播信息的接收和发布工作，包括航班类、宣传类、公益类和应急类信息。

（4）负责接受岗位相关安全知识、服务业务、操作技能的学习、培训，并接受相关考核，确保自身知识水平和服务能力符合岗位要求。

（5）负责广播系统、设备设施的日常检查、监测和报修工作，确保问询系统及设备设施运行正常。

（6）负责岗位操作、服务过程中各类问题的及时上报、反馈工作。

（7）负责现场各项操作、服务记录的查看、填写和交接工作。

（8）负责环境清扫，确保岗位整洁、舒适。

（9）服从旅客服务科的人员调配。

（10）完成领导交办的其他工作。

三、广播室岗位的操作流程

广播室岗位的操作流程图如图 5-5 所示。

（1）信息接收。接收生产调度室发布的航班信息。航班信息包括正常登机信息、航班延误信息、变更登机口信息、航班取消信息。接收对讲机发布的航班信息，对未听清的信息打电话核实确认；接收计算机传输的航班信息；接听航空公司、旅客来电信息。

（2）信息核实。首先核实生产调度室的信息，复核生产调度室发布的航班信息，将计算机传输的航班信息与生产调度室发布的信息进行核对，如有疑问，点击该航班信息广播提示对话框中的"取消"键，打电话再核实确认。

其次核实航空公司、旅客来电信息。先判断来电广播需求是否属于广播范围，然后答复航空公司、旅客。

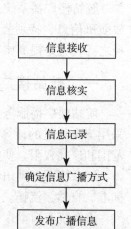

图 5-5 广播室岗位的操作流程图

（3）信息记录。正常航班登机信息记录在《当日进出港航班时刻预报表》内；延误航班信息、不正常服务记录在《广播室不正常航班记录本》上；寻人寻物广播信息记录在《广播室临时广播记录本》上；登机口变更信息记录在《广播室登机口变更信息记录本》上。

（4）确定信息广播方式。航班信息采用自动广播；寻人信息采用人工广播；寻物信息采用自动或人工广播。

（5）发布广播信息。广播信息分为自动广播和人工广播。

自动广播时，电脑发布航班信息，点击航班信息广播对话框的"确定"键，调整航班信息广播先后次序，监看电脑区域广播显示屏，如出现故障向报修中心报修，通知科值班领导，转入《广播设备故障应急作业标准》。

人工广播时，首先拟定寻人和寻物广播拟稿，其次判断广播区域，确定广播区域代码。

第四节　航班调度服务

一、航班调度服务概述

调度室负责航班信息的收集、发布、楼内设备设施故障报修受理以及各类突发事件的通报、协调。

调度室作为航站区管理部的指挥中心，主要作用是成为航班操作室、广播室、电话问询室与运行指挥中心、各航空公司之间的桥梁，集中收集各类信息，是为航空公司及旅客服务的一个重要岗位。

图5-6所示为航班调度工作图。

图5-6　航班调度工作图

二、航班调度岗位的职责

（1）执行各项规章制度，负责将航班到达、出发、延误、取消、转场、备降、合并、更改计划等信息及时、准确、规范地传递给各相关部门。

（2）使用普通话发布信息，发布后及时检查对外显示是否准确。

（3）岗上相互配合，处理突发事件相互通气。

（4）负责接收楼内各类（自行安装除外）设施设备的故障报修，及时、准确地通知保障部门进行维修。

（5）负责做好各类数据的统计、整理、存档工作。

（6）负责做好一年两季航班换季工作，尽快了解、掌握换季后航班变化。

（7）认真做好不正常航班的信息保障工作，随时向运行指挥中心、航空公司了解相关航班动态，及时向相关部门发布。

（8）完成领导交办的其他工作。

三、航班调度岗位的操作流程

航班调度岗位的操作流程如图5-7所示。

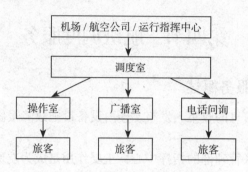

图5-7 航班调度岗位的操作流程图

（1）航班正常时，航空公司/机场负责将出港航班信息（登机、更改门号）电话通知调度室；调度室从机场保障系统上获取最新进港航班信息，记录在航班预报纸上；当航班不正常时（延误、取消），运行指挥中心负责了解不正常航班信息，并使用对讲机向调度室通报。

（2）调度室进行记录核对后使用对讲机向操作室、广播室、电话问询室进行发布。

（3）操作室、广播室、电话问询室根据自己的要求直接向旅客发布。

（4）旅客获取信息。

图5-8所示为国航航班调度。

图5-8 国航航班调度

课后练习

一、简答题

1. 简述航站楼的定义和功能。
2. 简述问询工作的分类和分别的定义。
3. 简述航站楼广播室的操作流程。
4. 简述航班调度的定义和作用。

二、排序题

1. 旅客离港的流程顺序为（　　　）。
   A. 托运行李　　　　B. 安全检查　　　　C. 换登机牌　　　　D. 候机及登机
2. 旅客进港的顺序为（　　　）。
   A. 提取行李　　　　B. 航班到达　　　　C. 离开机场
3. 旅客中转的顺序为（　　　）。
   A. 候机及登机　　　B. 办理中转　　　　C. 航班到达

第六章 值机服务

 学习目标

1. 了解值机手续的办理方式。
2. 掌握乘机手续办理前的准备工作。
3. 掌握旅客乘机手续正确的办理程序。
4. 掌握航班关闭的处理方式。
5. 了解离港系统的几种前端产品的区别及使用离港系统的意义。

航空运输流程包括三个部分:航空客票销售、地面服务及空中运输。值机服务是民航旅客运输服务连接地面运输和空中运输最关键的一个环节,做好值机工作对于提高服务质量和保证飞行正常及安全都具有十分重要的意义。

本章首先对值机手续办理的方式进行了介绍,然后是对值机人员在乘机手续办理前的准备工作的说明,紧接着是讲述旅客乘机手续的正确办理流程及航班关闭操作方式,最后是对计算机离港系统产品进行介绍。

第一节 值机的业务常识

值机作为民航旅客运输中的一个环节,是为旅客办理乘机手续,包括换登机牌、收运旅客的托运行李、安排旅客的座位等工作。值机在早期不仅是办理乘机手续,还包括行李统计、配载、登机、放行等一系列工作。一个人或者是多个人负责这个航班的从头到尾的工作,也就是这个飞机(航班)的值勤。随着航班数量和旅客人数的增加,工作的分工更加细化,现在值机部门主要负责办理乘机手续。

一、办理航班值机手续的方式

随着民航业信息化建设的不断进步,各航空公司在确保飞行安全的前提下将服务重心转向旅客的出行体验。在以实现航空公司成本的降低,旅客出行的方便快捷,航空服务质量的提高为目标下,多样化的值机模式不断涌现。

1. 柜台值机办理

柜台值机办理（Check-in Counter）是普通的传统值机方式。它的最大特征是：旅客将登机牌换取和行李登记综合在机场的同一时间、同一地点由机场或航空公司相关服务人员主导完成。柜台值机办理一般需要在航班起飞前提前 30 分钟或 45 分钟办理完成。

图 6-1 所示为值机柜台。

图 6-1　值机柜台

2. 机场自助值机及自助行李托运

机场自助值机及自助行李托运（Kiosk Check-in Self Check-in with Baggage）是为了减少旅客在机场的排队等候时间，让旅客获得更多的因自主所带来的愉悦性和舒适性体验，在机场自助值机柜台前旅客自动在机器上读取二代身份证，自选座位，自动打印登机牌及完成行李的托运。

（1）自助值机柜台：这是一种自助办理值机登机牌的机器，一般设立于机场的办票大厅，由旅客自己操作来进行乘机手续办理，如图 6-2 所示。这种办理方法适用于经常乘坐飞机，熟悉机场办理乘机手续流程，同时无需行李托运的旅客。

图 6-2　自助值机柜台

（2）自助办理行李托运的柜台：为了提升办理乘机手续的效率，航空公司不仅设立自助值机的机器，还开发了一种可以自助办理行李托运的机器，这样旅客可在工作人员的帮助下自助办理行李托运手续，也大大节省了排队等候的时间，如图6-3所示。

图6-3　自助行李交运柜台

3. 网上值机

网上值机（Net-self Service）。购买了电子客票的旅客，可以在航空公司官网的自助值机页面，自行操作完成身份证件验证、选择确定座位并打印A4纸登机牌。如果需要交运行李，则旅客登机前在专设柜台完成行李交运，以自行打印的A4纸登机牌通过安检并登机。

航空公司对网上值机的一般规定是：旅客可于航班起飞前2~24小时登录航空公司网站办理乘机手续。图6-4为网上值机选定座位界面。

图6-4　网上值机选定座位界面

4. 手机值机

手机值机（Mobile Phone Service）。旅客使用手机上网登录航空公司离港系统的自助值机界面，自行操作完成身份证件验证、选择并确定座位，航空公司以短信形式发送二维条码电子登机牌到旅客手机上，旅客到达机场后在专设柜台完成行李交运、打印登机牌或者直接扫描二维码，完成安检登机。这种方式与网上值机类似，都是突破了时间和地域的限制，提前预订航班座位，操作极为简单、便捷，是航空公司推广的一种最新的利用旅客的智能手机办理乘机手续的模式，如图6-5所示。

图6-5　手机值机

5. 城市值机

城市值机（City Terminal）也称为异地候机，是指无须在机场候机厅内办理乘机登记和行李托运手续，而是通过民航机场在市区或者没有机场的城市开设的异地候机楼的值机柜台办理乘机登机手续和行李托运的业务模式，如图6-6所示。城市值机模式拓展了民航机场的服务半径，打破了原有机场的空间局限，将值机业务前移到客源地。城市值机在方便非空港城市旅客出行的同时，还拓展了机场的业务范围。

图6-6　城市值机

二、办理乘机手续的时间规定

旅客应按承运人的要求,提前一定时间到机场办理乘机手续。提前办理乘机手续的时间有以下规定。

(1) 200 个座位(含 200)以上的客机在离站时间前 120 分钟开始办理手续,在离站时间前 30 分钟停止办理手续。

(2) 90 个座位(含 90)至 200 座位的客机在离站时间前 90 分钟开始办理手续,在离站时间前 20 分钟停止办理手续。

(3) 90 个座位以下的客机在离站时间前 60 分钟开始办理手续,在离站时间前 20 分钟停止办理手续。

在实际工作中,根据机场和航班不同,办理乘机手续的具体时间规定略有差异,应遵照具体要求执行。

三、行李牌及行李标签

行李牌(Baggage Tag)是承运人运输行李的凭证,也是旅客领取行李的凭证之一。行李牌从航段上可分为直达运输行李牌和联程运输行李牌;从使用方式上可分为机打行李牌和手工行李牌;从式样上分为粘贴式和栓挂式。粘贴式的行李牌是目前承运人中使用最多的一种,它具有防止行李牌脱落的功能。

(1) 直达运输行李牌适用于不需转机直达目的地的托运行李。

(2) 联程运输行李牌或称联运行李牌,适用于在两个以上航班运输的托运行李。

(3) 手工行李牌的填制方法如下:

- 在"TO"栏内填写联运行李的终点站的机场三字代码。
- 在"FLT/DATE"栏内填写最后运送至目的站的航班及日期。
- 在"VIA"栏内填写中途经停站的机场三字代码。
- 从目的地城市全称、航班号/日期开始,按到达顺序依次填写经停城市的三字代码,多余的"VIA"栏和"FLT/DATE"栏空着不填。

图 6-7 所示为手工联运行李牌。

图 6-7 手工联运行李牌

(4) 机打粘贴式行李牌是旅客在机场值机柜台托运行李时常使用的一种行李牌,行李牌号由离港系统产生并打印出来,如图 6-8 所示。

图 6-8　机打粘贴式行李牌

四、旅客乘机证件

1. 查验旅客的有效身份证件

旅行身份证件是指旅客本人居住地所在国家有关部门颁发的带有免冠照片显示本人身份的证明。

查验证件有效性的要求如下。

（1）破损和模糊不清并影响使用的证件均不予接受。

（2）任何经伪造、涂改的证件均被视为无效证件。

（3）证件必须在证件本身注明的有效期内使用，任何处在有效期之外的证件均被视为无效证件。

（4）任何证件必须由旅客本人使用，冒用和借用他人证件均为无效使用。

（5）办理值机过程中，值机人员需认真确认身份证、护照上的旅客姓名与机票上或离港系统里电子客票票面信息上的旅客姓名一致；同时确认旅客持有效的签证及相关文件，特别注意的是旅客持有的签证及相关文件必须在有效期限内。

2. 值机员对旅行证件的检查标准

（1）检查证件上照片是否与旅客相符，证件是否有效。

（2）查验计算机系统中姓名是否与旅行证件中所列相符。

（3）检查旅客手持证件种类是否符合乘机要求。

（4）旅客是否持有出境及入境国其他必需的证件。

五、机上座位安排

座位安排应符合安全及飞机载重平衡的要求，根据旅客所持客票的舱位等级在"先到先服务"的原则下选择座位。

（1）航班座位不满时，要兼顾机舱各区对飞机平衡的影响，尽量安排旅客平均分布。

（2）同行旅客、家庭旅客应尽量安排在相邻座位上。

（3）病残旅客、孕妇、无人陪伴儿童、盲人等需要特殊照顾的旅客应安排在靠近服务员、方便出入的座位，但不应该安排在紧急出口旁边的座位上。

① 紧急出口座位。严格按照相关规定发放，老人、儿童、孕妇、外籍旅客、轮椅旅客、担架旅客、病残旅客、犯人、弱智者、语言不通者、在紧急情况不愿意协助他人者等特殊旅客均不得安排在紧急出口的座位。

② 犯人旅客。安排在离一般旅客较远，不靠近紧急出口和不靠窗的座位，其押运人必须安排在犯人旅客旁边的座位上，先上后下。

③ 担架旅客。须拆机上座椅的担架旅客必须本着避免影响其他旅客的原则，一般应在客舱尾部，避免其他旅客在进出客舱时引起注意，所拆座位不能在紧急出口旁边。

④ 婴儿。婴儿如乘坐有摇篮位的机型，则安排在摇篮位；如果飞机上没有摇篮位，在航班不满的情况下，可将其旁边的座位空出。

根据飞机上对婴儿座位的要求，相连的座位不能同时安排两个婴儿，旅客要求时应做好解释。

⑤ 高大、肥胖旅客。不能安排在紧急出口处和影响紧急出口旅客疏散的座位；航班不满的情况下，可将这名旅客旁边座位空出；有头等舱座位的机型，在没有重要客人占用经济舱第一排且配载平衡允许的情况下，可发放经济舱第一排座位。

⑥ 混舱旅客座位发放。混舱销售的航班，经济舱旅客升舱原则是：在经济舱座位全部发满后才可升舱；全价票旅客比折扣票旅客优先免费升舱。升舱旅客座位应由后向前发，正常头等舱或公务舱旅客座位从前往后发，尽量将正常头等舱及公务舱旅客与升舱旅客分隔开。因承运人原因造成旅客非自愿降舱的情况，应尽可能安排旅客在较舒适的位置。

第二节 乘机手续办理前的准备工作

做好值机的准备工作是办理旅客乘机手续的重要环节，有助于应对值机过程中各种复杂情况，减少运输差错和服务事故，缩短办理乘机手续的时间，提高工作质量和服务水准。

值机员在正式开始办理值机前，一般需要完成如下准备工作。

一、个人仪容仪表准备

（1）上岗前需按规定统一着装，衣钮、裤钮扣齐，衬衫束在裤、裙内，穿长袖衬衫时扣好袖扣，不得挽裤腿，必须着黑色皮鞋，做到衣裤整洁，熨烫整齐，按规定佩戴领花和领带。男性员工着深色短袜，女性员工皮鞋不得露脚尖和脚跟，着透明或近肤色袜子，袜子不得有破损。

（2）上岗时必须佩戴通行证、工号牌，文字面必须外露，不得遮掩。

（3）保持仪表端庄，头发要保持自然色，男性员工不留长发、鬓角和胡须，女性员工长发必须用网罩梳发，且露出双耳，前发不遮眼，短发长不得过衣领，不得有外露项链、手链、手镯等饰物，戒指只能戴一只，耳环必须是贴耳垂式的，戒指和耳环均不得过大，如图6-9所示。

第六章 值机服务

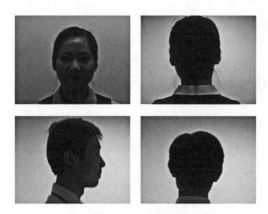

图 6-9 仪态要求

（4）指甲要保持清洁，不得留长指甲，在岗位上不得吃任何食品（包括不得嚼口香糖）。

（5）女性员工上岗必须化淡妆，不得使用任何指甲油。

（6）上岗期间，站坐姿端正，不得抖腿、跷脚、袖手，不勾肩搭背，不扎堆聊天，不斜靠、倚在任何固定物上，不在工作岗位上做与工作无关的事，如图 6-10 所示。

图 6-10 站坐姿要求

二、业务用品配备和设备检查准备

（一）业务用品准备

（1）准备好执行航班所需打印的登机牌、行李牌。

（2）准备其他应备物品，例如：

① 逾重行李通知单。

② 易碎物品标志。

③ 头等舱、公务舱旅客行李挂牌。

④ 重要旅客行李挂牌。

⑤ 速运行李牌。

⑥ 免除责任行李。

⑦ "小心轻放"贴纸。

⑧ VIP 交运行李及发报信息交接单。

⑨ 旅客特殊服务通知单。

⑩候补旅客登记表。
⑪免责书。
⑫紧急出口旅客须知。
⑬头等舱、公务舱旅客休息室邀请卡。
⑭票证交接袋。
⑮值机箱、一次性锁扣、计算器、订书机、起钉器、笔等。
（3）根据订座人数及机型情况，准备相应的手工行李条、登机牌及机位布局图，以备航班需要或特殊情况时使用。

（二）设备检查

值机员按照上岗时间至少提前5分钟到达指定岗位。检查对讲机、离港计算机、打印机、行李磅秤和行李传输带、航显等设备的运行情况是否良好，正确登录离港系统并查看系统状态是否正常，发现不正常情况及时通知机场维修人员，并做好特殊情况处置预案。

三、航班信息掌握

值机员在上岗前了解各类航班信息，包括以下几方面。
（1）查阅当日航班预报人数，了解执行航班的机型、机号、座位布局、预定离站时间、值机柜台方位及各航线始发站、经停点和终点站的机场情况、航班动态情况。
（2）收集整理航班各类客运电报，如旅客名单预报（PNL）、特殊服务电报（PSM）、无成人陪伴儿童服务电报（UM）等。
（3）通过订座系统和离港系统，了解执行航班和中转航班各舱位等级的旅客订座情况、座位预留、中转旅客人数、重要旅客和特殊旅客服务要求及其他注意事项。
（4）根据了解到的航班信息和情况，填制《出口航班准备表》。

第三节　航班值机手续的办理

值机是航空港服务的一个重要组成部分，它的工作内容包括换登机牌、接收旅客托运行李、安排旅客的座位等。值机不仅是旅客了解航空公司的一个窗口，值机工作的好坏还会影响运输产品质量以及飞行安全，因此做好值机工作对于提高服务质量和保证飞行正常及安全具有重要意义。

一、国内电子客票的识读与查验

电子客票是普通纸质机票的一种电子映像，它将纸票的票面信息存储在系统中，包含普通纸票所含的全部信息。分为航空公司电子客票与BSP中性电子客票。
航空公司电子客票是各航空公司自行管理的电子客票平台，主要通过网站、直属售票处等直销渠道进行销售，并主要以电子支付方式进行实时在线结算。

BSP 中性电子客票是 IATA 在其现有 BSP 中性客票模式基础上建立和管理的电子客票平台，完全通过代理人进行销售，并由现有 BSP 银行清算网络进行非实时线下结算。

（一）国内电子客票票面信息的识读

旅客国内电子客票票面信息的识读如图 6-11 所示。

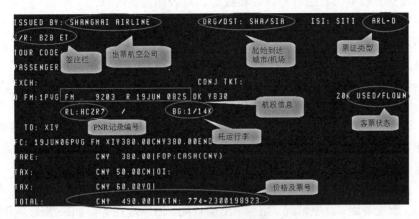

图 6-11 国内电子客票票面

说明：

ET——标识（右上角）。

BSP-D——航协电子客票 – 国内。

BSP-I——航协电子客票 – 国际。

ARL-D——航空公司电子客票 – 国内。

ARL-I——航空公司电子客票 – 国际。

表 6-1 所示为电子客票状态说明。

表 6-1 电子客票状态说明

编 号	代 码	客 票 状 态	说 明
1	O	OPEN FOR USE	客票有效
2	V	VOID	已作废
3	R	REFUND	已退票
4	C	CHECK IN	正在办理登机
5	F	USED/FLOWN	客票已使用
6	S	SUSPENDED	系统处理，客票禁止使用
7	E	EXCHANGED	电子客票换开
8	X	PRINT/EXCH	客票已换开为纸票
9	L	LIFT /BOARDED	已登机
10		FIM EXCH	已使用 FIM 签转至其他航空公司

（二）国内电子客票的查验

所谓查验客票，就是检查客票的合法性、有效性、真实性、正确性。

1. 客票的合法性

客票的合法性是指空运企业出售的客票符合我国和国际上的有关规定，并被其他空运企业承认和接受，其包括以下三方面内容。

（1）查验客票的出票人是否与本公司有相关的代理业务或财务结算关系。

（2）查验客票乘机联是否符合签转规定，是否加盖签转章。

（3）查验客票是否已经通知声明挂失。

2. 查验客票的有效性

客票上显示的信息必须与实际承运的航段和承运人一致。

（1）查验纸质客票的各联是否齐全，所接受的客票应具备乘机联和旅客联，任何情况下，不得接受无旅客联的单张乘机联。

（2）客票的乘机联必须按照客票所列明的航程，从始发站地点开始顺序使用。如客票的第一段乘机联未被使用，而旅客在客票所列明的中途分程地点或约定的经停地点开始旅行，该客票运输无效，航空公司不予接受。

（3）查验客票填写的内容是否完整。内容包括旅客姓名、航程、承运人、航班号、乘机日期、舱位等级、订座情况、票价、出票日期、出票地点等。如果接受不定期客票，须将承运人、航班、日期、订座情况补填在客票上，此类不定期客票方属有效。

（4）查验客票是否在有效期内。客票的有效期一般为一年，旅客必须在客票有效期内完成客票上列明的中途分程、联程、回程的全部航程。

3. 客票的真实性

真实性是指客票本身和客票上面反映的情况都是真实的，客票不得伪造或涂改。

4. 客票的正确性

正确性是指客票所采用的运价正确，与座位等级、航程、折扣、特种票价一致；客票上所用各种代号正确。

二、电子客票行程单的使用规定

电子客票行程单由国家税务局监制印刷，是旅客购买电子客票的付款凭证和报销凭证，其规格为238mm×106.6mm。包含旅客姓名、航程、航班、旅行日期、起飞及到达时间、票号等内容。旅客到机场办理登机手续，在柜台前出示有效身份证件就可以办理登机牌，然后凭登机牌和身份证就可以办理安检。电子客票行程单不作为机场办理乘机手续和安全检查的必要凭证。

1. 电子客票行程单使用的相关规定

（1）旅客购买电子客票后，售票人员应根据旅客的需要为旅客打印航空运输电子客票行程单。

（2）每一张电子客票行程单对应一本电子客票（连续客票视为一本客票），每本电子客票只能打印一张行程单，电子客票全部航段使用后超过7天则不能打印行程单，如果该客票未使用，则在一年可打印行程单。

（3）电子客票行程单采取遗失不补原则，旅客应妥善保管。

（4）如果发生电子客票作废或退票，必须回收对应的行程单原件。

2. 电子客票行程单的样式

电子客票行程单的样式如图6-12所示。

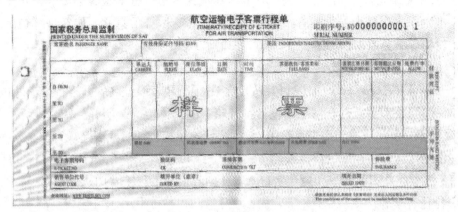

图6-12　电子客票行程单样式

三、值机办理的流程

1. 柜台引导

值机柜台开放办理乘机手续期间，由引导员在值机区域入口处回答旅客询问，为旅客提供指引以及排队疏导，指引旅客至相应柜台办理乘机手续。

2. 主动问候

采用"十步微笑，五步问候"法，在十步之内以目光迎接旅客，当旅客至值机柜台时，值机员起立迎候，并主动问候旅客，用"您好""让您久等了"等问候性的语言。

3. 请旅客出示有效证件，全程服务用姓氏称呼，查验证件

双手接过旅客身份证、护照，识别旅客姓氏后，在全程服务中以姓氏或Sir、Miss等称呼旅客。检查身份证件有效期，核对旅客本人与证件照片是否相符；持电子客票的旅客无须查验旅客的行程单，只需查看旅客的有效身份证件，持电子客票的儿童或婴儿办理乘机手续时，必须查验该儿童或婴儿的有效身份证件及出生日期，确认证件上的旅客姓名与机票上的一致，主动与旅客核对航班号、目的地及有关转机事项；核对完毕后，将旅客证件正面朝上，面对旅客视觉方向双手递还。

4. 查验票证

值机员应认真查验旅客所持客票的有效性，包括客票的有效期、航班号、乘机日期、起飞时间、到达站、舱位等级、订座状态、签转栏和限制条件等信息。确认证件上旅客姓名和客票上姓名是否一致，客票符合按顺序使用规则，查验DCS系统中的ET标识。如为电子客票，须确认电子客票的状态为OPEN FOR USE，若该电子客票已被换开成FIM时（状态为FIMEXCHANGE），应请旅客出示FIM单，并指引其前往相

应的航空公司的乘机登记柜台；若该电子客票已办理退款（状态为REFUND），则不得办理乘机手续。如旅客未事先订妥座位，则在旅客候补登记表上按顺序为旅客进行登记。

5. 服务信息确认

若DCS系统备注中无FF标识，应主动询问旅客是否有常旅客会员卡，并在离港系统中准确录入会员卡号；检查离港系统显示的特殊服务信息并与旅客进行确认，如餐食、轮椅等服务需求。

6. 办理交运行李

（1）询问旅客交运行李的件数和目的地，并提醒旅客拴挂名牌并检查行李外包装。

（2）询问旅客手提行李情况（包括拉杆箱）的具体情况，明确告知超规行李如发生损坏、遗失，由此造成的损失及费用，航空公司不承担责任。要求超规行李必须托运，如旅客拒绝托运，须在登机口拦截。

（3）如旅客交运的行李超过免费行李额，须收取逾重行李费用。

7. 拴挂行李牌

（1）行李牌拴挂位置适当，粘贴牢固。去除旧牌，拴挂新牌前与旅客再次确认行李交运目的地，将行李牌小联粘贴在行李上。

（2）主动询问旅客是否在交运行李内夹带易碎物品，如有，应粘贴易碎物品标识，同时请旅客签字确认后使用行李周转箱（如有）或由专人负责将易碎行李送至行李分拣区。

（3）头等舱、公务舱旅客的交运行李须拴挂头等舱、公务舱行李挂牌；重要旅客的交运行李须拴挂重要旅客行李牌及头等舱或公务舱行李挂牌。

8. 办理登机牌

（1）主动询问旅客座位喜好，结合座位分配原则，尽可能予以满足。如无法满足，需诚恳解释，取得旅客谅解。

（2）尽量安排团体旅客或同行旅客集中就座。

（3）需向安排在紧急出口座位的旅客做必要说明，如旅客不愿履行相应职责，需为其调换座位。

9. 递交行李牌登机牌

手工填制的登机牌应注明航班号、日期、座位号。登机牌只有在旅客办妥登机手续、托运完行李并付清有关费用后方可交付给旅客。对于持电子客票的旅客，应查验登机牌上的ET标识及票号。

（1）再次与旅客确认航班号、目的地、行李情况，在登机牌上圈出座位、登机口及登机时间。

（2）将旅客的登机牌正面朝上，面对旅客视觉方向双手递还。

（3）对于头等舱、公务舱的旅客还需发放贵宾室休息卡，向旅客指引贵宾室方位。

（4）向旅客致谢，用"祝您旅途愉快"等语言向旅客告别。

第四节 航班值机关闭的处理

一、航班值机关闭的操作

（一）航班初始关闭

一般在航班起飞前 30 分钟做航班初始关闭。航班即将初始关闭前，值机员应广播通知并检查柜台前是否有未办理此航班手续的旅客。如有，应及时通知航班主管，并在征得其他旅客同意后先为其办理，办理完毕后通知值机主管，正常旅客接收完毕后，接收候补旅客。在离港系统中做 CI 指令，并通知信息调度航班初始关闭，填写本航班行李交接单。

（1）航班初始关闭后，值机员应不再为此航班旅客办理手续；如还有晚到旅客未办理手续，航班有空余座位时，应立即通知信息调度，在获取信息调度同意后，方能接收。

（2）对晚到旅客表现出关心和诚意。安排专人或与联检人员联系优先办理联检手续，之后由负责引导的工作人员将旅客引导至登机口，如确实不能安排晚到旅客成行时，需做好解释工作及根据旅客的客票性质做后续航班的安排工作。

（3）值机员各自统计办理情况，包括旅客人数、行李件数、重量、特殊旅客服务，与离港系统中的数据进行核对。

（二）航班中间关闭

航班中间关闭最迟在航班起飞前 25 分钟操作。信息调度室接到航班初始关闭的信息后，在离港系统中做 CCL 指令，将航班中间关闭。

（1）信息调度向生产调度室及平衡科报客。报客内容：生产调度室——航班办理总人数，航班各航段、各舱位成人/儿童、婴儿人数，特殊餐食、VIP 信息。

（2）平衡部门统计航班办理总人数，航班各航段、各舱位成人/儿童、婴儿人数，航班各航段的行李件数及重量，各平衡区域人数。

（3）在航班中间关闭后，一般不再加客。值机员根据行李收运情况填写行李交接单，并通过行李转盘将其交予地面服务部、行李部。

（4）负责清点机票的值机员收集并检查整个航班的乘机联，交票证检查人员。

（5）送机。值机员与联检单位交接相关单据，并且值机员收集各类送机单据放入随机业务箱，到登机口与旅客服务部的工作人员交接。

（三）航班最终关闭

航班起飞后，信息调度将航班最终关闭，在离港系统中做 CC 指令，一般在航班起飞后 10 分钟。离港系统自动拍发 TPM、PTM、FTL 等电报。值机员手工拍发 PSM 电报。

二、打开已关闭航班

关闭航班后，没有特殊情况，不能随便打开航班。重新开放航班需修改航班数据，应征得相关部门同意，再次关闭后需及时通知相关部门。打开航班与关闭航班顺序相反。

三、临时变更机型的处置

航班办理过程中，如发生临时更换机型，应按照如下程序进行操作处置。

（1）暂停办理乘机手续，并向旅客做好解释工作。

（2）清点各自所办理的旅客人数，报航班控制员。

（3）待航班控制员重新分配座位后，在离港系统中接收未办理乘机手续的旅客；对于更换机型前已办理乘机手续的旅客，由航班控制员按换机型的离港操作为更换机型后不匹配座位的旅客重新安排座位，待航班登机时，由值机员为旅客更换登机牌，并做好相应的解释、安抚工作，而更换机型后座位匹配的旅客仍使用原登机牌。

（4）如果更换机型，改为手工办理乘机手续，航班控制员准备手工登机牌，并根据已办理乘机手续旅客的数量，拿出相同数量更换机型后的新登机牌，待航班登机时值机员从已办理乘机手续的旅客中换回旧的登机牌；而未办理乘机手续的旅客，值机员则发给旅客更换机型后的新手工登机牌。

航班结束办理乘机手续后更换机型情况下的操作程序如下。

待航班登机时，在登机口值机员用准备好的新机型登机牌更换旅客手中原来的旧登机牌。

第五节　离港系统

一、计算机离港控制系统介绍

计算机离港控制系统（Departure Control System，DCS），是中国民航引进美国优利公司的航空公司旅客服务大型联机事务处理系统，分为旅客值机（CKI）、航班数据控制（FDC）、配载平衡（LDP）三大部分。

（1）旅客值机（CKI）是旅客购买机票后上飞机前必经的程序，包括核对旅客姓名、确认机上座位、发放登机牌、交运行李等一系列操作。

（2）航班数据控制（FDC）部分负责值机系统的数据管理工作。通常旅客值机航班由航班数据控制系统编辑季节航班表生成，旅客名单可以向订座系统申请得到。

（3）配载平衡（LDP）是飞机起飞前工作人员进行业载分配工作，确保飞机处于制造商要求的重量与平衡条件内的过程。

在日常的工作中主要是使用旅客值机（CKI）和配载平衡（LDP）两大部分。CKI与LDP可以单独使用，也可以同时使用。

二、离港系统与订座系统之间的关系

离港系统的应用是与订座系统紧密相连的。在办理值机前，订座系统向离港系统传送旅客名单报PNL和旅客增减名单报ADL。值机结束后，离港系统向订座系统传送最后销售报PFS，向订座系统提供详细的最后登机人数、头等舱旅客名单、GO-SHOW人数、NO-SHOW人数，以便于订座部门控制人员了解航班实际使用情况。

DCS 与 ICS 之间的关系可以简单表示如图 6-13 所示。

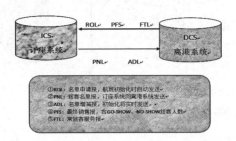

图 6-13 离港系统与订座系统数据流向图

三、离港系统几种前端产品的比较

目前国内各机场根据自己的情况选择使用不同的前端产品，主要有两类：字符界面和图形界面。它们的优缺点比较如表 6-2 所示。

表 6-2 各离港系统的优缺点

前端产品	字符终端	APPS （Unisys）	SEATS （Videcom）	UPCS （华东凯亚）	New App （中国航信）
应用界面	屏幕输入	Windows	Windows	Windows	Windows
值机/控制/配载功能完备情况	主机所有处理功能	除 ET、APIS 等最新功能以外的大部分主机功能	除 ET、APIS 等最新功能以外的大部分主机功能	除 ET、APIS 等最新功能以外的大部分主机功能	大部分主机功能
与主机连接方式	支持 DCP 和路由器方式	必须通过 DCP 方式连接	支持 DCP 和路由器方式	支持 DCP 和路由器方式	支持 DCP 和路由器方式
汉字功能支持情况	支持	支持	支持	支持	支持
客户界面友好程度	差	友好	友好	友好	友好

四、主机与客户端

中国航信的离港系统是基于大型主机的集中式系统，分为前后两部分。后台是设在中国航信北京总部的主机系统，所有数据的处理最终都在主机上完成；前端系统则设在使用中国航信离港系统的各个机场，用户在终端上所做的指令都要传到主机进行处理，然后将反馈信息传回用户终端。它们通过长途通信线路与主机保持联系，主机和前端系统要实时地、频繁地交换数据。其中主机由中国航信负责维护，通信线路由网络运营商负责，前端系统的使用权则在机场或航空公司手中。

图 6-14 所示为主机与客户端的关系图。

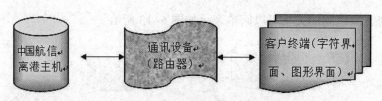

图 6-14 主机与客户端的关系图

五、使用离港系统的意义

1. 对航空公司的意义

（1）实现计算机办理乘机手续。
（2）假票识别。
（3）代码共享（Code Share）。
（4）可以使用电子客票。
（5）开展机场旅客服务。
（6）可办理联程和异地值机。
（7）ASR 座位提前预订。
（8）管理数字化、快速化。
（9）为效益分析系统提供原始数据源。
（10）提高飞行安全性，节省航油。

2. 对机场的意义

（1）提高航班正点率。
（2）减轻值机及配载人员的劳动强度。
（3）减轻统计人员的劳动强度。
（4）节省电报拍发费用。
（5）提高旅客服务水平。
（6）提高机场现代化管理水平。
（7）能够提供数据源，是机场构建信息系统的基础。

3. 对航空相关管理机构的意义

（1）得到各机场生产的实时数据。
（2）节省大量用于统计的人力和物力。

六、离港系统办理航班的工作流程

使用离港系统，不仅可以给旅客提供快捷的服务，同时还可以提高地面服务人员的工作效率，减少不必要的人工误差。使用离港系统的工作流程如下。

1. 建立航班计划信息

航班计划信息是根据各航空公司制订的季节性航班计划来建立的，在一定的时间内是相对固定的，只有在各航空公司季节性航班计划调整后，需要重新建立。

2. 准备办理值机航班

航班在办理值机手续之前，需要由控制人员完成航班的初始化工作，即旅客名单的申请、航班座位的管理及各种限额的分配等工作。

3. 柜台办理值机手续

航班准备工作完毕后，由值机人员为旅客办理值机手续，其间若出现限额不足或座位分配方面的问题，应及时与航班控制人员联系。

4. CKI 关闭航班

在航班起飞前 30 分钟，由值机柜台完成航班初始关闭，即值机关闭，系统会自动传递消息给航班控制部门，航班控制部门会相应地做中间关闭，这样配载员就可以进行配载平衡工作。

5. 航班配载平衡

配载员在中间关闭后，对航班进行配载平衡，打印舱单，并发送相关的配载报文。

6. 航班最后关闭

航班起飞后控制人员对航班做最后关闭，系统会自动向相关的航站发送所需报文。

课后练习

一、简答题

1. 旅客办理乘机手续的方式有哪些？
2. 简述机上一般性座位发放应遵循的规则。
3. 电子客票行程单的使用规定有哪些？
4. 简述值机办理流程。
5. 简述离港系统与订座系统之间的关系。
6. 简述离港系统办理航班的工作流程。

二、综合题

根据图 6-15 所示的电子客票行程单回答以下问题。

1. 电子客票号码是多少？身份证件号码是多少？
2. 写出旅客的航班号、航班日期、航程、客票舱位等级、免费行李额。
3. 票价、税费种类及客票的总额是多少？
4. 该客票是否可以改期？为什么？
5. 该客票是否可以签转？为什么？

图 6-15　航空运输电子客票行程单

第七章　安　检　服　务

 学习目标

1. 安检的定义和人员要求。
2. 安检的工作流程。
3. 安检的服务内容。

民航安全技术检查，是民航空防安全保卫工作的重要组成部分。为保障航空安全，依照国家法律法规对乘坐民航班机的中、外籍旅客及物品以及航班货物、邮件进行公开的安全技术检查。

本章节分两部分：第一部分主要内容为安检的法律法规、安检机构、人员要求；第二部分主要涉及旅客的安检流程和过程中每个岗位工作人员具体的职责。

第一节　安检机构和人员要求

一、安检的定义

安检是安全技术检查的简称，是指在民航机场实施的为防止劫（炸）机和其他危害航空安全事件的发生，保障旅客、机组人员和飞机安全而采取的一种强制性的技术性检查。

安检服务的根本目的是防止机场和飞机遭到袭击；防止运输危险品事故的发生；确保旅客的人身和财产安全。

二、安检的法律法规

我国的民航机场安检法律、法规和制度主要由国际与国内的法律、法规和制度两部分构成：国际公约有《国际民用航空公约》附件 17、《东京公约》《海牙公约》《蒙特利尔公约》等，如表 7-1 所示；我国的法律、法规和制度包括《中华人民共和国民用航空法》《中华人民共和国民用航空安全保卫条例》《中国民用航空安全检查规则》（CCAR-339SB）《中国民用航空危险品运输管理规定》（CCAR-276）。

表 7-1　国际安检的法律法规

东京公约	海牙公约	蒙特利尔公约	《国际民用航空公约》附件17	《蒙特利尔公约》补充议定书
1963年9月签署	1971年10月生效	1973年1月生效	1974年3月生效	1988年2月
第一个反劫机公约	确定犯罪行为	防止危害干涉、破坏和损坏航空安全的各种行为	防止对国际民航进行非法干扰行为的安全保卫	明确规定了危害国际民用机场安全罪的犯罪行为

三、安检机构

安检机构须取得中国民航局审核同意并颁发的《民用航空安全检查许可证》，该许可证的有效期为5年，到期由颁证机关重新审核换发。安检机构必须具备以下条件。

① 有经过培训并持有《安检人员岗位证书》的人员，且其配备符合《民用航空安检人员定员定额》标准。

② 有从事安检工作所必需的、经中国民航局认可的仪器和设备。

③ 有符合《民用航空运输机场安全保卫设施建设标准》的工作场地。

④ 有根据该规则和《民用航空安全检查工作手册》制订的安检工作制度。

中国民航局公安局、民航地区管理局公安局，或经委托的其他民航公安机关，应当会同有关部门定期对安全检查仪器的射线泄漏剂量进行检测，检测次数每年不少于一次。

四、安检人员

图7-1所示为机场安检人员。

民航总局对于从事安检工作的安全人员的资质有着严格的规定。

① 具有高中以上文化程度，志愿从事安检工作。

② 年龄不得超过25周岁。

③ 身体健康、五官端正，男性身高在1.7米以上，女性身高在1.6米以上。

④ 无残疾，无重听，无口吃，无色盲、色弱，矫正视力在1.0以上。

⑤ 安检人员实行岗位证书制度，没有取得岗位证书的，不可单独作为安检人员上岗执勤。

⑥ 安检人员执勤时应着制式服装，佩戴专门标志，服装样式和标志由中国民航局统一规定。

图7-1　机场安检人员

安检部门应当按照原中国民航总局制定的《民用航空安检业务培训大纲》制订本单位业务培训计划，开展在职、在岗、脱产、半脱产等形式和站、科、班（组）多层次的业务训练。

持有岗位证书的安检人员应当接受年度岗位考核复查。考核前，持证者应当至少接受一次培训。新招收的安检人员（大、中专院校安检专业毕业生除外）上岗前，应当接受不少于160学时的空防安全、安检规章、勤务技能、职业道德、礼仪、外事常识及军事技能等有关知识、技能的培训，经考试合格的，方可成为见习检察员，见习检察员的见习期为一年。见习期满经考试合格后，按照原中国民航总局规定颁发上岗证书。安检人员实行职业技能等级标准。根据安检人员业务、技能水平和学历、工龄等评定技能等级，确定待遇。

安检人员的工作对于维护航空安全来说有着举足轻重的作用，因此，对于安检人员的工作行为有着明确的奖励和惩罚措施。在安检工作中，有下列表现之一的单位或个人，由安检部门或其上级主管部门给予通报表扬、嘉奖、记功、授予荣誉称号的奖励。

① 模范执行国家的法律、法令，严格执行安全工作规章制度成绩突出的。
② 积极钻研业务工作，认真、负责完成安全检查任务成绩突出的。
③ 爱护仪器设备，遵守操作规程，认真保养维修成绩突出的。
④ 执勤中检查出冒名顶替乘机或持伪造、变造身份证件的。
⑤ 执勤中查获有预谋动机或其他非法干扰民用航空安全的嫌疑人，以及隐匿携带危害航空安全物品的。
⑥ 遇有劫机或其他非法干扰民用航空安全的紧急情况，不怕牺牲、英勇顽强、机智灵活制服罪犯的。
⑦ 执勤中其他方面有突出表现的。

对因前述行为受奖励者，可按照规定给予一定的物质奖励。

安检人员有下列行为之一者，由安检部门或其上级主管部门根据具体情况，分别给予批评教育、警告、记过、记大过、开除等行政处分；违法或者构成犯罪的，由有关机关依法追究责任。

① 在安检工作中因责任心不强，麻痹大意、不负责任，对危及空防安全的物品或伪造、变造、冒用的身份证件发生漏检，造成一定后果和影响的。
② 违反安检工作制度，造成不良影响，情节严重的。
③ 违反操作规程，造成仪器设备损坏的。
④ 遇有劫机或其他非法干扰民用航空安全的紧急情况，临时脱逃或擅离岗位，不服从命令，造成严重后果的。
⑤ 其他违反《中国民用航空安全检查规则》规定并造成不良影响的。

第二节 安检工作

安检工作包括：对乘坐民用航空器的旅客及其行李、进入候机隔离区的其他人员及其物品，以及空运货物、邮件的安全检查；对候机隔离区内的人员、物品进行安全监控；对执行飞行任务的民用航空器实施监护。

表 7-2 所示为旅客安检流程表。

表 7-2　旅客安检流程表

机场检查流程	具体内容解读	图　　片
1. 行李安检	托运行李、非托运行李必须经过安全检查仪器检查。发现可疑物品，须开箱（包）检查	
2. 证件核查	对国内航班旅客，机场安检人员核查其有效乘机身份证件、客票和登机牌	
3. 盖章	对核查无误的旅客，机场安检人员在其登机牌上加盖验讫章	
4. 通过安全门	安检时，安检人员引导旅客逐个通过安全门	
5. 安全复查	人身复查：旅客通过安全门时报警的，应当重复过门检查或使用手持金属探测器或手工人身检查的方法进行复查，排除疑点后方可放行	
	行李复查：对行李扫描过程中有问题的行李，需要进行行李的复查	
6. 从严检查	对于手工人身检查仍有疑点的旅客，经安检部门值班领导批准后，将其带到安检室从严检查，检查由同性别的两名以上安检人员实施	

一、旅客及行李、货物、邮件的检查

（一）证件检查

对国内航班旅客应当核查其有效乘机身份证件、客票和登机牌。有效乘机身份证件的种类包括中国籍旅客的居民身份证，临时身份证，军官证，武警警官证，士兵证，军队学员证，军队文职干部证，军队离退休干部证，军队职工证，港、澳地区居民和台湾同胞的旅行证件，外国旅客的护照、旅行证、外交官证等，以及民航总局规定的其他有效乘机身份证件。十周岁以下未成年人可凭其身份证、户口本或者户口所在地公安机关出具的身份证明放行。

对核查无误的旅客，应在其登机牌上加盖验讫章，如图7-2所示。

图7-2 加盖验讫章的登机牌

（二）人身检查

对旅客实施安检时，引导员应当引导旅客逐个通过安全门，提示旅客取出身上的金属物品。通过安全门后再使用手持金属探测器或手工人身检查的方法进行复查，如图7-3所示。

对通过时安全门报警的旅客，应当重复过门检查或使用手持金属探测器或手工人

（a）安检棒　　　　　　（b）安检门

图7-3 安检棒和安检门

身检查的方法进行复查，排除疑点后方可放行。

对经过手工人身检查仍有疑点的旅客，经安检部门值班领导批准后，可将其带到安检室从严检查，检查应当由同性别的两名以上安检人员实施。

（三）物品检查

旅客的托运行李和非托运行李都必须经过安全检查仪器检查，如图7-4所示。发现不得作为行李运输的可疑物品时应当开箱（包）检查，必要时也可以随时抽查。开箱（包）检查时，可疑物品的托运人或者携带者需在场。

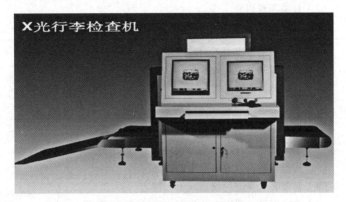

图7-4　X光行李检查机

旅客申明所携物品不宜接受公开检查的，安检部门可根据实际情况，在适当场合检查。

空运的货物应当经过安全检查或存放24小时，或者采取民航局认可的其他安全措施。对空运的急救物品、鲜活货物、航空快件等有时限的货物，应当及时进行安全检查。

对特殊部门交运的保密货物，不宜检查的精密仪器和其他物品，按规定凭免检证明予以免检。

航空邮件应当经过安全检查，发现可疑邮件时，安检部门应当会同邮政部门开箱（包）查验处理。

按照国家有关规定应当予以免检的，按照有关规定办理。

图7-5所示为行李运输限制物品种类。

图7-5　行李运输限制物品种类

二、安全检查岗位的主要职责

安全检查岗位有验证检查员、人身检查员、X射线检查仪操作员、开箱（包）检查员、仪器维修等岗位，现将岗位和主要职责总结在表7-3中。

表7-3 安全检查的主要岗位和职责

岗 位	主 要 职 责
基础岗位	基础岗位包括待检区维序检查岗位、前传检查员岗位。其职责是： （1）维持待检区秩序并通知旅客准备好身份证件、客票和登机牌 （2）开展调查研究工作 （3）在安全技术检查仪传送带上正确摆放受检行李物品
验证检查员	（1）负责对乘机旅客的有效身份证件、客票、登机牌进行核查，识别涂改、伪造、冒名顶替以及其他无效证件 （2）开展调查研究工作 （3）协助执法部门查控在控人
人身检查	人身检查岗位包括引导和安全门检查两个具体岗位。其职责是： （1）引导旅客有秩序地通过安全门 （2）检查旅客自行放入盘中的物品 （3）对旅客人身进行仪器或手工检查 （4）准确识别并根据有关规定正确处理违禁物品
X射线检查仪操作员	（1）按操作规程正确使用X射线检查仪 （2）观察辨别监视器上受检行李（货物、邮件）图像中的物品形状、种类，发现、辨认违禁物品或可疑图像 （3）将需要开箱（包）检查的行李（货物、邮件）及重点检查部位准确无误地通知开箱（包）检查员
开箱（包）检查员	（1）对旅客行李（货物、邮件）实施开箱（包）手工检查 （2）准确辨认和按照有关规定正确处理违禁物品 （3）开具暂存或移交物品单据
仪器维修	（1）负责各种安全技术检查仪器的安装、调试工作 （2）负责安全技术检查仪器的定期维护保养 （3）负责安全技术检查仪器故障的修理，保证安检仪器正常运行
现场值班领导	（1）负责向当班安检人员传达上级有关指示和通知 （2）提出本班要求和注意事项 （3）组织协调安检现场勤务 （4）督促检查各岗位责任制的落实情况 （5）按规定处理安检现场发生的问题

三、航空器安全监护

安检部门应当派员在机场隔离区内巡视，对重点部位加强监控。

执行航班飞行任务的民用航空器在客机坪短暂停留期间，由安检部门负责监护。

对出港民用航空器的监护，从机务人员将民用航空器移交监护人员时开始，至旅客登机后民用航空器滑行时止；对过港民用航空器的监护从其到达机坪时开始，到滑离（或拖离）机坪时止；对执行国际、地区及特殊管理的国内航线飞行任务的进港民用航空器的监护，从其到达机坪时开始，至旅客下机完毕，机务人员开始工作为止。

民用航空器监护人员应当根据航班动态按时进入监护岗位，做好对民用航空器监护的工作。

民用航空器监护人员应当坚守岗位，严格检查登机工作人员的通行证件，密切注视周围动态，防止无关人员和车辆进入监护区。在旅客登机时，民用航空器监护人员协助维持秩序，防止未经过安全检查的人员或物品进入航空器。

空勤人员登机时，民用航空器监护人员应当查验其《中国民航空勤登机证》。加入机组执行任务的非空勤人员，应当持有《中国民航公务乘机通行证》和本人工作证（或学员证）。对上述人员携带的物品，应当查验是否经过安全检查，未经过安全检查的，不得带上民用航空器。

在出、过港民用航空器关舱门准备滑行时，监护人员应当退至安全线以外，记载飞机号和起飞时间后，方可撤离现场。

民用航空器监护人员接受和移交航空器监护任务时，应当与机务人员办理交接手续，填写记录，双方签字。

民用航空器客、货舱装载前的清舱工作由航空器经营人负责。必要时经民航公安机关或安检部门批准，公安民警、安检人员可以进行清舱。

四、安检特殊情况的处置

（1）拒绝接受安全检查的人员，不准登机或进入候机隔离区，损失自行承担。

（2）对持居民身份证复印件、伪造或变造证件、冒用他人证件者不予放行登机。

（3）对有下列情形之一者，应带至安检值班室进行教育，情节严重的，交由民航公安机关处理。

① 逃避安全检查的。
② 妨碍安检人员执行公务的。
③ 携带危险品、违禁品又无任何证明的。
④ 扰乱安检现场工作秩序的。

（4）有下列威胁航空安全行为之一的，交由民航公安机关查处。

① 携带枪支、弹药、管制刀具及其仿制品进入安检现场的。
② 强行进入候机隔离区不听劝阻的。
③ 伪造、冒用、涂改身份证件乘机的。
④ 隐匿携带危险品、违禁品企图通过安全检查的。
⑤ 在托运货物时伪报品名、弄虚作假或夹带危险物品的。
⑥ 其他威胁航空安全的行为。

（5）对违反《中华人民共和国民用航空安全保卫条例》第三十二条规定，携带《禁止旅客随身携带或者托运的物品》所列物品的，安检部门应当及时交由民航公安机关处理。

（6）对违反《中华人民共和国民用航空安全保卫条例》第三十三条规定，携带《禁止旅客随身携带但可作为行李托运的物品》所列物品的，应当告诉旅客可作为行李托运或交给送行人员；如来不及办理托运，安检部门按规定办理手续后移交机组带到目的地后交还。

不能按上述办法办理的，由安检部门代为保管。安检部门应当登记入册，妥善保管；对超过三十天无人领取的，及时交由民航公安机关处理。

（7）对含有易燃物质的生活用品实行限量携带。对超量部分可退给旅客自行处理或暂存安检部门。

安检部门对旅客暂存的物品，应当为物主开具收据，并进行登记。旅客凭收据在三十天内领回；逾期未领的，视为无人认领物品，交由民航公安机关处理。

课后练习

一、简答题

1. 安全检查的定义是什么？
2. 安检的主要国际法律法规有哪些？
3. 我国对安检工作的安检人员资质的要求有哪些？
4. 安检的主要岗位和职责有哪些？

二、排序题

对旅客的整个安检的流程进行排序（　　　）

  A. 证件核查   B. 盖章   C. 通过安全门

  D. 行李安检   E. 从严检查   F. 安全复查

三、选择题

1. 下列属于有效乘机证件的是（　　　）。

  A. 居民身份证   B. 军官证   C. 外国旅客的护照

  D. 驾照   E. 学生证   F. 身份证

2. 确认防止危害干涉、破坏和损坏航空安全的各种行为的法律法规是（　　　）。

  A. 东京公约   B. 蒙特利尔公约

  C. 海牙公约   D.《国际民用航空公约》附件17

3. 对有下列情形之一者，应带至安检值班室进行教育，情节严重的，交由民航公安机关处理的有（　　　）。

  A. 逃避安全检查的

  B. 携带危险品、违禁品又无任何证明的

  C. 强行进入候机隔离区不听劝阻的

  D. 扰乱安检现场工作秩序的

第八章 联检服务

 学习目标

1. 国际旅客运输联检流程。
2. 海关机构和职责、海关检查规定。
3. 检验检疫机构和职责、检验检疫规定。
4. 边防检查机构和职责、入出境基础知识、边防检查规定。

出境旅客办票之后，需要通过出境联检区域，经过海关、检验检疫、边防检查、安全检查四关后才能登机。其中，安全检查由机场当局实施安全管理，海关、检验检疫、边防检查则由国家政府部门派出机构行使国家主权对入出境旅客和货品实施行政管理。

第一节 国际旅客运输联检流程

一、各联检部门职责

海关、检验检疫、边防检查、安全检查的区别如表 8-1 所示。

表 8-1 海关、检验检疫、边防检查、安全检查的区别

	海关	检验检疫	边防检查	安全检查
监管对象	行李、货物、货币	旅客、运输工具、货物、动物、植物、出口商品	运输工具、旅客、证件、旅行文件	旅客、证件、携带物品、行李、货物
主要监管内容	走私物品	病疫防治、出入境动植物防疫、违禁物品入境	护照、签证、机票真实性、有效性	证件真伪鉴定、违禁物品、危险物品
检查方式	自我申报、随机抽查、开包检查	自我申报、人群筛检、开包检查	人脸证件比对、证件真伪鉴别	全身扫描、开包检查
技术手段	X光机	X光机、红外线	视频监控系统、证件识别、指纹比对	视频监控系统、证件识别、X光机、安全门

续表

	海　关	检验检疫	边防检查	安全检查
处理方式	征税、罚没、处罚	隔离、销毁、处罚	拒绝、阻止、遣返、处罚	没收、处罚、保存

二、联检流程

1. 国际旅客出发联检流程

旅客地面交通→出发大厅→办理登机手续→托运行李（含托运行李安全检查）→联检区域办理海关申报、检验检疫、边防出境护照检查→安检手续（个人及手提行李）→国际候机厅候机→检查登机牌→登机（远机位旅客转驳车登机）。

国际旅客出发流程图如图 8-1 所示。

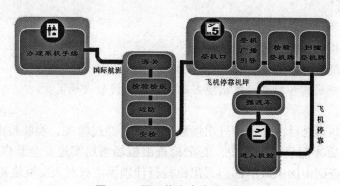

图 8-1　国际旅客出发流程图

2. 国际旅客到达联检流程

旅客下机进入到达通道（远机位旅客下机转驳车进入到达通道）→国际联检区办理相关联检手续→检验检疫→边防入境护照签证检查→行李提取大厅提取行李→海关行李检查→行李标签检查→迎客大厅出口→按照指示牌乘相应的交通工具。

国际旅客到达流程图如图 8-2 所示。

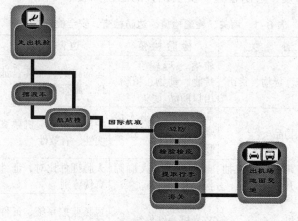

图 8-2　国际旅客到达流程图

第二节 海 关

一、海关机构职责

中华人民共和国海关是国家的进出关境（简称进出境）监督管理机关，实行垂直管理体制。基本任务是进出境监管、征收关税和其他税费、查缉走私、编制海关统计，并承担口岸管理、保税监管、海关稽查、知识产权海关保护、国际海关合作等职责。中国海关总署是中华人民共和国国务院下属的正部级直属机构，统一管理全国海关。

二、航空口岸实行旅客书面申报制度

为进一步简化和规范进出境旅客申报手续，方便旅客进出境，海关总署经研究决定，自2008年2月1日起，在全国各对外开放口岸实行新的进出境旅客申报制度，有关事项如下。

（1）进出境旅客没有携带应向海关申报物品的，无须填写《中华人民共和国海关进出境旅客行李物品申报单》（以下称《申报单》），选择"无申报通道"（又称"绿色通道"）通关。

（2）除海关免于监管的人员以及随同成人旅行的16周岁以下旅客以外，进出境旅客携带有应向海关申报物品的，须填写《申报单》，向海关书面申报，并选择"申报通道"（又称"红色通道"）通关。

（3）进境旅客。进境旅客携带有下列物品的，应在《申报单》相应栏目内如实填报，并将有关物品交海关验核，办理有关手续。

① 动、植物及其产品，微生物、生物制品、人体组织、血液制品。
② 居民旅客在境外获取的总值超过人民币5 000元（含5 000元，下同）的自用物品。
③ 非居民旅客拟留在中国境内的总值超过2 000元的物品。
④ 酒精饮料超过1 500毫升（酒精含量12度以上），或香烟超过400支，或雪茄超过100支，或烟丝超过500克。
⑤ 人民币现钞超过20 000元，或外币现钞折合超过5 000美元。
⑥ 分离运输行李，货物、货样、广告品。
⑦ 其他需要向海关申报的物品。

（4）出境旅客。出境旅客携带有下列物品的，应在《申报单》相应栏目内如实填报，并将有关物品交海关验核，办理有关手续。

① 文物、濒危动植物及其制品、生物物种资源、金银等贵重金属。
② 居民旅客需复带进境的单价超过5 000元的照相机、摄像机、手提电脑等旅行自用物品。
③ 人民币现钞超过20 000元，或外币现钞折合超过5 000美元。
④ 货物、货样、广告品。
⑤ 其他需要向海关申报的物品。

（5）非居民旅客返程出境时，如需要选择"申报通道"通关，可在其原进境时填写并经海关批注和签章的《申报单》上出境栏目内填写相关内容，或者另填写一份《申报单》，向海关办理出境申报手续。

居民旅客回程进境时，如需要选择"申报通道"通关，可在其原出境时填写并经海关批注和签章的《申报单》上进境栏目内填写相关内容，或者另填写一份《申报单》，向海关办理进境申报手续。

（6）持有中华人民共和国政府主管部门给予外交、礼遇签证的进出境旅客，通关时应主动向海关出示本人有效证件，海关予以免验礼遇。

（7）违反海关规定，逃避海关监管，携带国家禁止、限制进出境或者依法应当缴纳税款的货物、物品进出境的，海关将依据《中华人民共和国海关法》和《中华人民共和国海关行政处罚实施条例》予以处罚。

图8-3为进出境旅客行李物品申报单。

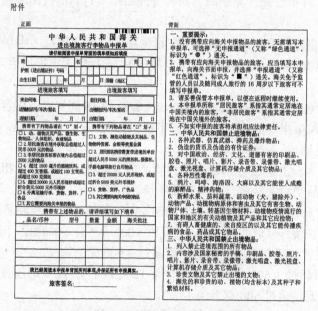

图8-3　进出境旅客行李物品申报单

三、暂不予放行旅客行李物品暂存有关事项

根据2016年海关总署《关于暂不予放行旅客行李物品暂存有关事项》第14号公告暂不予放行旅客行李物品暂存有关事项如下。

（1）旅客携运进出境的行李物品有下列情形之一的，海关暂不予放行。

①旅客不能当场缴纳进境物品税款的。

②进出境的物品属于许可证件管理的范围，但旅客不能当场提交的。

③进出境的物品超出自用合理数量，按规定应当办理货物报关手续或其他海关手续，其尚未办理的。

④ 对进出境物品的属性、内容存疑,需要由有关主管部门进行认定、鉴定、验核的。

⑤ 按规定暂不予以放行的其他行李物品。

海关暂不予以放行的行李物品,可以暂存。

上述暂不予放行物品不包括依法应当由海关实施扣留的物品。

(2) 暂不予放行的行李物品有下列情形之一的,海关可以要求旅客当场办理退运手续,或者移交相关专业机构处理,因此产生的费用由旅客承担。

① 易燃易爆的。

② 有毒的。

③ 鲜活、易腐、易失效等不宜长期存放的。

④ 其他无法存放或不宜存放的情形。

(3) 对暂不予放行的行李物品办理暂存的,海关应当向旅客出具《中华人民共和国海关暂不予放行旅客行李物品暂存凭单》(以下简称《凭单》),旅客核实无误后签字确认。

(4) 交由海关暂存的物品有瑕疵、损毁等情况的,海关现场关员应当在《凭单》上予以注明,并应当由旅客签字确认。对于贵重物品或疑似文物等物品,海关可以采用拍照、施封等办法进行确认。

(5) 旅客办理物品的提取手续时,应当向海关提交《凭单》原件并出示旅客本人有效的进出境证件。旅客委托他人代为办理物品提取手续的,接受委托的代理人应当向海关提交《凭单》原件、旅客本人出具的书面委托书、旅客有效的进出境证件复印件,并出示代理人本人有效的身份证件。

(6) 海关暂不予放行的物品自暂存之日起三个月内,旅客应当办结海关手续。逾期不办的,由海关依法对物品进行处理。需要有关主管部门进行认定、鉴定、验核的时间不计入暂存时间。

四、海关检查的方式

海关检查以非嵌入式查验方式进行,即将行李物品通过 X 光机的形式查验,必要时进行开箱查验。查验是按照一定比例实施进行。

对个人行李物品的查验是指海关检查旅客携带进出境的物品。一是核对进出境旅客申报内容是否属实;二是检查有无违禁品;三是检查有无应税物品;四是确定物品征税、免税、扣留、退运或放行。最后,在通关的时候,行李会放在 X 光机传送带上机检,经机器检查后,如果发现有可疑物品,则进行进一步开箱手工查验。

机场海关 X 光机检查能精准地检测出各种包装产品中的异物,如金属、玻璃、陶瓷、石头、橡胶、PVC 等。X 光机广泛应用于机场、地铁、博物馆、大使馆、海关、车站、港口码头、旅游景点、亚运安检、奥运安检、会议中心、博览中心、酒店学校、公检法、工厂企业以及其他公共场所的重要部门。

五、案例

案例 1:2017 年,海关总署在全国范围内组织开展了打击走私"国门利剑 2017"

联合专项行动。行动期间，全国海关缉私部门共立案侦办走私犯罪案件 3 260 起，其中挂牌督办的案件 177 起，共对 4 810 名犯罪嫌疑人采取强制措施；立案调查走私行为案件 25 718 起。查处了一批大案要案，取得了丰硕战果，可以说中国海关缉私警察在这一贯穿全年的打私行动中做出了巨大的努力，如图 8-5 所示。

案例 2：2018 年 2 月 28 日某人去泰国旅游回来，在机场免税店买了 2 个包包自用，回扬州时，在泰州国际机场过关被留下。某人说买了超过 5 000 元的商品要交 30% 的税钱才能放行，不然东西就留下。

图 8-4 "国门利剑 2017" 打击走私联合专项行动战果

《关于进境旅客所携行李物品验放标准有关事宜》的公告第二条，进境居民旅客携带超出 5 000 元人民币的个人自用进境物品，经海关审核确属自用的，进境非居民旅客携带拟留在中国境内的个人自用进境物品，超出人民币 2 000 元的，海关仅对超出部分的个人自用进境物品征税，对不可分割的单件物品，全额征税。《中华人民共和国进境物品归类表》和《中华人民共和国进境物品完税价格表》的公告附件中所列：箱包及鞋靴，包括各种材质的箱子；各种材质的挎包、背包、提包；各种材质的钱包、钥匙包、卡片包；其他化妆包、包装袋（盒、箱）等，税率为 30%。根据以上公告可知旅客要交 30% 的税才能放行。

案例 3：2017 年 5 月 21 日下午，重庆海关隶属江北机场海关在重庆航空口岸查获首起"水客"与机场工作人员内外勾结走私奢侈品案。值班关员在一名机场工作人员携带的两件大件行李中，查获爱马仕首饰，路易威登、古驰、香奈儿提包等奢侈品 51 件。重庆海关缉私局已刑事立案调查，并刑事拘留两名犯罪嫌疑人。

案例 4：2015 年 9 月 14 日，首都机场海关查获进境旅客携带鳄鱼皮制品 11 件，包括鳄鱼皮钱包 4 件、鳄鱼皮包 2 件、鳄鱼皮腰带 5 条。2011 年 9 月 16 日，首都机场海关查获进境旅客携带未申报的穿山甲甲片 1 包，毛重 9.39 千克。同日，首都机场海关还查获进境旅客携带未申报的象牙制品 46 件，毛重 5.08 千克。海关按规定将上述物品扣留。

根据《濒危野生动植物种国际贸易公约》，以及我国的《中华人民共和国海关法》《中华人民共和国野生动植物保护法》等法律法规的规定，邮寄、携带、托运野生动植物及其制品出入国境的，必须持国家濒危办或其驻各地办事处出具的允许进出口证明书，向出入境海关申报。

据海关介绍，除象牙外，下列野生动物及制品也属于国家限制进境物品：河马牙、犀牛角、野生牛角、扭角羚羊角、海龟壳、珊瑚、贝壳的雕刻品及由其制成的项链、耳环、手镯等装饰品；虎、豹、熊等食肉动物毛皮或者制品；蟒蛇、眼镜蛇等蛇类和鳄鱼、巨蜥、穿山甲等爬行动物皮革及制成品以及野生动物的狩猎纪念物。

案例5：2015年6月11日，昆明机场海关破获一起外籍女子利用随身行李夹藏毒品走私出境案件，查获毒品冰毒3 484克。

海关运用风险分析手段，经监控锁定该名外籍女子有从事走私活动的重大嫌疑。6月11日，海关对该旅客的行李物品进行了布控查验，通过X光机检查，发现其托运的黑色双肩背包夹层有不明物体，海关关员遂进行了开包检查，发现用黑色塑料袋、锡箔纸等包装的毒品冰毒3 484克。这是2015年以来昆明机场海关在旅检渠道查获的第二起毒品走私出境案件。

案例6：2017年3月3日，一名外籍男子自非洲飞抵上海浦东国际机场入境，选择无申报通道通关。经海关现场检查，发现其托运行李过机图像存在明显异常，内有若干包可疑白色粉末。经鉴定，可疑粉末为毒品海洛因，净重979.07克。上海海关依法刑事拘留外籍男性犯罪嫌疑人一名。

据介绍，不同于近年来进境旅客中被查获的"地毯"藏毒、"鞋底"藏毒、"红酒"伪装藏毒等费尽心思的藏匿手法，此次毒品走私"回归"至行李夹藏，企图以此蒙混过关。上海海关借助监控视频对飞机停机位、边检通道、行李转盘进行实时监控，全程盯防，在不影响守法旅客正常通关的前提下，提前锁定嫌疑旅客，在嫌疑人携带行李通过海关无申报通道时，成功将其截获。

案例7：2017年12月20日荷兰史基浦机场海关发现有人偷带5只犀牛角及其相关的4件犀牛角制品，这些物品全部被荷兰食品监管局NVWA没收。

这些犀牛角及其制品放在一名从南非转机飞往上海的30多岁的中国男子行李中，行李在扫描的时候被发现。估计这批犀牛角及制品价值约50万欧元。

经营这类濒危动物制品国际上也有严格的规定，禁止私自交易，更加严格禁止猎杀这类动物，如大象和犀牛之类，获取象牙或者犀角。

第三节　出入境检验检疫

一、国家质检总局机构和职责

中华人民共和国国家质量监督检验检疫总局是中华人民共和国国务院主管全国质量、计量、出入境商品检验、出入境卫生检疫、出入境动植物检疫、进出口食品安全和认证认可、标准化等工作，并行使行政执法职能的正部级国务院直属机构。

国家出入境检验检疫局于1998年在国务院机构改革中组建。由原国家进出口商品检验局（简称商检）、原中华人民共和国卫生部卫生检疫局（简称卫检）、原中华人民共和国农业部动植物检疫局（简称动植检）三个机构组建而成。"国家出入境检验检疫局"后与"国家质量技术监督局"合并总称"国家质量监督检验检疫总局"，简称"质检总局"。2018年3月已并入海关。

国家出入境检验检疫局是主管出入境卫生检疫、动植物检疫和商品检验的行政执法机构。机场出入境检验检疫局主要职责任务如下。

（1）负责实施出入境卫生检疫查验和卫生监督，负责传染病、核生化有害因子及医学媒介等监测工作，负责口岸传染病的预防与控制工作，负责突发公共卫生事件的紧急处置工作，负责实施管辖范围内的国境口岸卫生行政许可及其监督管理工作。

（2）负责实施出入境动植物及其产品和其他检疫物的检验检疫和监督管理，负责实施动植物疫情的紧急预防措施，负责出口动植物及其产品和其他检疫物的生产、加工和存放等单位的注册登记和日常监督管理工作。

（3）负责实施进出口商品的法定检验和监督管理，负责实施出口商品注册登记的考核与监督检查，负责实施国家实行进口许可制度的民用商品的入境验证和出口、转口商品的出境验证，负责管辖范围内进出口企业的分类管理工作，负责办理进出口商品复验工作。

二、检验检疫的作用

随着改革开放的不断深入和对外贸易的不断发展，特别是中国加入世界贸易组织后，出入中国国境的人流、物流、货流其范围之广、规模之大、数量之多是前所未有的，中国出入境检验检疫作为"国门卫士"，将发挥其不可替代的、越来越重要的作用。检验检疫的主要目的是为了防止外来国家或地区传染病及有害动植物资源的传入、传出，以保护人体健康、保护本国和本地区动植物资源的安全。具体来讲，检验检疫的作用主要表现在以下三个方面。

（1）国境卫生检疫对防止检疫传染病的传播，保护人体健康是一个十分重要的屏障。近年来，各种检疫传染病和监测传染病仍在一些国家和地区发生和流行，还出现了一批新的传染病，特别是鼠疫、霍乱、黄热病、艾滋病等一些烈性传染病及其传播媒介。随着国际贸易、旅游和交通运输的发展，出入境人员迅速增加，随时都有传入的危险，给各国人民的身体健康造成威胁。因此，对出入境人员、交通工具、运输设备以及可能传播传染病的行李、货物、邮包等物品实施强制性检疫，对防止检疫传染病的传入或传出，保护人体健康具有重要作用。

（2）保证农业、林业、牧业、渔业的安全生产。有效地防止了动物传染病、寄生虫、植物危险性病害、虫害、杂草及其他有害生物等的传入、传出，保证了本国、本地区的农业、林业、牧业、渔业的安全生产。

（3）保证动植物及其产品国际贸易的顺利进行。动植物检验检疫不仅防止动植物疫病的传播，并且能够保护国际之间的正常贸易，阻止不合理贸易壁垒的产生，是国际贸易正常进行不可或缺的技术和法律保障。

三、出入境检验检疫入境健康检疫申报

中华人民共和国海关总署、中华人民共和国质量监督检验检疫总局2005年第28号公告中指出自2005年7月1日起，在航空口岸使用《中华人民共和国出入境检验检疫入境健康检疫申明卡》新版本，有关动物、动物产品、动物尸体、标本、植物、植物繁殖材料、植物产品、土壤、微生物、人体组织、生物制品、血液或血液制品的申报项目，调整到《中华人民共和国海关进/出境旅客行李物品申报单》（以下简称《申

报单》）中。凡携带有动植物及其产品、微生物、生物制品、人体组织、血液及其制品的入境旅客均应按照规定填写《申报单》。

2010 年第 42 号公告按照国务院应对甲型 H1N1 流感联防联控工作机制总体要求，结合近期境内外甲型 H1N1 流感疫情变化，在科学评估基础上，根据《中华人民共和国国境卫生检疫法》及其实施细则的有关规定，国家质检总局决定在全国口岸调整《出 / 入境健康申明卡》（见图 8–6）填写措施，自 2010 年 4 月 28 日起执行。

中华人民共和国出入境检验检疫

出/入境健康申明卡

根据有关法律法规规定，为了您和他人的健康，请如实逐项填报，如有隐瞒或虚假填报，将依据有关法律法规追究相关责任。

姓名________________　性别：□男　□女

出生日期____年____月　国籍（地区）和城市______

护照（入台证、台胞证、回乡证、通行证）号码________________

航班（船、车次）号________舱位（车厢）号________座位号____

1.　7 天内是否离开中国大陆？

□是，请填写在中国大陆期间的行程________________

预计离开日期____月____日，目的地________________

所乘交通工具的航班（船、车次）号________________

□否，请填写在 7 天内的行程________________

____

继续旅行乘坐的航班（船、车次）号__________日期______

2.　在中国大陆详细联系地址________________________

____

联系电话________________________________

3.　过去 7 天内您居住或到过的国家（地区）和城市：________

____

4.　过去 7 天内您是否与流感或有流感样症状的患者有过密切接触？　是□　否□

5.　您如有以下症状和疾病，请在“□”中划“√”

□发热　□咳嗽　□嗓子痛（喉咙痛）□肌肉痛和关节痛　□鼻塞

□头痛　□腹泻　□呕吐　□流鼻涕　□呼吸困难　□乏力

□其他症状________________________________

我已阅知本申明卡所列事项，并保证以上申报内容正确属实。

旅客签名：

日期：

体温（检疫人员填写）：________°C	
检疫人员签名：________________	

图 8–5　中华人民共和国出 / 入境检验检疫出 / 入境健康申明卡

公告内容如下。

（1）自 2010 年 4 月 28 日零时起，全国口岸入境人员，无下列症状或情况的，不再填写《入境健康申明卡》。

① 有发热、持续咳嗽，以及呕吐、腹泻、皮疹、呼吸困难、不明原因皮下出血等症状的。

② 已经诊断患有传染性疾病的。

③ 携带微生物、人体组织、生物制品、血液及其制品等的。

（2）出入境人员有上述症状或情况之一的，须主动口头向出入境检验检疫官员申报，并接受检验检疫。

（3）各口岸出入境检验检疫机构要加强出入境交通工具申报管理，对入境人员继续采取红外线体温检测、医学巡查、电子监管等无干扰检疫措施，对出入境人员携带物品继续进行 X 光机检查，防止传染病传入。

四、依法对进出境邮寄物实施检疫

（一）进出境邮寄检疫管理办法规定

国家质量监督检验检疫总局、国家邮政局关于印发《进出境邮寄检疫管理办法》的通知，国质检联 [2001] 第 34 号文件中第三条规定，本办法所称邮寄物是指通过邮政寄递的下列物品：1. 进境的动植物、动植物产品及其他检疫物；2. 进出境的微生物、人体组织、生物制品、血液及其制品等特殊物品；3. 来自疫区的、被检疫传染病污染的或者可能成为检疫传染病传播媒介的邮包；4. 进境邮寄物所使用或携带的植物性包装物、铺垫材料；5. 其他法律法规、国际条约规定需要实施检疫的进出境邮寄物。

第四条规定国家质量监督检验检疫总局（以下简称国家质检总局）统一管理全国进出境邮寄物的检疫工作，国家质检总局设在各地的出入境检验检疫机构（以下简称检验检疫机构）负责所辖地区进出境邮寄物的检疫和监管工作。

第六条规定依法应实施检疫的进出境邮寄物，未经检验检疫机构检疫，不得运递。

（二）国家禁止携带和邮寄进境物品

农业部、国家质量监督检验检疫总局 2012 年第 1712 号公告：为防止动植物疫病及有害生物传入，保护我国农林牧渔业生产和公共卫生安全，根据《中华人民共和国进出境动植物检疫法》《中华人民共和国动物防疫法》《中华人民共和国种子法》规定，农业部和国家质量监督检验检疫总局组织修订了《中华人民共和国禁止携带、邮寄的动植物及其产品名录》，现予以发布。

第四节　出入境边防检查

一、出入境边防检查总站机构和职责

中华人民共和国出入境边防检查总站，简称"边检总站"，组建于 1952 年，是国家设立在对外开放口岸的重要执法力量，由公安部垂直领导，担负着维护国家主权、安全和社会秩序，管理人员和交通运输工具出入境的重要职责。目前，我国共在对外开放口岸设立了 270 多个出入境边防检查站，涵盖空港、海（河）港和陆路三大类型口岸，其中出入境口岸机场有 63 个，公安部出入境管理局统一指导全国边防检查工作。

1998 年，北京、天津、上海、广州、深圳、珠海、厦门、海口、汕头 9 城市边

防检查机构根据《国务院关于北京等九城市边防检查职业化改革试点方案的批复精神》，由现役制改为职业制，着人民警察服装，其余边检站为现役制，着武警服装，两支队伍虽然着装不同，但所承担的职责、任务以及在口岸的执法权限和方式完全相同。2018年12月25日，根据《深化党和国家机构改革方案》，公安边防不再列入武警部队序列，全部退出现役。

边检总站为维护国家主权、安全和社会秩序，履行下列职责：一是对出境、入境的人员及其行李物品、交通运输工具及其载运的货物实施边防检查；二是按照国家有关规定对出境、入境的交通运输工具进行监护；三是对口岸的限定区域进行警戒，维护出境、入境秩序；四是执行主管机关赋予的和其他法律、行政法规规定的任务。

二、出入境的基础知识

（一）出入境的定义

出入境是指一国公民经本国政府主管机关批准和前往国家或地区以及途径国家或地区的许可，持规定有效的证件和签证，通过对外开放或指定的口岸从本国出境进入其他国家或地区，或者从其他国家或地区返回本国境内。

（二）护照

1. 护照的定义

护照是一个主权国家发给本国公民或居住在本国的外国籍及无国籍人士，供其出入国境和在国外旅行、居留时证明其国籍和身份的一种证件。公民出入境在国际上往来，必须持有本国政府颁发的护照。

2. 护照的种类

护照的种类大致有普通护照、公务护照、外交护照、侨民护照、团体护照、外籍护照、领事护照、特别护照、南森护照、联合国护照、红十字护照等。

3. 护照的有效期限

护照有一定的有效期限，各个国家所规定的有效期不同，规定1年、3年、5年、10年各自不等。有些国家在办理入境签证时，对护照有效期有具体要求，如美国、法国、日本、泰国等国家，除要求签证有效外，亦要求护照从入境日起有效期必须为半年及以上。

4. 双重国籍

持有两个或两个以上国家护照的旅客称为双重国籍人，该类旅客可持任一护照出国旅行，对签证的要求将视其所持的护照而定。中国大陆地区的中国人不享有双重国籍待遇。中国大陆地区的中国人遵守中华人民共和国的《国籍法》，即在出生国籍上采用血统主义和出生地主义相结合的原则，不承认中国公民具有双重国籍。《中华人民共和国国籍法》规定，凡定居外国的中国公民，自愿加入或取得外国国籍的，即自动丧失中国国籍。

（三）签证

1. 签证的定义

签证是一个主权国家的主管机关允许本国人和外国人出入或过境本国而颁发给他们的一项签注式的证明，签证是国家实施出入境管理的一种有效手续。

2. 签证的类别

（1）按照申请人的身份，主要有外交、公务、普通和礼遇签证。

（2）根据申请人的目的划分，一般有出境、入境、出入境或入出境及过境签证。

（3）从签证的使用效力看，分为一次有效、二次有效及多次有效签证。

（4）从居留的时间划分，有短期、长期及永久居留签证。

（5）从居留资格看，可区分为移民、观光旅游、留学、就业、投资、商务及偕行配偶签证。

（6）从签发机构角度看，有领事和口岸签证。

（7）除以上签证外，尚有团体签证、电子签证及互免签证。

3. 签证的有效期

有效期是签证中最重要的内容，由发签证的当天算起，一般为3个月，也有1个月或6个月，各自不同。

签证有效期是签证的一项十分重要的内容。世界上所有主权国家签发的签证基本上都标明有效期。也就是说，没有有效期的签证是不存在的。签证有效期，就是签证在某一段时间内有效，超过了这段时间，签证也就无效了。所以，对于申请某国（地区）签证的申请人来讲，必须在获得签证后，牢记住该签证的有效期，并在该有效期内抵达目的地。

签证有效期的表达方式有以下几种。

世界上各个国家表达签证有效期的方式各有不同。大多数国家的签证用"有效期至"方式表达。如"有效期至某年某月某日"，英文用"VALID UNTIL"或"VALIDITY"，或"US EBY"等；有的用"从……到……"或"自……起，到……止"，英文用"FROM...TO..." "……"内填写年、月、日；也有的国家用"在某个月内有效"，英文用"WITHIN...MONTH（S）" "……"内填写阿拉伯数字。一般国家的签证基本上是在3个月内的任何一天抵达都有效；有的是指必须在这3个月之内入境并出境。所以，申请人取得签证后，一定要向签发签证的官员询问清楚。

4. 签证的停留期

签证的停留期，是指准许签证获得者在前往国家（地区）停留的期限。其在签证页上的表达方式有：

（1）每次停留某天，英文为"DURATION OF EACH STAY...DAYS"或"DURATION OF STAY...DAYS"。

（2）停留期与有效期是一致的，英文为"FROM...TO..."。

（3）准许停留某天英文为"WITH A STAY OF ... DAYS，... 处填写阿拉伯数字。"

5. 签证的有效期和停留期的关系

签证的有效期和停留期是两个不同概念，但又相互联系。

（1）两者是相同的，即“从某年某月某日到某年某月某日”，英文为“FROM...TO...”。

（2）停留期的“每次停留某天”和“可以停留某天”，是指在签证有效期内抵达前往国家（地区）后，“每次停留某天”和“可以停留某天”。

（3）签证停留期包括在有效期之内，即签证获得者必须在签证有效期内停留 × 天。

6. 签证的有效次数

签证的有效次数是指在签证有效期或停留期允许的时间内，可以一次、二次或多次出入其国境。例如，一位签证获得者的签证有效期是 3 个月，允许停留期为 15 天，有效次数是二次，是指该人在 15 天停留期内可以有二次出入 × 该国国境的机会。

（四）外国人出入境登记卡

外国人出入中华人民共和国国境必须填写外国人出入境登记卡，如图 8–7 所示。为进一步提高边检服务水平，为广大出入境旅客提供方便、舒适、安全的通关服务，全国出入境边防检查机关从 2007 年 10 月起，针对包括内地居民、台湾居民及华侨在内的所有中国公民，实行免填出、入境登记卡的便民措施。

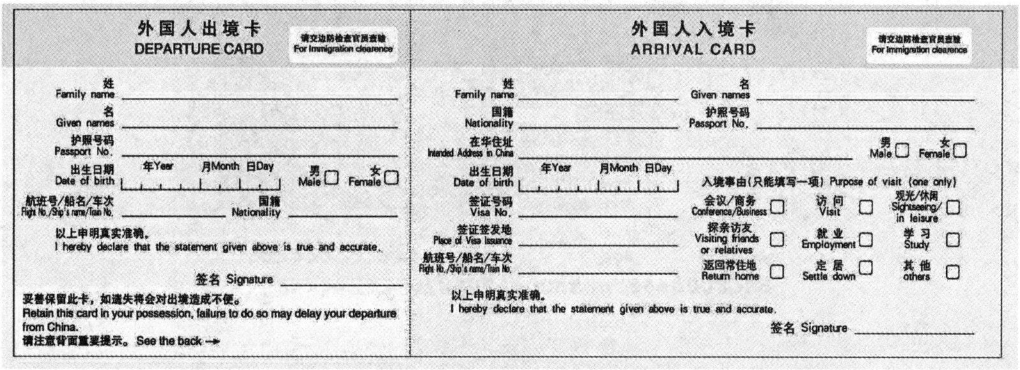
外国人出境卡
DEPARTURE CARD
请交边防检查官员查验
For Immigration clearence
姓 Family name
名 Given names
护照号码 Passport No.
出生日期 Date of birth　年Year　月Month　日Day
男 Male □　女 Female □
航班号/船名/车次 Flight No./Ship's name/Train No.
国籍 Nationality
以上申明真实准确。
I hereby declare that the statement given above is true and accurate.
签名 Signature
妥善保留此卡，如遗失将会对出境造成不便。
Retain this card in your possession, failure to do so may delay your departure from China.
请注意背面重要提示。See the back →

外国人入境卡
ARRIVAL CARD
请交边防检查官员查验
For Immigration clearence
姓 Family name
名 Given names
国籍 Nationality
护照号码 Passport No.
在华住址 Intended Address in China
男 Male □　女 Female □
出生日期 Date of birth　年Year　月Month　日Day
入境事由(只能填写一项) Purpose of visit (one only)
会议/商务 Conference/Business □
访问 Visit □
观光/休闲 Sightseeing/in leisure □
探亲访友 Visiting friends or relatives □
就业 Employment □
学习 Study □
返回常住地 Return home □
定居 Settle down □
其他 others □
签证号码 Visa No.
签证签发地 Place of Visa Issuance
航班号/船名/车次 Flight No./Ship's name/Train No.
以上申明真实准确。
I hereby declare that the statement given above is true and accurate.
签名 Signature

图 8–6　外国人出入境登记卡

外国人出入境登记卡为联体式，分入、出两联。边检民警为外国旅客办理入境边防检查手续后，撕下入境卡留存，将出境卡交还外国旅客保存，出境时使用。

为了使旅客能够了解在华注意事项，边检机关将在外国人出入境登记卡的背面，用英文标识“外国人入境中国后，需在 24 小时（农村 72 小时）内办理住宿登记，在宾馆饭店以外居住的需到居住地派出所办理临时住宿登记”“持有 Z、X、J–1 签证的外国人，必须自入境之日起 30 日内到居住地（市）级公安机关出入境管理部门办理外国人居留许可”“未经有关主管部门批准，不得擅自在中国就业”“外国人入境中国后，应当随身携带护照或居留证件以备查验”“如遇到危急情况，请拨打报警电话：110”等需要注意的重要事项。同时，为了便于非英语国家人员和外籍华人了解这些内容，边检机关还将根据口岸特点，印制相同内容的中、日、韩等语种的《重要提示宣传单》，放置于边检现场，供入境外国人阅取。

（五）申根签证

越来越多的中国公民跨出国门到国外旅游，其中办理申根签证到欧洲多国旅游是一件十分方便的举措。1985 年，德国、法国、荷兰、比利时、卢森堡五国在卢森堡边境小镇申根（SCHENGEN）签署协定：其成员国对短期逗留者颁发统一格式的签证，即申根签证，如图 8-8 所示。申请人一旦获得某个国家的签证，即可在签证有效期内在所有申根国家自由旅行。《申根协定》同时包括旅客必须落实沿途经停申根国家的饭店等若干原则规定。截至 2013 年底，申根的成员国增加到 26 个：奥地利、比利时、丹麦、芬兰、法国、德国、冰岛、意大利、希腊、卢森堡、荷兰、挪威、葡萄牙、西班牙、瑞典、匈牙利、捷克、斯洛伐克、斯洛文尼亚、波兰、爱沙尼亚、拉脱维亚、立陶宛、瑞士、列支敦士登和马耳他。另外，下列国家因为与申根邻国没有实际上的边境检查，也可以凭申根签证任意进入：安道尔、梵蒂冈、圣马力诺、摩纳哥。

图 8-7 申根签证图

1. 申根协定的内容

（1）申根协议国家应在人员流动方面，尤其是在签证方面采取统一的政策规定。

（2）申根协议国家决定颁发在申根区域内普遍有效的统一签证。

（3）允许一次或二次入境的短期旅行签证，其前提条件是逗留的天数总和在第一次入境后半年内不能超过 3 个月。

（4）在申根签证使用前，各个国家的国别签证应该得到承认。

（5）根据《申根协议》的规定，持有任何一个申根协议成员国有效居留许可证的旅行者，3 个月内无须签证可在申根区域内自由旅行。在申根区域外的旅行者，只要持有某申根国家有效的居留许可证和护照，无须办理签证即可前往该申根国家。超过 90 天的逗留，申请者应根据有关法律及其逗留目的申请国别签证。

（6）统一的申根签证应由协议国家的外交和领事部门颁发。

（7）原则上说，颁发某申根签证的国家应该是该签证持有者的主要目的地国家，如果有两个目的地国家所停留时间相差无几（精确到小时），则可以由首次入境的国家颁发申根签证；根据普遍的经验，申请停留时间最久的国家的签证这一点非常重要，否则很可能导致使领馆直接拒绝接受申请。

（8）旅行证件的有效期必须长于签证的有效期，该旅行证件必须保证申根国家以外的外国人能够顺利回到自己的国家或进入申根区域外的国家。

（9）每个国家都有权决定某人是否有权进入该国，或被拒绝入境，他国颁发的申根签证在另一申根国家使用时将得到限制，但该国必须将有关情况通报其他协议国家。

2. 申根签证的种类

申根签证分为入境签证和过境签证两类。

（1）入境签证有一次入境签证和多次入境签证两种。签证持有者分别可一次连续停留90天或每半年多次累计不超过3个月，如需长期停留，可向某一成员国申请只在该国使用的国别签证。

（2）过境签证是指过境前往协定国以外国家的签证。一般有一次签证、两次签证两种，特殊情况下可颁发多次过境签证。每次过境时间一般为3天，最长为5天。

3. 直接申根和间接申根

（1）直接申根。到这26个申根国的人员，凡是申请以短期停留为目的而得到的签证，都是多次出入申根国家的申根签证，3个月之内（不包括3个月）都算短期。一般从哪个国家入境或者在哪个国家停留时间最长，就向哪个国家的使馆申请申根签证。如果不是去一个国家，同时还要去多个申根国，那么就在申请申根签证的同时递给所要去的这些申根国的邀请信或住宿证明，使馆会根据你在这些国家一共所需停留的时间，给你相应的允许停留天数。你可以在签证有效期内（允许停留时间），在这26个国家中穿梭往返，一路绿灯。例如，虽然你在德国使馆申请并得到申根签证，但你第一个入境国不一定是德国，你可以选择这26个国家中任何一个国家入境和停留。

（2）间接申根。间接申根就是针对取得某个国家申请长期居住（3个月以上包括3个月）的有效的签证。申请到哪个国家的签证，就只能从颁发签证国入境，而到了那个国家后的一周左右时间内办理这个国家的长期居住手续，然后凭这个国家的长期居住卡即可在申根国自由出入，享受申根待遇。

4. 申根签证应注意的问题

申根国家和欧盟国家是两个完全不同的概念，虽然有不少国家同属这两个概念的范围，但是也有不少例外，例如，属于申根国家的挪威和冰岛不属于欧盟，属于欧盟的保加利亚和罗马尼亚不实施申根协定。

一次申根签证只要不出申根范围，凭一次有效的签证就可以在各个申根国家之间任意来往，签证也依然有效。如出了申根国家到了非申根国家，一次签证就失效了，不能再凭此签证重新进入申根国家。

申根签证上的 DURATION OF STAY 一栏中的天数，只是有效期内允许停留的总天数，而非每次入境后可以停留的天数，无论签证是一次还是多次有效。

例如，1月1日至3月31日有效的多次签证，DURATION OF STAY 如果注明30天，就意味着无论什么时候入境，无论入境1次、2次还是更多次，每次入境停留的天数相加后不能超过 30 天,绝不是每次入境后可以停留 30 天。另外,3 月 31 日有效期满,签证失效。这时,无论停留天数是否满 30 天,都必须及时离境,否则作为逾期停留,可能导致严重后果。

(六) 出入境规定中应把握的重点

每一个国家的出入境规定是不同的,而且经常在变,最好从各国驻华使馆中获取最新出入境信息,中国籍旅客对目的国的出入境规定应把握好以下几个重点。

（1）入境后护照的有效期。
（2）旅游旅客入境是否可享受免签证或落地签证。
（3）签证的有效期及停留期。
（4）转机是否需要过境签证。
（5）转机续程机票要求及转机停留时间。
（6）现金担保数额。

三、边防检查

口岸稳定是安全的基础。只有口岸稳定有序,才能更好地服务旅客。边防总站通过建立现场勤务处理中心,来提高勤务案件的处理速度;依托先进的科学技术,完善视频监控,消除监控盲区,采用红外线防漏验系统,防止旅客漏验事故的发生;加强证件鉴别能力建设,严厉打击采用伪假护照偷私渡活动;成立指挥中心应急处突分队,提高快速反应处置能力;慧眼巧识蛛丝马迹的破绽,细心甄别出证件的伪假。

(一) 旅客办理出入境边检手续的有关规定

出入境旅客必须向边防检查站交验本人的有效护照或者其他出境、入境证件,出境旅客需出示所乘航班登机牌,经边防检查站查验核准后,方可出境、入境。

外籍旅客需按规定填写外国人出入境登记卡。办理入境边检手续后,边防检查站收存入境卡,本人保留出境卡,待出境时使用。持团体签证来华的外籍旅客不需填写外国人出入境登记卡。

(二) 旅客携带枪支、弹药出入境的有关规定

旅客携带枪支、弹药出入境应提前向规定机关申请批准函件,并向边防检查站如实申报,办理相关检查手续。

(三) 中国公民出入境的有关规定

（1）内地居民出入境:内地居民出国,应持有有效护照和前往国签证(前往免办签证国家除外);内地居民往来港澳地区,应持有《往来港澳通行证》及有效签注;内地居民往来台湾地区,应持有《大陆居民往来台湾通行证》及有效签注;内地居民赴港澳台签注为旅游签注（"L"签注）的,应随旅游团团体出入境。

（2）港澳居民出入境:凭有效《港澳居民回乡证》或《港澳居民来往内地通行证》

办理边检手续。

（3）台湾居民出入境：凭有效《台湾居民来往大陆通行证》及有效签注或居留办理边检手续。

（四）外国旅客出入境的有关规定

外国旅客出入境，除免办签证者外，凭有效护照和中国签证（或永久居留、居留许可）办理边检手续。

旅客在华逾期停留或旅游团入境后因特殊原因需分团的，应到当地公安机关出入境管理部门办理相关手续后再出境。

旅客入境后在华丢失护照的，应向驻华使（领）馆申请护照并到当地公安机关出入境管理部门办理相关手续后再出境。

（五）人脸识别技术助机场边检快速通关

机场边检官员使用护照阅读机检查证件，采用专用高清人脸证件比对系统对提取身份证内的信息与现场拍摄到的护照持有者图像进行对比，快速地识别出证件与证件使用人是否相一致，识别率达到98%以上，比肉眼更快速、更准确。

位于边检口的摄像头在捕捉人脸图像后，系统会自动将旅客证件照片与之核对，识别旅客身份，其准确率远高于人眼识别，即使旅客换了发型、化了浓妆也没关系。人脸识别系统采集的人脸图像又可以作为非常重要的监控数据记录下来，存储在监控数据库中，作为事后检索的索引，或者与公安、安全部门的数据库接驳，进行取证、认定。

公安部自2016年8月起开设边检自助查验入境通道，凡持办证时已采集指纹信息的电子普通护照的中国公民和持办证时已采集指纹信息的电子《往来港澳通行证》和有效赴香港或澳门签注的内地居民，无须备案即可自助通关。旅客在第一道闸机处，读取了护照证件电子芯片内存储的照片、指纹，随后进入通道，在第二个闸机前扫描本人的面貌和指纹。比对完成后，第二道闸机打开，旅客就可以入境了。工作人员则在一旁提醒，如果需要在护照上加盖入境章，可直接向机场当日执勤队提出申请，执勤队核查出入境记录后当场予以补盖。

在机场、海关、口岸、边检等重要区域，对大规模人群进行准确的身份识别及信息鉴定，是保障社会公共安全的重要手段。在机场出入境安全监控系统中，人脸识别发挥着多重功效，一方面是对出入境人员的身份信息验证检测，另一方面是对机场人流量情况进行控制管理，当然最重要的是不给可疑人员出逃或入境的机会。

课后练习

一、简答题

1. 海关、检验检疫、边防检查、安全检查四大联检部门有何区别？
2. 正解描述国际旅客出发和到达的联检流程。
3. 我国海关书面申报制度和海关检查如何实施监管？

4. 我国出入境检验检疫的作用有哪些?
5. 简述签证的有效期和停留期的关系。
6. 申根签证在使用中应注意什么问题?
7. 人脸识别技术在管理中有哪些特点?

二、选择题

1. （　　）对国际运输货物实施检查。
   A. 海关检查　　　　　　B. 检验检疫
   C. 边防检查　　　　　　D. 安全检查
2. 居民旅客携带在境外获取的总值超过人民币5 000元的自用物品，对超出部分不能当场缴纳进境物品税款的（　　）。
   A. 暂不予放行　　　　　B. 不予放行
   C. 罚没　　　　　　　　D. 暂存
3. 下列野生动物及制品属于国家限制进境物品的有（　　）。
   A. 鳄鱼皮带　　　　　　B. 珊瑚的雕刻品
   C. 狐皮大衣　　　　　　D. 象牙筷子
4. （　　）对出口商品的法定检验和监督管理。
   A. 海关检查　　　　　　B. 检验检疫
   C. 边防检查　　　　　　D. 安全检查
5. 申根国家和欧盟国家是两个完全不同的概念,（　　）属于申根国家但不属欧盟。
   A. 挪威　　　　　　　　B. 冰岛
   C. 英国　　　　　　　　D. 爱尔兰

三、判断题

1. 每一位旅客在乘机前必须经过海关检查、检验检疫、边防检查、安全检查。（　　）
2. 航空口岸海关实行的是旅客书面申报制度，每一个入境旅客必须填写《中华人民共和国海关进境旅客行李物品申报单》。（　　）
3. 安全检查以非嵌入式查验方式进行，即将行李物品通过X光机的形式查验，必要时进行开箱查验。查验是按照一定比例实施进行。（　　）
4. 内地居民出国，应持有有效护照和前往国签证。（　　）
5. 签证有效期3个月，旅客即可在签证国停留3个月。（　　）

第九章　候机楼内旅客服务

学习目标

1. 候机服务原则和服务内容。
2. 登机口航班服务操作要求。
3. 进港服务原则和服务流程。
4. 中转和过站服务区别和服务要求。

在航站楼内，旅客经过安检，进入候机楼区，旅客候机楼内主要旅客服务包括旅客候机服务、中转和过站服务、登机服务和进港服务等，本章节对这些内容进行介绍。

第一节　候机服务

候机服务是指在旅客进入隔离区等待登机的阶段，航空公司根据旅客的需求，满足旅客个性化、偏好需求，提供的宽敞而舒适的多功能休息室服务及相关信息查询服务等。

一、候机服务的原则

候机服务的原则如下。

（1）旅客办理乘机手续后，指引其在指定的候机区等候登机。
（2）头等舱旅客、公务舱旅客和高端旅客安排在头等舱休息室或贵宾室候机。
（3）旅客候机时，应提供候机位置、航班号、航班动态显示等必要的信息和引导服务。
（4）旅客候机时，国际航班国内航段应与国际旅客分开候机。

图 9-1 所示为候机旅客图。

图 9-1 候机旅客图

二、登机前的准备工作

（一）登机物品准备

工作人员根据航班任务，了解航班信息（航班号、飞机号、目的地、预计起飞时间、依靠位置等），并根据航班预计过站旅客人数准备好过站登机牌，手工行李牌等登机服务用品。

（二）登机口柜台准备

工作人员根据各航空公司或各机场规定提前到达登机口。
（1）检查区域广播设备、内通设备等设施是否正常。
（2）核对航显信息，如航班号、目的地是否与预报相符。
（3）打开计算机，输入相关指令，将计算机切换至相应航班页面上。
（4）提供旅客问询服务。
（5）巡视大厅，观察旅客手提行李，及时处理超规行李，做好解释工作。
（6）巡视大厅，了解老、弱、病、残、孕及怀抱婴儿旅客的情况，准备安排其优先登机。
（7）掌握特殊服务旅客情况，适时通知其登机。
（8）设置登记口护栏隔离带，确保登机顺畅。
（9）核对飞机号与预报飞机号是否一致。

三、发布旅客登机通知

在航班开始登机前，通过以下方法通知旅客登机。
（1）通知机场广播室调整登机航显。
（2）通知机场广播室进行航班登机广播。
（3）使用登机口自带小广播组织旅客登机。

第二节 登机服务

一、旅客登机总则

旅客登机总则如下。
（1）在符合载重平衡的需要下，安排旅客登机。
（2）登机时应满足特殊旅客的需要。
（3）登机时，除机组成员和允许登机的工作人员外，禁止无关人员进入飞机客舱。

二、旅客登机次序

以下旅客将优先登机。
（1）担架旅客。
（2）遣返旅客、犯罪旅客、押运人员。
（3）病人、行动不便旅客和老年旅客。
（4）无成人陪伴儿童和携带婴儿旅客。
（5）头等舱、公务舱旅客，持金卡和银卡旅客（根据旅客意愿）。
（6）特殊团队旅客。
（7）过境、过站旅客。
（8）普通旅客。
（9）VIP旅客（根据旅客意愿）。

三、登机口工作人员的工作职责

（一）靠桥航班

原则上配备4名工作人员，完成以下工作。
（1）登机口验牌扫描。
（2）维护登机秩序。
（3）处理超规行李。
（4）根据需要检查旅客证件。
（5）登机路线沿途引导。
（6）机舱口撕登机牌副联。
（7）及时处理各项特殊情况。

（二）不靠桥航班

原则上至少配备4名工作人员，完成以下工作。
（1）登机口验牌扫描。
（2）维护登机秩序。

（3）处理超规行李。
（4）根据需要检查旅客证件。
（5）登机路线沿途引导。
（6）安排摆渡车并引导旅客上下摆渡车。
（7）机舱口撕登机牌副联。
（8）负责旅客机坪安全。
（9）及时处理各项特殊情况。
图9-2所示为登机口旅客图。

图9-2 登机口旅客图

四、工作人员的操作流程

工作人员的操作流程如下。
（1）服务人员按照公司规定时间到达登机口，做好登机准备。
（2）航班登机开始前，进行登机广播，设置航显，有条件的机场可进行区域小广播以通知旅客登机。
（3）召集、引导病残旅客、无成人陪伴儿童、携带婴儿旅客、VIP旅客（根据旅客意愿）、头等舱旅客、公务舱旅客根据旅客意愿先登机，再引导普通旅客登机。
（4）根据航线要求检查旅客证件，检查时顺着旅客队伍由前向后地进行检查。
（5）仔细查验登机牌，根据各机场要求检查边防章、安检章。
（6）登机口登机牌查验方式如下。
① 电脑扫描。在上客过程中，扫描登机牌验证无误后，撕下登机牌副联，将登机牌归还旅客。对于网上值机、手机值机的旅客，登机口操作包括以下内容。
● 通过扫描旅客的手机二维码确认旅客的值机信息。
● 查看网上值机、手机值机旅客是否持有登机凭证。
● 登机凭证的一部分作为登机凭证，剩余部分还给旅客保存。
② 手工撕牌。手工撕牌时查验航班号、日期，撕下登机牌副联，并在航班登机过程中对副联反复查验清点，保留备查。
（7）登机过程中，遇老、弱、病、残、孕及怀抱婴儿旅客，应主动上前搀扶或帮助提拿行李，并允许此类旅客优先登机或随时登机。
（8）登机过程中，登机口工作人员用不同语言（中/英文）等欢迎每位旅客，预祝旅途愉快。
（9）登机口工作人员随时掌握航班人数的变化信息。
（10）在登机途中，工作人员应走在旅客前面，与旅客距离不超过2米，并经常回头照顾旅客，主动扶老携幼。
（11）准确清点登机牌副联数，确保其与离港系统及机上旅客人数相符。
（12）查找尚未登机旅客的信息。
（13）广播寻找未登机旅客。

（14）对于未登机旅客应积极寻找，操作方法如下。
① 对照计算机系统（手工撕牌，采用排出登机牌的方式）找出旅客姓名。
② 立即广播通知。
③ 根据旅客相关信息，进行有针对性地查找。
④ 在客舱内核查旅客是否已登机。
（15）根据登机口关闭时间的要求，执行减客程序。
（16）舱门关闭和撤离的操作流程如下。
① 国际航班随机业务文件送至飞机上。
② 登机牌副联数与舱单人数相符合。
③ 与乘务长确认登机人数，交接相关服务单据。
④ 必须等待飞机移动后方可撤离登机口位。
⑤ 整理并回收登机口业务用品，将已整理好的登机牌副联留存备查。
⑥ 关闭登机口系统。
图 9-3 所示为登机口服务图。

图 9-3　登机口服务图

五、航班的操作要求

航班的操作要求如下。

（一）靠桥航班的操作要求

注意控制廊桥内旅客人数，适当控制登机速度，防止拥堵。

（二）远机位航班的操作要求

（1）航班登机前根据旅客人数联系摆渡车。
（2）航班上客时，工作人员应于摆渡车旁引导旅客，注意旅客上下车的安全。
（3）与摆渡车司机交接飞机号、班号、停靠位置等。
（4）工作人员接送航班时乘坐摆渡车的原则为：最后上车，最先下车。
（5）乘坐客梯车登机，应控制客梯车上的旅客人数，避免安全隐患。
（6）需要注意的安全事项如下。
① 摆渡车关门时注意旅客安全，防止旅客受伤、夹伤的情况发生。
② 旅客上机前，工作人员必须检查客梯车是否停稳。
③ 阻止旅客在机翼下穿行。
④ 防止旅客在机坪上随意走动。

六、减客程序

(一)减客的原则和责任范围

航空公司按以下操作对未按时登机的旅客执行减客程序(包括任何已登机旅客临时提出终止旅行或过站旅客任何时候提出终止旅行),保证航班准时起飞。

(1)航空公司严格执行"旅客和行李同机运输"的安全原则,任何被减旅客的随身携带物品、自理行李和托运行李必须同时卸下。

(2)航空公司不对非本公司原因造成的减客行为承担任何责任。

(3)已登机旅客或过站旅客自动终止旅行(临时弃乘)被视为放弃履行运输合同,航空公司不对其客票损失承担责任。

(二)减客的操作程序

减客的操作程序如下。

(1)查找旅客姓名和预拉行李。

(2)根据实际情况(包括旅客重要性、操作的可行性、飞机动态、地面装卸、机务、加油等情况),做出减客(含清舱和卸载行李)决定。

(3)实施减客、卸载行李、清舱等操作。

(4)根据实际登机人数修改已送上飞机的总申报单和旅客名单以及相关资料。

(5)如果需要,引导所有旅客离机,配合安检部门进行清舱。

(6)核准最后登机旅客人数和行李数。

七、特殊情况

(一)寻找未登机旅客的操作程序

寻找登机旅客的操作程序如下。

(1)对照计算机登机旅客座位表(手工撕登机牌副联,采用整理登机牌座位的方法)找出未登机旅客姓名。

(2)分析旅客未登机原因,在记录中检查是否有重要旅客或重复办理乘机手续的情况,并进入客舱内核查旅客是否已登机。

(3)广播通知未登机旅客登机,如图9-4所示。

(4)前往边防以及邻近区域寻找旅客。

(5)从PNR中提取旅客信息,通过旅客联系电话寻找旅客。

(6)在到达区域或行李提取处寻找过站旅客。

(7)相互核对,确认旅客未登机是否已被落下。

(8)询问其他航空公司,旅客是否已改乘。

图9-4 登机口广播图

（二）登机时发现旅客登机牌未盖边防章/安检章

登机时发现旅客登机牌未盖边防章安检章，操作如下。
（1）请旅客在登机口稍等，立即通知边防/安检人员到场处理。
（2）边防人员检查并盖章予以放行的，引导旅客登机。
（3）边防人员检查后确定不能放行的，立即将该情况及旅客的托运行李信息通知相关调度部门。

（三）计算机扫描人数与撕牌人数不相符

（1）核查该航班是否有 INF（婴儿）、先行登机的旅客。
（2）要求乘务员协助再次清点人数。
（3）查验登机牌副联并迅速排放座位，尽快找出原因。

八、登机口行李的操作要求

（一）登机口交运行李规范

登机口交运行李规范如下。
（1）在登机口区域放置告示牌，内容包括最大随身携带物品和自理行李放行标准（见表9-1）、登机口拦截警示标志，告示牌架底放置随身携带物品和自理行李尺寸测试框架和磅秤。

表9-1 允许带入客舱的手提行李标准（超大、超重手提行李范围）

行李信息	客舱类型	
舱位	头等舱	公务舱/经济舱
件数	2件	1件
重量	5千克/件	
尺寸	每件不超过 20cm × 40cm × 55cm	

（2）在登机过程中，测试旅客手提行李的尺寸和重量，对携带超重或超大尺寸行李的旅客进行拦截。
（3）对拦截的超重和超大尺寸行李，请旅客填写免责托运行李牌。
（4）在与旅客交代免责条款后，将免责托运行李牌拴挂在行李上。
（5）免责托运行李牌的收据交给旅客，作为旅客认领行李的凭据。
（6）将所有拦截的超重或超大尺寸行李归拢，填写行李运输交接单。
（7）航班起飞前将拦截行李情况（件数、堆放地点、航班号、航班起飞时间）通知地面调度部门。
（8）清点拦截行李的件数，签署行李运输交接单。
（9）将所有拦截行李直接搬运至飞机货物装卸处，装入行李箱内。
（10）因为时间、装载容量或其他原因，无法同机装载所有拦截行李，通知值机员处理。

（11）值机员将无法同机装载的拦截行李按非正常行李运输处理，同时注明按免责行李运输。

（二）经承运人同意可带入客舱的物品

下列物品经承运人同意可带入客舱。
（1）个人旅行用品。
（2）外交邮袋。
（3）经工作人员同意，并拴挂自理行李牌的行李。
（4）单独购票的占座行李（每张客票最重75千克）。
（5）随机押运的贵重物品、文件等（合理尺寸、重量）。
（6）旅途中使用的医疗设备（合理尺寸、重量）。
（7）允许带上飞机的导盲犬/助听犬等。

第三节 进港服务

进港操作需要获取进港旅客信息，根据订座及始发站业务电报，了解航班旅客信息。

一、进港服务的原则

进港服务的原则如下。
（1）航空公司要确保旅客安全下飞机。
（2）除机组成员和允许登机的工作人员外，航空公司禁止其他人员进入飞机客舱迎接旅客。

二、旅客下机的次序

旅客下机的先后次序如下。
（1）中转衔接时间紧张的旅客。
（2）VIP旅客，如图9-5所示。
（3）头等舱、公务舱、高端常旅客。
（4）普通旅客或无成人陪伴儿童。
（5）病人（含轮椅、担架旅客）、行动不便旅客和老年旅客。
（6）遣返旅客、罪犯旅客和押运人员。

图9-5 VIP旅客下机图

三、进港旅客服务的流程

（一）一般操作

（1）根据进港航班预报，了解航班动态信息，包括航班号、飞机号、航程、停靠机位、预计落地时间等。

（2）工作人员在航班预计落地时间前到达接送位置。

（3）国际航班需征得联检单位同意后方可下客。

（4）确保全部旅客下飞机后方可离开。

（5）国际航班需上机接申报单，并送至海关、卫生检疫、边防办公室；旅客名单根据各机场规定送至相应单位，做好交接工作（各航空公司操作不同）。

（二）靠桥航班的操作要求

（1）飞机落地后，工作人员进入廊桥，待廊桥靠稳后，向乘务员做手势发信号，要求打开舱门。

（2）引导旅客下飞机，如图9-6所示。

（三）远机位航班的操作要求

飞机落地，待确认客梯车停稳（飞机自备梯完全撤放完毕）后，工作人员方可上机进行相关交接事宜。

（1）待摆渡车到位后，向乘务员做手势发信号，要求下客。

（2）工作人员位于客梯下、机翼下等位置引导旅客乘摆渡车，阻止旅客在机翼下通过，如图9-7所示。

图9-6　廊桥旅客下机图

（3）工作人员在该车全部旅客全部上车并确保稳妥后，方可上车与司机做关于飞机号、航班号等信息的交接工作。

（4）最后一辆摆渡车发车前，工作人员必须与乘务员再次确认机上旅客已经全部下飞机。

（5）至到达大厅后，工作人员下车位于摆渡车车门旁引导旅客进入候机楼，待旅客全部下车后，方可离开。

（6）引导过程中，工作人员要注意自己的站立位置，以能够照看到所有旅客为佳，辅以清晰的引导手势及语音。

（7）安全事项如下。

①摆渡车关车门时注意旅客安全，防止旅客受伤、夹伤的情况发生。

②旅客下机前，工作人员必须检查客梯车是否停稳。

③阻止旅客在机翼下穿行。

④防止旅客在机坪上随意走动。

（四）特殊情况

（1）乘务员临时通知有特殊服务旅客时，做法如下。

①接机人员及时通知相关部门工作人员。

②在特殊服务人员尚未到位前，协助乘务员做好特殊旅客服务工作。

（2）国际到达旅客错走到国内到达处时，做法如下。

图 9-7　远机位旅客下机图

① 立即至国内到达处寻找旅客,查验旅客原始登机牌。
② 将该情况上报相关部门。
③ 与安检及联检部门联系。
④ 在安检及联检部门同意的情况下,将国际到达旅客引导至相应的到达口。
(3)国内到达旅客错走到国际到达处时,做法如下。
① 立即至国际到达处寻找旅客,查验旅客原始登机牌。
② 将该情况上报相关部门。
③ 与安检及联检部门联系。
④ 在安检及联检部门同意的情况下,将国内到达旅客引导至相应的到达口。

第四节　过站和中转服务

过站是指旅客使用同一航班号码的经停航班,在航班经停地点停留,继续旅行的旅客。旅客的行李不需要在中转地装卸。

中转是指旅客持联程客票在航班衔接机场的整个转机过程,包括旅客的中转及行李的中转。中转旅客使用的是不同的航班号码。

一、过站服务

(一)过站服务有关术语

分客:通过工作人员的语言表达或信息的方式,将到达旅客与过站旅客进行区分。

(二)过站旅客人数的查询

过站旅客人数的查询方法如下。
(1)通过电报系统接收旅客名单报(PTM)。
(2)通过 Eterm 系统,输入默认航班号后,输入相关指令。

（三）过站牌使用规范

过站牌使用规范如下。
（1）根据过站旅客人数准备相应数量的过站牌。
（2）相邻两个或两个以上的航班应使用不同颜色的过站牌，以便区分。
（3）过站登机牌的填写标准：内容完整、准确，字迹清晰。
图9-8所示为旅客过站引导图。

图 9-8　旅客过站引导图

（四）过站航班旅客分流引导

过站航班旅客分流引导方法如下。
（1）通常情况下，接机人员不得少于2人。
（2）飞机到达后，上机询问乘务员过站人数，以及不下飞机的过站旅客情况，同时要求乘务员广播旅客带下原始登机牌和机票，如与预报人数有出入，应及时向相关部门反馈。
（3）靠桥航班，在廊桥口进行分客，查验旅客原始登机牌及机票，发放过站牌，如图9-9所示将过站旅客引导至相应候机厅等待再次登机，将到达旅客引导至国内到达处。

图 9-9　旅客过站登机牌

（4）远机位航班，旅客分流引导如下。
①在飞机下进行分客，将过站旅客与到达旅客分别引导上不同的摆渡车。
②摆渡车发车前，接机人员需上车再次确认分客人数。
③将过站旅客载送至相应候机区域，并查验原始登机牌及机票，发放过站牌。
④将到达旅客载送至国内到达处。
⑤接机人员需将发放过站牌人数、未下飞机旅客情况告知相关部门调度。

二、中转服务

（一）中转旅客的分类

中转分类包括相同航空公司航班之间的转机（ONLINE）、不同航空公司之间的转机(INTERLINE)。

图9-10所示为旅客转机指引。

图9-10 旅客转机指引

中转形式现以东方航空上海站为例,分为六种形式,如表9-2所示。

表9-2 中转分类和内容

中 转 类 型	详 解
普通中转旅客	全航程由两个或两个以上航班构成,须在中转站办理值机手续的中转旅客
两场中转	旅客经上海,到达虹桥/浦东机场再转乘浦东/虹桥机场始发的航班
隔夜中转	持隔夜宾馆住宿券的旅客在同一机场或不同机场中转第二天航班
内部代号共享航班中转旅客	在现有的国际和国内航班上加挂另一航班号称为内部代号共享航班,该航班旅客中属中转旅客,在始发站以过境的形式办理值机操作,其托运的行李在目的地领取并过海关
联程值机、行李直挂	需在同一机场当天转机的旅客在始发站办理乘机手续时领取续程航班登机牌,其托运行李直挂至续程航班目的地
分段值机、行李直挂	需在同一机场当天转机的旅客在始发站仅办理第一航班乘机手续,后续航班的乘机手续在航班中转机场办理,但其托运行李直挂至续程航班目的地

(二)最短衔接时间

最短衔接时间(MCT)是指航空公司或机场当局根据机场中转功能的情况而制定的旅客办理航班中转手续所需的最短时间。最短衔接时间通过OAG发布。

以上海浦东机场东航航班中转最短衔接时间为例,如表9-3所示。

表9-3 浦东机场东方航空航班中转MCT

中 转 类 型	MCT
国内转国内	80分钟
国际转国内	90分钟
国内转国际	90分钟
国际转国际	100分钟
两场中转(浦东和虹桥中转)	240分钟

（三）中转操作流程

现以东航联程中转的中转操作流程为例进行说明。

1. 始发站操作流程

1）航班办理

（1）在办理航班乘机手续时，将中转旅客安排在前排座位或相对固定区域；对中转时间紧的旅客，座位尽量安排靠前或靠近机舱门。

（2）为中转旅客发放胸贴，并请旅客将胸贴粘贴在身体上的明显处。

（3）为中转旅客办理始发站、中转站的乘机手续，发放始发站、中转站的登机牌，撕取始发站至中转站的乘机联；"内部代号共享航班"中转旅客的联程乘机联统一由始发站收取，并上交会计部。

（4）为中转旅客办理始发站、中转站的乘机手续，发放始发站、中转站的登机牌，撕取始发站至中转站的乘机联；"联程值机、行李直挂"中转旅客须在离港系统中通过CPA指令，申请联程成功，并在旅客联程航班乘机联上加盖"USED"专用章，同时撕下联程乘机联，并订在已打印的"黄色中转专用登机牌"背面，交予旅客。

（5）须在托运行李上拴挂联程行李牌及中转标识，在离港系统中输入中转行李信息。

（6）办理乘机手续时向旅客做好关于登机牌及中转行李的讲解工作。

2）行李转载

中转行李装载须与其他普通行李分箱和分舱装载；如无法分箱和分舱装载，须按照普通行李、中转行李、头等/公务舱行李、VIP行李的顺序装载。

3）航班关闭

（1）航班起飞后，须立即将中转旅客人数、座位号、行李牌号码、行李装箱号等数据通过TIL、TCS、PTM、BTM等电报发往中转站。

（2）航班关闭后，须将准确的隔夜中转旅客情况以书面形式，通知所住酒店或中转站保障部门。

（3）对航程时间低于45分钟的航班，始发站应在航班到达中转站之前，以传真方式通知酒店或中转站保障部门。

2. 中转站操作流程

1）航班办理

（1）中转部门根据中转业务电报，掌握当日所有到达航班的预报转机旅客人数。

（2）若该航班起飞后30分钟仍未收到中转业务电报，则须即刻以电报、电话及传真等形式同始发站取得联系，索取相关信息。

（3）中转部门根据中转航班的到达时间，在指定区域或柜台查验中转旅客机票，收取已加盖"USED"专用章的"联程值机、行李直挂"中转旅客联程航班的乘机联。

图9-11所示为中转服务柜台。

2）航班登机

（1）为中转旅客提供问询和必要导乘服务。

（2）对 MCT 时间不足的中转旅客，安排人员进行引导，尽可能让旅客搭上所衔接航班，并将此类情况记录在案，定期汇总至收入管理部。

课后练习

一、简答题

1. 候机楼服务的基本原则有哪些？
2. 简述登机口服务的操作流程。
3. 简述进港旅客的服务流程。
4. 简述过站和中转的定义。
5. 中转旅客的分类有哪些？

二、排序题

图 9-11　中转服务柜台

1. 旅客登机次序为（　　　）。
    A. 遣返旅客、犯罪旅客，押运人员
    B. 无成人陪伴儿童和携带婴儿旅客
    C. 担架旅客
    D. VIP 旅客（根据旅客意愿）
    E. 头等舱、公务舱旅客，持金卡和银卡旅客（根据旅客意愿）
    F. 特殊团队旅客
    G. 过境、过站旅客
    H. 普通旅客
    I. 病人、行动不便旅客和老年旅客
2. 旅客下机的先后次序为（　　　）。
    A. VIP 旅客
    B. 病人（含轮椅、担架旅客）、行动不便旅客和老年旅客
    C. 遣返旅客、罪犯旅客和押运人员
    D. 中转衔接时间紧张的旅客
    E. 普通旅客或无成人陪伴儿童
    F. 头等舱、公务舱、高端常旅客

三、选择题

1. 头等舱旅客客舱行李的行李尺寸限制为（　　）。
   A. 40cm×60cm×100cm
   B. 20cm×40cm×55cm
   C. 20cm×40cm×60cm
   D. 30cm×40cm×55cm

2. 下列物品经承运人同意可带入客舱的是（　　）。
   A. 外交邮袋
   B. 经工作人员同意，并拴挂自理行李牌的行李
   C. 旅途中使用的医疗设备（合理尺寸、重量）
   D. 允许带上飞机的导盲犬/助听犬等

第十章 行李运输

 学习目标

1. 行李的定义和分类。
2. 逾重行李费和行李声明价值的核算。
3. 了解行李的收运、保管、退运和交付的基本流程。
4. 了解行李的禁运和限运。
5. 不正常行李的分类和操作流程。
6. 行李的赔偿的核算。

民用航空旅客运输包含旅客及行李的运输。行李运输作为航空运输的组成部分，是随着旅客运输的产生而产生的。行李运输在旅客运输中占据非常重要的地位，旅客旅行是否成功往往取决于旅客所携带的行李物品运输的完好性和准时性。这是因为行李不仅本身有价值，而且更重要的是，它体现旅客旅行的目的，关系到旅客旅行任务的完成和生活的需要。

本章节介绍了行李的分类和限制，同时介绍了逾重行李费和行李声明价值的核算。对旅客行李运输过程中的收运、保管、退运和交付的流程进行完整的介绍。在旅客行李运输过程中，对行李的禁运和限运进行了梳理，对当行李出现少收、多收、破损等行李不正常运输时的处理流程进行了介绍，对如果还需赔付，赔付的标准和核算进行了讲解。

第一节 行李运输的一般规定

一、行李的定义及分类

行李是旅客在旅行中为了穿着、使用、舒适或方便的需要而携带的物品和其他个人财物。承运人承运的行李，按照运输责任分为托运行李和非托运行李。

托运行李是指旅客交由承运人负责照管和运输并填开行李票的行李。承运人在收运行李时，必须记录行李的件数及重量，并发给旅客作为认领行李用的行李牌识别联。

非托运行李（随身携带行李）是指经承运人同意由旅客带入客舱自行负责照管的

行李，随身携带行李的体积应能置于旅客的前排座椅下或封闭式行李架内。

每个航空公司对托运行李和非托运行李都有自己对重量和体积的限制要求，如国际航空每件托运行李重量限制为 32 千克，表 10-1 所示是东方航空公司的行李规定和限制要求。

表 10-1　行李类别和限制要求

行李类别		每件行李重量上限	每件行李尺寸限制
托运行李		50kg 50 千克 / 件	A×B×C>5cm×15cm×20cm A×B×C≤40cm×60cm×100cm
非托运行李 （随身携带行李）	头等舱	2	A≤55cm（21.6 英寸） B≤40cm（15.8 英寸） C≤20cm（7.9 英寸）
	公务舱	1	
	经济舱	1	
		10kg 10 千克 / 件	

二、免费行李额

免费行李额是根据旅客所付票价、乘坐舱位等级和旅客的航线来决定的。每位旅客的免费行李额包括了托运行李和自理行李的总和。

搭乘同一航班前往同一目的地的两个或两个以上同行旅客，如在同一时间、同一地点办理行李的托运手续，其免费行李额可以按照各自的客票价等级标准合并计算。免费行李额的合并计算，也称为合并行李（Pooking of Baggage 缩写为 PL）。

如果旅客乘坐的国内航班是构成国际联程运输的国内航段，并且旅客国内航班与国际航班填开在一本客票上，每位旅客的免费行李额按适用的国际航线免费行李额计算。

图 10-1 所示为国际航空的国内托运行李的免费行李额的限制要求。

图 10-1 国际航空免费行李额

三、国内逾重行李处理

旅客的托运行李计重超出免费行李额的部分,称为逾重行李。旅客应对逾重行李支付逾重行李费。

(一)逾重行李费的收取

逾重行李费费率按逾重行李票填开之日所适用的成人经济舱直达公布票价的 1.5% 计算,即

逾重行李费 =(行李总重量 – 免费行李额)×(经济舱直达公布票价金额 ×1.5%)

※ 注:人民币费率以分为单位,逾重行李费以元为单位,元以下四舍五入。

(二)逾重行李操作流程

(1)值机柜台的工作人员确认旅客行李超重重量,填开《逾重行李缴费通知单》,请旅客前往售票柜台支付逾重行李费,如图 10-2 所示。

图 10-2 缴费通知单

(2)售票柜台工作人员计算逾重行李费,填开《逾重行李票》。
(3)旅客付费后回到值机柜台凭《逾重行李票》的运输联和旅客联办理行李的交

运手续。

（4）工作人员收取运输联并上交财务部门。

（三）国内逾重行李票填开

逾重行李票由以下四联组成。

（1）会计联：供财务结算时使用。

（2）出票人联：供出票人留存备查。

（3）运输联：为运输逾重行李以及承运人结算时使用。

（4）旅客联：为旅客托运逾重行李和报销时使用。

逾重行李在填开完毕交给旅客前应先撕下会计联和出票人联，旅客持逾重行李票办理托运手续时，工作人员撕下运输联作为运输凭证，并上交财务部门。

图 10-3 所示为国内逾重行李票。

××航空公司逾重行李票 EXCESS BAGGAGE TICKET							NO:0885945	
旅客姓名： NAME OF PASSENGER				客票号码： TICKET NO.				
航 段 SECTOR	承运人 CARRIER	航班号 FLIGHT	重量 WEIGHT	费率/千克 RATE/kg	运费金额 CHARGE	声明价值附加费 DECLARED VALUE	合计收费 TOTAL	
自 至 FROM TO								
日 期 DATE		经手人 ISSUED BY		盖 章 SIGNATURE				

图 10-3　国内逾重行李票

【案例分析】

旅客李明携带一个旅行箱、一箱海鲜和一个手提包。乘坐××××年3月20日海南航空 HU7105 航班从 HAK 前往 PEK，购买 Y 舱全价 CNY2 250.00。

旅行箱重 18kg，体积 20cm×40cm×55cm。

海鲜箱重 20kg，体积 40cm×30cm×30cm。

手提包重 3kg，体积 40cm×30cm×20cm。

请为其办理行李的托运手续。

第一步：询问旅客是否有托运行李，并从安全角度向旅客确认未携带违禁物品。

根据携带物品的性质，海鲜属于鲜活易腐物品，应该托运，并告知旅客海鲜需要作为免责行李托运。旅行箱重 18kg 应该托运。手提包的重量及体积均在限制范围内，可以作为随身携带物品带入客舱。

第二步：托运行李应一件件分别过磅，并检查其包装是否符合规定。

第三步：根据旅客乘坐舱位，判断其免费行李额。该旅客乘坐Y舱，免费20kg。根据过磅结果，该旅客托运两件总重38kg。告知旅客行李超重，并告知逾重行李费费率。

$$逾重行李费费率 = 2\,250.00 \times 1.5\% = 33.75\,元/千克$$

第四步：确定行李的逾重重量，填写逾重行李缴费通知单，如图10-4所示，请旅客去指定柜台付费。

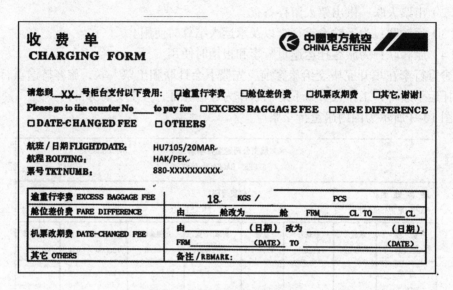

图 10-4　逾重行李缴费通知单

第五步：售票柜台工作人员根据逾重行李缴费通知单为旅客填开逾重行李票，并收取行李费，如图10-5所示。

第六步：值机柜台工作人员确认旅客付费后，由于海鲜属于鲜活易腐品，需填制免责行李牌，完成后要求旅客签字，如图10-6所示。

××航空公司逾重行李票　　　　NO:0885945　EXCESS BAGGAGE TICKET							
旅客姓名 NAME OF PASSENGER	李明				客票号码：880-××××××××× TICKET NO.		
航　段 SECTOR	承运人 CARRIER	航班号 FLIGHT	重量 WEIGHT	费率/千克 RATE/kg	运费金额 CHARGE	声明价值附加费 DECLARED VALUE	合计收费 TOTAL
自至 FROM TO 海口—北京	HU	7105	18kg	33.75	608.00	—	608.00
日期 DATE	20MAR		经手人 ISSUED BY	×××	盖章 SIGNATURE		

图 10-5　逾重行李票

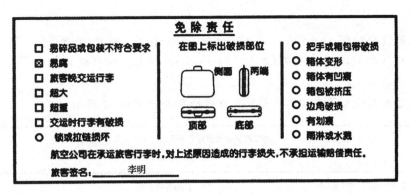

图 10-6　免除责任行李牌

第七步：贴挂行李牌。

四、行李的声明价值

根据航空运输规定，旅客托运的行李在运输过程中发生损坏、灭失时，承运人最高赔偿限额为：国内运输每千克 100 元，国际运输每千克 17 计算单位，约合 20 美元。当旅客的托运行李的实际价值超过承运人的最高赔偿限额时，旅客有权要求更高的赔偿金额，但必须在托运行李时办理行李声明价值，并支付声明价值附加费。办理过声明价值的行李，如在运输途中由于承运人原因造成损失，承运人应按照旅客的声明价值赔偿。

（1）每一位旅客的行李声明价值不得超过行李本身实际价值，最高限额为人民币 8 000 元，国际航线为 5 000 美元。旅客在办理行李声明价值手续时应出示证明行李声明价值的文件和证据。如承运人对声明价值有异议而旅客又拒绝接受检查时，承运人有权拒绝收运。

（2）占座行李、自理行李、随身携带物品、小动物等承运人免责的行李不办理声明价值。

（3）办理声明价值的行李重量不计入免费行李额，应作为逾重行李另外收费。

（4）除与另一承运人有特别协议外，一般只能在同一承运人的航班上办理行李声明价值。

（5）承运人应按照旅客声明价值中超过最高赔偿限额部分价值的 5‰ 收取声明价值附加费，以元为单位，不足元者进整为元。

声明价值附加费 =（行李的声明总价值 – 每千克普通行李最高赔偿费 × 办理声明价值行李总量）× 5‰。

（6）办理声明价值的行李必须与旅客同机运出，值机人员应通知行李装卸部门将声明价值行李单独装箱；同时将声明价值行李的重量、件数、行李牌号码、装舱位置等以电报的形式通知相关航站。

【案例分析】

旅客何志华乘坐 MF8512 航班自上海至厦门，携带 1 件 6 千克的行李，申请办理声明价值 4 500 元。已知该航班经济舱价格为 960 元，则该旅客需支付多少费用？

解答：

声明价值附加费=（4 500-100×6）×5‰=19.50元，应收20元。

逾重行李费=960×1.5%=14.4元，14.4×6=86.40元，应征收86元。

共计收费106元。

售票柜台工作人员为何志华开具的逾重行李票如图10-7所示。

\×\×航空公司逾重行李票 NO:0885945 EXCESS BAGGAGE TICKET							
旅客姓名 NAME OF PASSENGER	何志华			客票号码 TICKET NO.			
航段 SECTOR	承运人 CARRIER	航班号 FLIGHT	重量 WEIGHT	费率/千克 RATE/kg	运费金额 CHARGE	声明价值附加费 DECLARED VALUE	合计收费 TOTAL
自至 FROM TO 上海—厦门	MF	8512	6kg	14.40	86.00	20.00	106.00
日期 DATE	经手人 ISSUED BY		盖章 SIGNATURE			

图10-7 逾重行李票（何志华）

第二节 行李的收运、运送、保管、退运和交付

一、行李的收运

（一）行李的包装要求

行李的包装在保证行李运输质量和飞行安全中起到非常重要的作用，因此承运人对旅客的行李包装要求制定了具体的规定。在收运行李时，应严格检查行李的包装，对不符合包装要求的行李，应要求旅客改善包装，否则可以拒绝收运或不承担损坏的赔偿责任。

1. 托运行李的包装要求

托运行李要用行李箱或其他合适的容器包装，锁扣完好，捆扎牢固，能承受一定压力，以保证在正常的操作条件下安全运输，同时应符合下列条件。

（1）旅行箱、旅行袋、手提包等必须加锁。

（2）两件以上的包件不能捆为一件。

（3）行李上不能附插其他物品。

（4）竹篮、网兜、草绳、草袋等不能作为行李的外包装物。

（5）行李上应拴挂姓名牌，写明旅客的姓名、详细地址、联系电话。

2. 非托运行李（随身携带物品）的包装要求

由旅客带进客舱的随身携带物品，虽然由旅客自行照管，但承运人对其包装仍有具体要求，应符合下列条件。

（1）竹篮、网兜、草绳、草袋等不能作为行李的外包装物。

（2）外包装整洁，不容易渗漏，没有污染。

（3）运动器材、乐器等要求有外包装。

（4）外交信袋、银行特别用箱等必须加有封条。

（二）行李的收运流程

行李的收运工作是整个行李运输工作流程的第一道工序，是行李运输中最重要的工作环节。行李收运工作的好坏直接影响到整个行李工作的正常开展和运输质量。

（1）值机员首先应询问旅客是否有托运行李。

使用礼貌用语询问，对于需帮助的旅客，帮其将行李搬放到传送带上。

（2）确认旅客的托运行李符合运输标准，如有需要作为免责行李运输。

行李的收运要求如下。

① 检查行李包装是否完好。

② 撕去行李上拴挂的旧行李牌。

③ 检查行李的包装、尺寸、重量是否符合规定。

④ 询问行李内是否有违禁物品。

（3）如旅客的行李超过免费行李额规定的标准，则开具逾重行李付费通知单，请其付费后再继续办理行李的托运手续。

（4）在离港系统中确认旅客姓名，输入托运行李件数、重量。

（5）打印登机牌和行李牌，核对行李牌上的件数和目的地是否与电脑信息一致。

（6）拴挂行李标牌。

将行李牌拴挂于行李把手上，无把手的粘贴于行李适于粘贴的最大一面上，并将行李提取联粘贴于旅客所使用的机票背面，若无机票，则贴于登机牌反面，并露出一部分，以便旅客核对。

（7）如有打印后废弃不用的行李牌，必须在行李牌上注明"VOID"或"作废"的字样。

（8）手动或踩踏启动安检机开关，将行李送入X光机，当安检灯亮起时，要求旅客根据安检要求开包或前往行李开包检查室。

（三）行李标牌

1. 行李牌

行李牌是承运人运输行李的凭证，也是旅客领取行李的凭证，如图10-8、图10-9所示。

图 10-8 行李牌

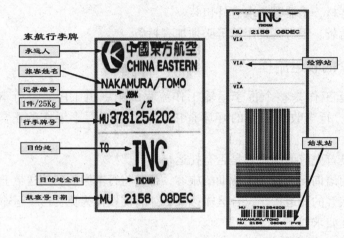

图 10-9 行李牌识读

2. 优先行李牌

头等舱、公务舱的旅客行李作为优先行李还应使用专用行李牌，如图 10-10~图 10-12 所示。

图 10-10 头等舱优先行李牌

图 10-11 公务舱优先行李牌

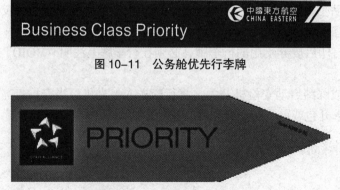

图 10-12 星空联盟优先行李牌

3. 超重行李标贴

单件超重的行李须贴超重标贴，装卸时需使用专用设备，如图10-13所示。

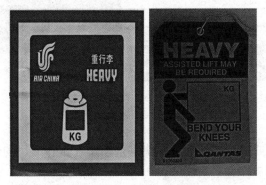

图10-13　超重行李标贴

4. 易碎物品标贴

旅客的行李中有易碎物品时可自行粘贴此标牌，提醒工作人员小心轻放，如图10-14所示。

图10-14　易碎物品标贴

5. 旅客名牌

为了防止行李牌脱落造成行李丢失，方便旅客查找行李，旅客在托运行李前可以自行填妥旅客名牌上的姓名、地址、电话号码，拴挂在每一件托运行李上，如图10-15、图10-16所示。

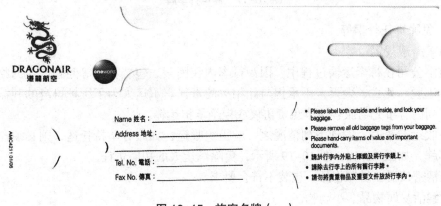

图10-15　旅客名牌（一）

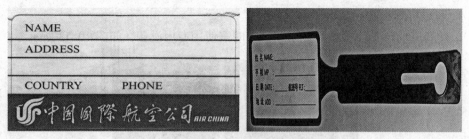

图 10-16　旅客名牌（二）

6. 速运行李牌

当行李发生迟运或错运时，为了尽快将行李运往旅客的目的地，承运人应使用速运行李牌，如图 10-17 所示。

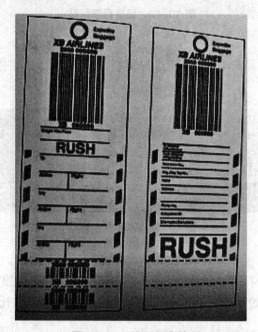

图 10-17　速运行李牌

7. 免除责任行李牌

（1）一般规定

航空公司在行李运输过程中，因为行李内在因素、包装材料等问题产生的物品的损坏、逃脱、死亡、毁灭，不承担与此相关的责任。承运人为了维护自身的利益，可以就下列内容事先与旅客达成免责协议或拒绝承担运输。

在收运行李时，发现下列情况之一应拒绝收运，如旅客坚持托运，则必须拴挂免责行李牌，如图 10-18、图 10-19 所示，免除承运人的相应责任。

- 精密仪器、易碎物品、包装不符合要求。
- 鲜活易腐物品、小动物。
- 旅客晚（迟）交运的行李。

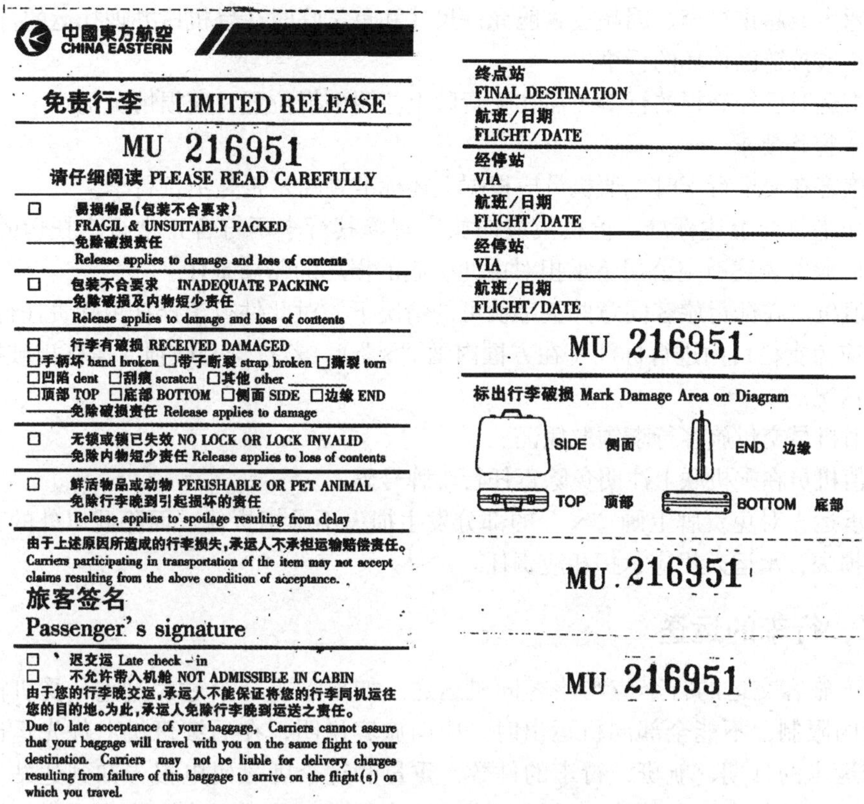

第十章 行李运输

图 10-18 粘贴式免除责任行李牌（一）

图 10-19 粘贴式免除责任行李牌（二）

- 超大或超重行李、因超过客舱允许尺寸和重量临时在登机口办理托运的行李。
- 锁或拉链已损坏的行李。
- 交运时已经破损的行李（需在免责牌上注明破损位置及破损情况）。

（2）操作要求

- 旅客在交运行李时，值机员应根据上述标准判断是否是免责行李。
- 如果符合上述标准，值机员应向旅客解释其行李不符合正常行李托运的规定，并当面向旅客表述航空公司不承担对由此引起的损坏的赔偿责任。
- 值机员在征得旅客同意并签字认可的情况下，对此件行李拴挂免除责任行李牌，并在相应免责栏目内进行标注（在方框内画"×"），若行李有破损，需标出破损位置及破损情况。
- 值机员交付旅客行李领取凭证。
- 值机员在乘机联上注明免除责任行李牌号码。
- 承运人对免责牌上画"×"的部分发生损失不承担责任，而除此以外的其他项目发生损失，承运人仍应承担相应责任。

二、行李的运送

（1）旅客交运的行李应与旅客同机运送。如果逾重行李过大过重，受班机载量或舱位的限制，不能全部同机运出时，应向旅客说明，在后续班机上优先运出，并将行李运出的日期、航班，行李的件数、重量和行李牌号码电报告知到达站，对于未同机运出的行李，必须建立登记制度，注意保管，及时运出，防止丢失、损坏或漏装。

（2）行李在运送过程中，要轻拿轻放，交接正确，加强核对，防止错装、错卸。

三、行李的保管和装卸

（一）基本要求

行李的保管和装卸是客运工作的一个重要组成部分，是提高客运服务质量、保证行李安全运输的重要环节。各地运输部门的各级领导必须重视这项工作，加强领导，严格要求，消灭事故，减少差错，提高工效，保证质量。

（1）根据行李包装的特点，在装卸搬运时更应轻拿轻放，严禁抛掷、甩扔，不得强塞、硬挤和挫压，要堆码整齐，做到大不压小、重不压轻、硬不压软。

（2）加强工作责任心，做到分拣准确、装卸及时、不错装漏装、不错卸漏卸、不损坏丢失。

（3）在任何情况下，保管、装卸人员不得私自开启行李，更不得监守自盗；拣到小件物品必须立即送交值班领导。

（4）坚持工作奖惩制度，对突出的好坏事例，应随时上报。

（5）装卸机械、工具和车辆要定期保养维护，要保证随时处于完好可用的状态。

（二）行李的保管

（1）行李保管人员、装卸人员在收运行李后，如数量不符或行李损坏，要查清并做好记录，发现无行李牌的行李，客运工作人员要会同行李保管员查清后才能运出，并记录清楚。

（2）由于航班取消，当日不能装机发运的行李，必须注意保管，防止丢失和损坏，如果装机后航班取消，一般应将行李卸下后妥善保管。

（3）凡货运工作与行李保管装卸工作分开的航站，对行李保管要建立一套完整的工作制度，要有行李保管员和仓库，不得将行李随意放在候机室、办公室等没有保管条件的地方。

（4）在行李保管期间需要检查行李的内容时，应请示值班领导，会同公安部门进行检查。

（5）行李收运后，如发现有松散、捆绑不牢等情况，应及时整修，必要时可找旅客共同整修。

（三）行李的装卸

（1）大型飞机应按值机配载指定的舱位装机，装卸人员不得随意变更舱位。装机时如与货物同装一个货舱，应先装货物，后装行李，卸机时应先卸行李，后卸货物。

（2）装卸行李必须根据有关业务单据（如装机单、卸机单等）进行作业，认真检查核对，装卸作业的班长、组长在清点核对后，应在单据上签字。如实际装机数与装机单上的数量不符，应立即与有关人员联系，卸机时如数量与卸机单不符或发现破损时，应及时做出事故签证。对经停本站的班机，要防止错卸、漏卸和漏装。

（3）装卸飞机要准确、迅速，不能因装卸飞机而影响飞行正常。出发班机必须在航班规定离站时间前完成装机作业，要挂好网、关好舱门。在班机的到达站，装卸人员应按时到达岗位，以保证行李能按时交付给旅客。

（4）雨天作业时，要使用有篷车辆或用苫布将行李盖好，防止行李被雨水淋湿，夜间作业，要有照明设备。

（5）装卸行李的车辆要注意行驶安全，场内行驶不得开快车，装卸行李的车辆要与飞机保持一定的距离，使用长车时必须使用轮挡，以免碰撞飞机。

（四）行李免费保管期限与保管费

（1）一般情况下，与旅客同机到达的行李，旅客应在当日提取。如旅客当日未提取，自行李到达的次日起核收行李保管费。

（2）未能与旅客同机到达的行李，自承运人发出到达通知的次日起，免费保管3天，逾期核收行李保管费。

（3）由于承运人的原因造成行李延误到达，在行李到达后，承运人及其代理人应免费保管。

（4）行李自到达的次日起，超过90天仍无人领取，承运人可以做出以下处理。

① 做好行李内容的清点工作。
② 填写"无人领取行李/物品登记表",上报有关部门。
③ 会同海关分别按无价移交物品和有价移交物品处理给有关部门。

四、行李的退运

旅客的托运行李由承运人收运后,由于某种原因要求退运,可按照以下规定办理。

(1)旅客在始发站要求退运行李,必须在行李装机前提出。如旅客退票,已收运的行李也必须同时退运。

(2)旅客在经停地退运行李,除时间不允许外,可予以办理,但未使用航段的已收逾重行李费不退。

(3)办理声明价值的行李退运时,在始发地退还已交付的声明价值附加费,在经停地不退已交付的声明价值附加费。

(4)由于承运人原因,安排旅客改乘其他航班时,行李运输应随旅客做相应的变更,已收逾重行李费由承运人多退少补;已交付的行李声明价值附加费不退。

五、行李的交付

行李在到达目的地机场后,旅客应凭行李牌领取自己的行李。在领取时必须注意下面几点。

(1)正确核对,防止错拿。交付行李时,要核对行李牌识别联与行李上拴挂的行李牌号码是否一致。

(2)凭行李牌的识别联交付行李,完成行李交付时,收回行李牌识别联。

(3)旅客行李延误到达,立即通知旅客领取,也可直接送达旅客。

(4)交付行李时,应请旅客查看行李是否完好无损;如发现有缺损,应立即会同旅客检查,并填写行李运输事故记录,索赔时凭事故记录予以处理,如没有提出异议,即视为托运行李已完好交付。

(5)如旅客遗失行李牌的识别联,应立即挂失。旅客要提取行李,应提供足够的证明,经认可,并在领取行李时出具收据后,将行李交付旅客。如在旅客挂失前已被冒领,承运人不承担责任。

第三节 特殊行李运输

旅客携带的行李物品如果超出行李的定义范围,在一般情况下,承运人可以拒绝运输。但是,一些特殊行李物品经承运人同意,并按承运人要求,采取了适当措施或受一定条件限制后,可以作为行李运输,这些行李物品称之为特殊行李。

承运特殊行李必须符合国家的法律、法规和承运人的运输规定。在确保飞行安全、人身安全和地面安全的前提下方可承运。

一、不得作为行李运输的物品

不得作为行李运输的物品如表 10-2 所示。

表 10-2　不得作为行李运输的物品

拒绝接收运输的物品
1. 危险品，除了符合《中国民用航空危险品运输管理规定》和承运人规定允许旅客随身携带或作为托运行李运输的危险品外，不允许旅客随身携带和作为托运行李运输的危险品，包括：爆炸品；气体；易燃液体；易燃固体、自燃物质和遇水释放易燃气体的物质；氧化剂和有机过氧化物；毒性物质和感染性物质；放射性物质；腐蚀性物质；杂项危险物质和物品，包括环境危害物质
2. 枪支、弹药、军用、警用械具（含主要零部件）及上述物品的仿真品，符合规定的除外，具体细则以承运人运输规定为准
3. 管制刀具
4. 行李因包装、形状、重量、尺寸或体积不符合行李承运条件，或因其性质或包装不适宜航空运输（如带有报警装置的箱包），可能在航空运输过程中易损、易坏的物品（事先申请并经同意的除外）
5. 有关国家的法律、法规或命令所禁止出境、入境或者过境的物品
6. 在飞行中对驾驶仪器有影响的电子产品或通信器材
7. 活体动物、野生动物、具有形体怪异或具有易于伤人等特征的动物（如蛇等），符合运输规定的小动物和服务犬除外
8. 带有明显异味的鲜活易腐物品，具有麻醉、令人不快或其他类似性质的物质
9. 容易污损飞机的物品
10. 超过 160 瓦时（Wh）的锂离子电池或电池组
11. 其他能够造成人身伤害或者对航空安全和运输秩序构成较大危害的物品
12. 国家法律、行政法规、规章规定的其他禁止运输的物品

二、限制运输的物品

限制运输的物品如表 10-3 所示。

表 10-3　限制运输的物品

限制运输物品		
只能作为托运行李的物品，不得带入客舱	可以作为非托运行李的物品	不得作为托运行李，只能作为非托运行李的物品
1. 管制刀具以外的利器、钝器，例如：菜刀、餐刀、水果刀、工艺品刀、手术刀、剪刀以及钢锉、铁锥、斧子、短棍、锤子等，应放入托运行李内运输	1. 个人生活或娱乐、人体辅助功能用小电器、电子设备	1. 货币；流通票证、有价证券、汇票
2. 声明价值行李、免除责任运输行李、大件行李、低密度（轻泡）行李	2. 外交信	2. 易碎或易损物品；易腐物品

续表

限制运输物品		
3. 符合规定的小动物（服务犬除外）	3. 服务犬，包括导盲犬、导听犬、辅助犬	3. 珠宝；贵重金属及其制品、金银制品；古玩字画；绝版视频、绝版印刷品或手稿；样品或其他贵重物品
4. 体育运动用枪支弹药或政府公务人员执行公务需要携带的武器	4. 占座行李	4. 重要文件和资料、外交信袋；旅行证件
5. 自行车、高尔夫球用具、滑雪或滑水用具、保龄球用具、渔具、冲浪板或风帆冲浪船、皮划艇、滑翔伞、撑杆；	5. 全折叠轻便婴儿车（婴儿旅客携带）	5. 电脑及配件、个人通信设备及配件、个人电子数码设备及配件
6. 除管制物品外的利器、钝器等	6. 残疾旅客辅助设备（电池驱动的除外）	6. 其他需要专人照管的物品以及个人需要定时服用的处方药
7. 国家法律、行政法规、规章规定的其他限制运输的物品等	7. 旅途所需的药品	7. 超过100瓦时（Wh）但小于160瓦时（Wh）的锂离子电池或电池组
	8. 防腐用干冰等	

三、限制运输的行李

限制运输的行李如表10-4所示。

表10-4　限制运输的行李

限制运输行李
1. 精密仪器、电器类等物品，应作为货物托运，如按托运行李运输，必须有妥善包装，并且此类物品的重量不得计算在免费行李额内
2. 体育运动用器械，包括体育运动用枪支和弹药
3. 干冰，含有酒精的饮料，旅客旅行途中所需要的烟具、药品或化妆品等
4. 外交信袋，机要文件
5. 管制刀具以外的利器、钝器，例如菜刀、餐刀、水果刀、工艺品刀、手术刀、剪刀以及钢锉、铁锥、斧子、短棍、锤子等，应放入托运行李内运输
6. 符合规定的小动物、服务犬，不包含攻击性犬种及短鼻猫、犬类小动物等
7. 旅客旅行途中使用的折叠轮椅或电动轮椅
8. 旅客随身携带的液态物品
9. 不适宜在航空器货舱内运输，如精致的乐器，并且不符合相关规定（重量、体积限制）的物品，应作为占座行李带入客舱。此类物品需单独付费并由旅客自行保管

本部分具体细则请详见《民航旅客禁止随身携带和托运物品目录》和《民航旅客限制随身携带或托运物品目录》。

第四节 行李查询

一、行李查询的工作内容

行李查询是指各航空公司对于托运行李的破损、丢失以及内装物品丢失负责赔偿，查找和办理相关手续的部门。

行李查询人员负责到达航班托运行李核对发放工作，负责现场接待和电话问询，负责航班多收、少收、破损行李处理，负责处理各项业务往来电报，负责各航站之间行李的速运和转运工作，以及现场巡视和现场赔偿工作。

行李运输环节查询如图 10-20 所示。

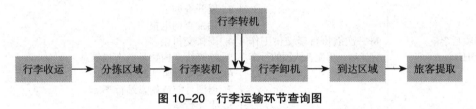

图 10-20　行李运输环节查询图

二、行李查询的基本流程

行李查询流程如图 10-21 所示。

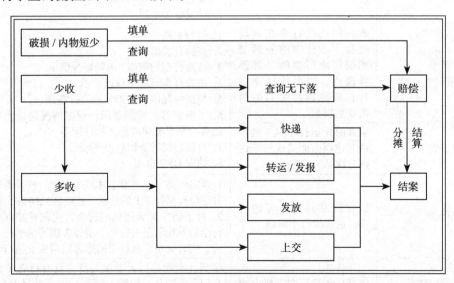

图 10-21　行李查询流程图

三、行李不正常运输的类别和处理

行李不正常运输的类别和处理如表 10-5、图 10-22、图 10-23 所示。

表 10-5　行李不正常运输的类别和处理流程

不正常类别	定　　义	流　　程
少收行李（AHL）	航班到达站无法将应随旅客同机运达的托运行李交付给旅客	1. 先查验行李牌 2. 进行本站查询 3. 查验有关票证及有关数据资料 4. 填写行李运输事故记录单 5. 登记《国内少收行李处理登记》本 6. 根据情况请旅客填写遗失物件问卷 7. 根据规定支付临时生活用品补偿费 8. 拍发查询电报 9. 主动联系旅客，告知查询进展
多收行李（OHD）	每一次航班行李交付工作完毕后，仍无人认领的行李	1. 登记入库（《多收行李处理登记》本） 2. 展开查询 3. 拍发查询电报 4. 安排交付旅客 5. 检查行李内物品，查找信息 6. 妥善处理鲜活易腐物品 7. 退回外航或始发站行李 8. 上交行李
速运行李（FWD）	行李发生不正常运输后，航空公司迅速安排航班将其运送到行李目的地的运输	1. 安排最合适航班 2. 检查包装、核对重量 3. 填写、拴挂速运行李牌等运输手续 4. 登记《行李转运记录》本 5. 拍发业务电报
行李破损（DMG）	旅客的托运行李在运输过程中，行李的外部受到损伤或行李的外部形状改变，因而使行李的外包装或内装物品的价值受到损失	1. 进行本站查询 2. 查验有关票证 3. 查看行李的破损/内物短少情况 4. 填写行李运输事故记录单 5. 根据情况填写行李装卸事故签证 6. 了解旅客的索赔要求，根据情况请旅客填写旅客行李索赔单或遗失物件问卷 7. 直接赔偿或查询后办理赔偿 8. 拍发 DPR 电报
内物短少	旅客的托运行李由于破损或其他原因而造成行李内部分物品的遗失	
错拿行李	旅客错拿其他旅客的行李，造成的行李问题	1. 对于错拿旅客遗留在本站的行李，应妥善保管并尽量根据行李上的信息寻找旅客以换回行李 2. 对于错拿旅客送回的行李，应称重并查看该行李的外包装是否完好。请旅客填写错拿行李报告，同时联系少收行李的旅客以尽快交换行李
旅客遗留物品（LOST）	包括旅客遗留在飞机上或到达大厅内的非托运行李	收到此类物品后，工作人员应及时将有关信息登记在限制品、遗留物品登记表上，并尽力查找、联系旅客以取回物品。对于长期无人认领的物品，亦应上交处理

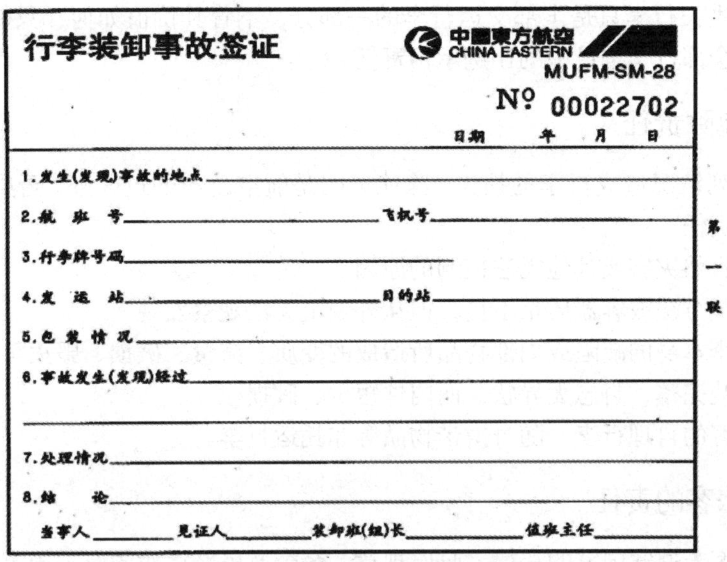

图 10-22　行李装卸事故签证

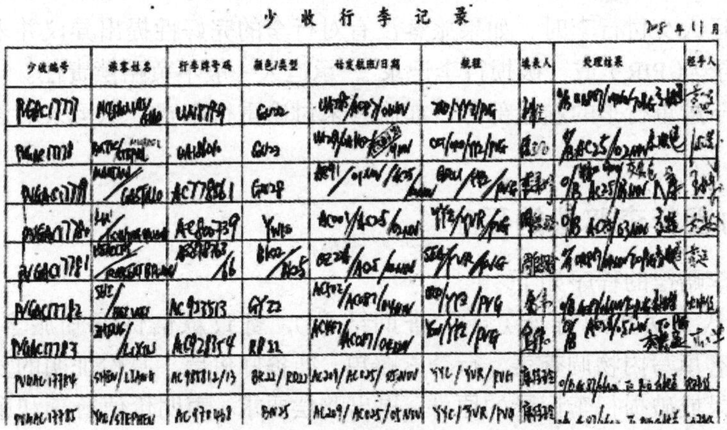

图 10-23　少收行李记录

第五节　行李的赔偿

一、行李赔偿责任的划分

（一）承运人责任

由于下列情况造成行李的损失，承运人应负赔偿责任。

（1）旅客交运的行李在运输过程中发生丢失、破损、短少或延误等差错事故，承运人应负赔偿责任。

（2）如丢失行李只是全部交运行李的一部分，不管其价值如何，只能按该部分丢失的重量在全部行李重量中的比例承担责任。

（二）免除责任

由于下列情况造成行李的损失，除能证明是航空公司的过失外，否则航空公司一般不负赔偿责任。

（1）因自然灾害或其他无法控制的原因。
（2）包装方法或容器质量不良，但从外观上无法观察发现。
（3）行李本身的缺陷或内部物品所造成的变质、减量、破损、毁灭等。
（4）包装完整，封志无异状，而内件短少、破损。
（5）旅客的自理行李、随身携带物品等非托运行李。

（三）旅客的责任

（1）旅客未遵守国家的法律、政府规章、命令及民航运输的有关规定。
（2）行李内装有按规定不能夹入行李运输的物品。
（3）由于旅客原因，造成民航或其他旅客的损失，应由造成损失的旅客负责。
（4）承运人交付行李时，如果旅客没有对行李的完好性提出异议并未填写"行李运输事故记录"（PIR）或"破损行李记录"，承运人一般不负赔偿责任。
（5）对于逾重行李的逾重部分，如旅客未付逾重行李费，承运人对该部分不负赔偿责任。

二、办理行李赔偿的程序

办理行李赔偿的程序如下。

（1）确认无法找到行李（或无查询结果），寄致歉信件通知旅客行李查询结果，要求旅客填写内物调查表、行李索赔单，准备好机票、身份证明的复印件、行李运输事故记录或破损行李记录的原件，提出赔偿要求，声明价值行李和逾重行李还应出具逾重行李费用收据。
（2）旅客回复后，复印所有文件及来往查询电报。
（3）重新复核旅客姓名，免费托运行李额，合并托运行李人数，托运行李总件数、总重量，收到行李件数及重量，逾重行李费或行李声明价值等信息。
（4）计算出应该赔偿金额，向航空公司行李查询中心（如 SHALZMU 上海东航行李查询中心）通报行李赔偿意见和赔偿金额。
（5）填制行李赔偿费收据，通知旅客取款日期和安排取款事宜。
（6）扣除已支付旅客的临时生活费，向旅客支付赔偿金额，请旅客在行李赔偿费收据上签字，将旅客所持的行李运输事故记录等凭证收回。
（7）办理行李损坏赔偿时，应尽可能在旅客提出索赔的当时赔款解决，一般采用先修复后赔偿原则处理，赔偿金额以航空公司的损坏赔偿标准为准。
（8）已赔偿的旅客的丢失行李找到后，承运人应迅速通知旅客领取，旅客应将自己的行李领回，退回全部赔款，临时生活用品补偿费不退。

办理行李赔偿的相关单据如图 10-24~图 10-27 所示。

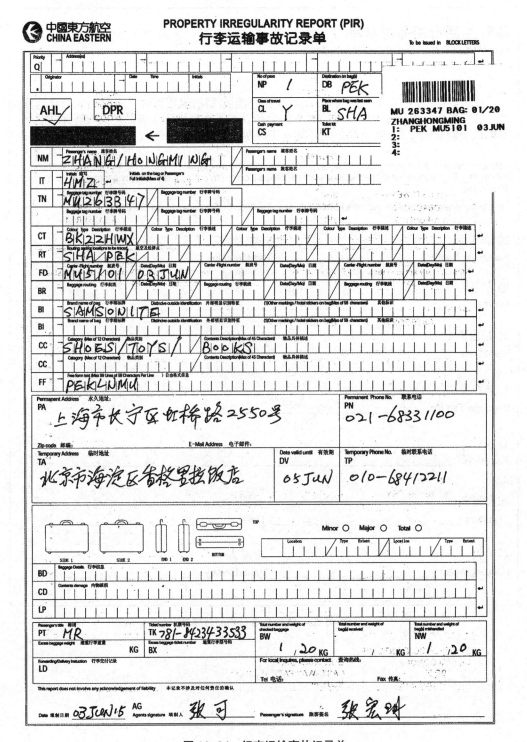

图 10-24 行李运输事故记录单

临时生活日用品付款单
MISHANDLED BAGGAGE CASH ADVANCE

  兹有我(签名人)在乘坐中国东方航空股份有限公司航班旅行时,未收到我的交运行李,愿意接受中国东方航空支付的如下的金额以购买临时生活必需品。我理解并同意将来如找不到我的行李,如下金额将计算入中国东方航空股份有限公司对我的赔偿款项内。

I, the undersigned, acknowledge receipt of the following sum being an advance made to me by *China Eastern Airlines* at __2)__ (stations) in respect of incidental expenses incurred by me as a result of my baggage(s) being mishandled.

The following sum referred to will be deductible from any full and final settlement which may agree at a later date.

旅客姓名　　　　　　　　　　　　　　　　护照号码
Passenger Name_____ Passport No._____

地址
Address _____

航班/日期　　　　　　　　　　　　　　　　客票号码
Flight/Date _____ Ticket No._____

行李牌号码
Baggage Tag No._____

金额
The sum of _____

旅客签字　　　　　　　　　　　　　　　　日期
Signature _____ Date _____

经手人　　　　　　　　　　　　　　　　　批准人
Handling Agent _____ Authorized by _____

图 10-25　临时生活日用品付款单

旅客行李索赔单
Claim form of Damage Or Loss of Passenger Baggage

旅客姓名
Passenger's name _____

地址
Address _____

工作单位
Profession/service _____

客票号码　　　　　　　　　　　　　　行李牌号码
Ticket No. _____ Tag No. _____

航班号　　　月　　　日　　　航班号　　　月　　　日
Flight No. _____ Month_____ Date _____ Flight No. _____ Month_____ Date _____

发生事故的日期和地点
Date and Place of Occurrence _____

损失或遗失的主要情况
Details of Damage or loss _____
_____

件数　　　　　　　　　重量　　　　　　　　　声明价值
No. of Pieces _____ Weight _____ Declared Value _____

行李内容
List of Contents _____
_____

索赔金额
Amount Claimed _____

索赔人签字或盖章　　　　　　　日期　　　　　　　地点
Signature of Claimant _____ Date _____ Place _____

图 10-26　旅客行李索赔单

行 李 赔 偿 费 收 据

Ref. No _____

FINAL SETTLEMENT / RELEASE AND INDEMNITY

旅客姓名　　　　　　　　　　　　　护照号码
Passenger Name _____　Passport No. _____

航班/日期　　　　　　　　　　　　航程
Flight/Date _____　Routing _____

客票号码　　　　　　　　　　　　　行李牌号码
Tickets No. _____　Baggage Tag No. _____

赔偿原因
Type of compensation _____

事故主要情况
Details of the accident _____

赔偿金额
The Sum of _____

经手人　　　　　　　　　　　　　　批准人
Handling Agent _____　Authorized by _____

解除责任声明

兹有我(签名人)收到中国东方航空股份有限公司_____航站(办事处)所支付给我的上述赔偿款项。对于该行李的损失，我今后不再向中国东方航空股份有限公司与中国东方航空股份有限公司航班衔接的承运人或其代理人等提出任何索赔要求。

RELEASE

I, the undersigned have received from *China Eastern Airlines* at _____ (station) , the above sum in full, final and complete settlement of all claims of whatsoever nature arising out of or in connection with theloss/damage above referred to.
And in consideration of the said payment, I agree to indemnify *China Eastern Airlines,* its servants and Agents from and against all further claims by whomsoever made in repect of the said loss and/or damaged.
I accept that the said payment is made without prejudice and without any admission of liability.

旅客签字　　　　　　　　　　　　　日期
Passenge Signature _____　Date _____
受款金额
The Sum Received _____

图 10-27　行李赔偿费收据

三、行李赔偿额的计算方法

行李赔偿额的计算方法如下。

（1）符合国内运输条件的行李，每千克行李最高赔偿100元，即

赔偿金额＝（行李票注明的托运行李重量 – 实际收到行李重量）×100.00

（2）行李票未注明托运行李重量，按下列方法估算：

根据旅客乘坐舱位等级和身份，参照托运行李起始航班所享受的最大免费行李额确定行李托运总量。

（3）以上所有计算的赔偿数额，比较旅客按申报丢失内容实际价格索赔价额，取低者。

（4）行李赔偿时，旅客已支付的逾重行李费退还旅客。如旅客办理了声明价值，赔偿金额以声明价值为限，逾重行李费退还旅客，但所付的声明价值附加费不退。

（5）旅客的自理行李、随身携带物品等非托运行李丢失或破损，承运人一般不承担责任，除非能证明是由于承运人原因造成其损失，承运人承担的最高赔偿金额为每位旅客不超过人民币3 000元。

（6）构成国际运输的国内航段，行李赔偿按适用的国际运输行李赔偿规定办理。

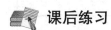 **课后练习**

一、简答题

1. 行李的分类及其重量、体积限制有哪些？
2. 免责行李牌使用的规定有哪些？
3. 简述不正常行李的类别和处理。

二、选择题

1. 托运行李单件的限制重量为（　　）kg。
   A. 20　　　B. 30　　　C. 40　　　D. 50
2. 头等舱的免费行李额度为（　　）kg。
   A. 20　　　B. 30　　　C. 40　　　D. 50
3. 下列哪些物品航空公司拒绝收运？（　　）
   A. 危险品　　　　　　　B. 符合规定的小动物
   C. 高尔夫用具　　　　　D. 精密仪器
   E. 枪　　　　　　　　　F. 超过160Wh的锂电池
   G. 自行车

三、计算题

1. 某旅客乘坐SHA—PEK的经济舱，已知机票八折，折后价990元，旅客托运行李35kg，手提行李5kg，问需付的逾重行李费是多少？并填写缴费通知单和逾重行李票，分别如图10-28、图10-29所示。

2. 旅客乘坐经济舱Y舱，Y舱全价为1 350元，上海到广州托运行李25kg，行李的声明价值为6 000元，请核算逾重行李费和行李声明价值费。

3. 某旅客托运行李 45kg，SHA—PEK，机票 Y 舱全价为 1 240 元，但由于航空公司原因，只收到 10kg 相关行李，问如果申请赔偿，旅客应收的赔偿金额为多少？

图 10-28 缴费通知单

图 10-29 逾重行李票

第十一章 特殊旅客运输

 学习目标

1. 特殊旅客的定义和分类。
2. 重要旅客的分类和操作要求。
3. 无成人陪伴儿童的定义和操作程序。
4. 轮椅旅客和担架旅客的服务要求。
5. 孕妇和婴儿的定义和操作要求。
6. 特殊餐食的分类。

特殊旅客是指在接受旅客运输和旅客在运输过程中,承运人需给予特别礼遇,或需给予特别照顾,或需符合承运人规定的运输条件方可承运的旅客。特殊旅客包括重要旅客、无成人陪伴儿童、孕妇、婴儿、病残旅客等。

无成人陪伴儿童、病残旅客、孕妇、盲人、聋人、犯人等特殊旅客,只有在符合承运人规定的运输条件下,经承运人预先同意并在必要时做出安排后方可载运。

传染病患者、神经病患者或健康状况可能危及自身或影响其他旅客安全的旅客,承运人不予承运。

根据国家有关规定不能乘机的旅客,承运人有权拒绝其乘机,已购客票按自愿退票处理。

第一节 重要旅客运输

一、重要旅客的定义和分类

重要旅客(Very Important Person,简称 VIP)是指航空公司对具有一定的身份、职务或社会知名度的旅客,从购票到乘机的整个过程都将给予特别的礼遇和特殊的照顾。

航空公司向确定身份的重要旅客提供超常规和高规格服务。确保重要旅客按预订航班、舱位等级旅行,保证无论航班发生任何情况,不被落下,确保托运行李完好无损随机到达目的地。

重要旅客的分类和范围如表 11-1 所示。

表 11-1 重要旅客的分类和范围

重要旅客类别	范 围
最重要旅客 （Very Very Important Person，简称 VVIP）	• 中国共产党中央政治局委员和候补委员； • 中华人民共和国国务院副总理； • 中国共产党中央书记处书记和候补书记； • 全国人民代表大会常务委员会副委员长； • 中华人民共和国国务委员； • 中国人民政治协商会议全国委员会副主席； • 中华人民共和国最高人民法院院长； • 中华人民共和国最高人民检察院检察长； • 世界各国国家元首和政府首脑； • 世界各国国家议会议长和副议长； • 联合国秘书长
一般重要旅客 （Very Important Person，简称 VIP）	• 省、部级（含副职）以上的负责人； • 军队在职正军职少将以上的负责人； • 公使、大使级外交使节； • 由各部、委以上单位或我国驻外使、领馆提出要求按重要旅客接待的客人
工商界重要旅客（Commerclally Important Person，简称 CIP）	• 工商业、经济和金融界重要、有影响的人士； • 地方政府领导； • 文体届及社会知名人士； • 重要的旅游业领导人； • 国际空运企业组织、重要的空运企业负责人

二、重要旅客特殊服务的内容

重要旅客特殊服务的内容如下。

（1）优先办理乘机手续或现场代办乘机手续。

（2）放宽免费托运行李限额。

（3）放宽旅客随身携带行李限额。

（4）安排提前或最后登机、优先下机。

（5）有条件的情况下可提高舱位等级。

（6）提供头等舱旅客休息室（或贵宾专用休息室）。

（7）提供专人陪伴引导。

（8）安排专人协助提拿行李。

（9）代办托运或领取行李。

（10）提供重要旅客行李后装先卸和优先交付服务。

(11)提供贵宾接送车等。

三、重要旅客服务的操作规范

重要旅客服务的操作规范如下。

1. 订座部门的操作要求

(1)在接受重要旅客订座时,本着民航组织旅客运输的原则:"保证重点,照顾一般,方便旅客",接受重要旅客购票必须尽力保证,妥善安排。售票人员在订座难以安排的情况下,应积极同有关航空公司的航班控制部门联系,保证重要旅客成行。

(2)售票人员应在重要旅客的记录编号中,用 OSI 指令对旅客的身份或职务进行说明,如 OSI: MU VIP LI/ QIANG SHI ZHONGGONG SHANGHAI SHI WEI SHU JI。如重要旅客的随行人员不在同一记录编号内时,应将人数和记录编号在 RMK 项中加以说明。

2. 始发站的操作要求

始发站的操作要求如下。

(1)提前收集重要旅客(包括始发、中转、过站、到达)名单、服务要求等信息,登记《VIP 旅客信息卡》,如图 11-1 所示。

VIP旅客信息卡

航班号		日期		机型	
起飞时间		到达时间		中转地点	
姓名		称呼		随行人数	
身份		单位			
舱位等级		座位号		候机地点	
个人信息					
个人爱好					
个人要求					
行李牌号码					
行李件数		行李总重量		行李包装	
集装箱号码		装载位置		中转行李	
装载责任人		机坪监装员			
VIP 电报		中转电报			
突发事件和处置:					
VIP 旅客意见:					
填表人		制表日期		值班经理	

图 11-1　VIP 旅客信息卡

（2）根据特殊服务要求事先与有关单位联系，在航班起飞 24 小时前电话确认落实情况。

（3）预先锁定重要旅客座位，尽可能安排其靠近所适用客舱等级的前排客座位；在航班未满情况下，尽量做到重要旅客座位周围不安排其他旅客；航班座位很满，尽量在重要旅客座位周围安排其随行人员或其他身份较高旅客；在有重要旅客的情况下，一般不宜安排低舱位和身份较低的旅客升舱至重要旅客所在的舱位。

（4）当班经理（或领导）提前到达现场，进行重要旅客操作程序的监督和协调；值机人员和服务人员在现场提前等候。

（5）值机人员根据订座记录，查对旅客姓名，查验重要旅客身份，复核重要旅客目的地，了解到达目的地后迎接信息反馈，以及中转航站回电电报确认信息。

（6）VIP 接待工作在头等舱柜台优先予以办理；按规定办理乘机手续，在托运行李上拴挂行李牌、重要旅客（VIP）行李标示牌和装舱门（DOOR SIDE）标示牌，行李放置在靠近货舱门口的位置，以便到达站优先卸机和交付。

（7）与重要旅客陪伴人员进行交接和了解重要旅客特殊服务要求；填写《特殊旅客服务通知》或《旅客特殊服务通知单》（包括 VIP 旅客民族、生活习惯、禁忌食品和物品等），如图 11-2、图 11-3 所示与旅客服务部门签署交接。

特殊旅客服务通知
SPECIAL SERVICE INFORMATION

上机点 Station		航班号 Flight No.		日期 Date		机号 Aircraft No.	
旅客姓名 Passenger Name	目的地 DEST	座位号 Seat No.	重要旅客 VIP	无人陪伴儿童 UM	病残旅客 SP	特殊餐食 SPML	其他 OTHS
说明 Remark：							
客运值机人员：		客运服务人员：		客舱乘务人员：		到达站接机人员：	

图 11-2　特殊旅客服务通知

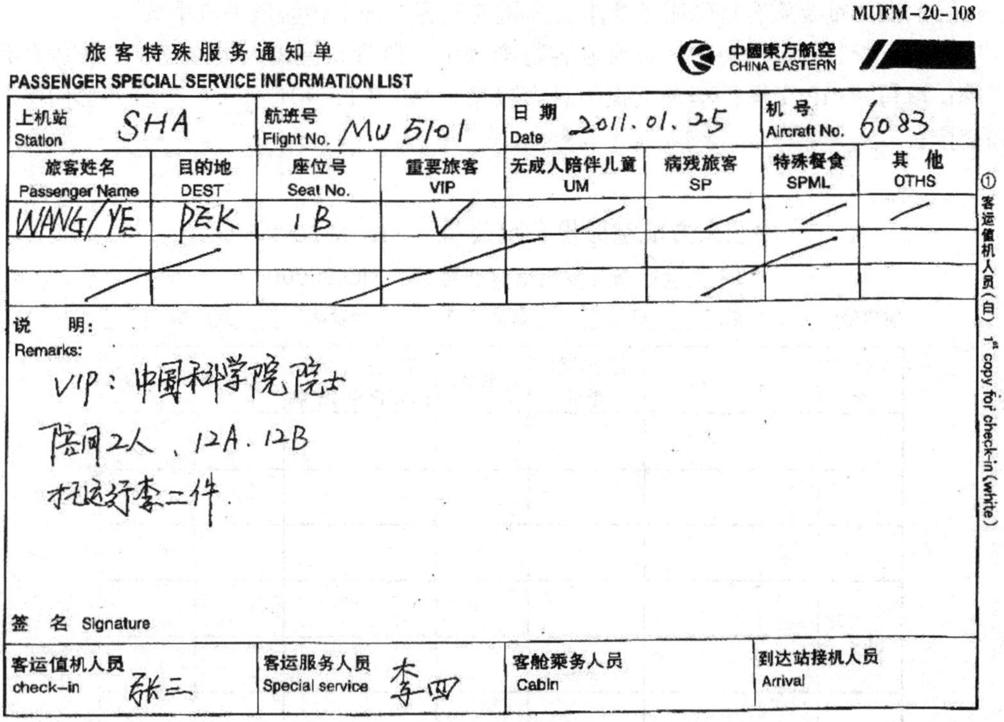

图 11-3 重要旅客特殊服务通知单

（8）根据重要旅客实际托运行李，填写《VIP 托运行李及发报信息交接单》；通知行李装卸部门重要旅客行李到达情况并签署和交接。

（9）服务人员为重要旅客提供服务，协助重要旅客或陪同人员办理乘机手续和托运行李，协助重要旅客办理安检、出境、卫生检疫和海关手续，引导重要旅客去头等舱旅客休息室（或贵宾专用室）休息；服务人员根据重要旅客需求安排优先或最后登机，同客舱乘务员交接和签署《特殊旅客服务通知》。

（10）航班起飞后，拍发电报，将旅客始发信息（含行李信息）通知该航班旅客下机地点或中途换机地点，并将报文回收，然后存档。

3. 中转、过站部门的操作要求

中转、过站部门的操作要求如下。

（1）服务人员在飞机落地前 15 分钟在机舱门口等待；同客舱乘务员交接和签署中转重要旅客的《特殊旅客服务通知》。

（2）陪伴重要旅客下机，协拿重要旅客随身携带行李，引导中转和过站重要旅客去贵宾室休息。

（3）协助（或替代）重要旅客办理出入境、卫生检疫和海关手续。

（4）值机人员在中转柜台（或头等舱值机柜台、贵宾室）等候，根据订座记录，查对旅客姓名，查验重要旅客身份，复核旅客目的地迎接信息的反馈和中转航站电报确认信息。

（5）询问重要旅客特殊服务要求；为重要旅客办理中转航班乘机手续。

（6）行李装卸部门将中转重要旅客行李找出，监管；值机人员拴挂 VIP 吊牌和行李牌；填写《VIP 交运行李及发报信息交接单》，如图 11-4 所示与行李装卸部门签署和交接。

中国东方航空股份有限公司　　MUFM-20-113
VIP 交运行李及发报信息交接单　　NO.00000

航班号_____ 日期_____ 机号_____ 离站时间_____ 始发站_____ 到达站_____

VIP 姓名	身　份	行李件数/重量	行李牌号	有无拴挂 VIP DOOR SIDE 牌	集装箱号	备　注

平衡室交接人员签字：	交接时间	时　分	装卸队交接人员签字：	交接时间	时　分

说明	1. 平衡、装卸、值机有关人员应认真检查表内各项内容，一旦签字，对此负责。	值机经办人员检查认可并签字：
	2. 此表在三方签字后方能生效，并交值机当日值班主任存档备查。	值机值班主任检查认可并签字：

图 11-4　VIP 交运行李及发报信息交接单

4. 到达站的操作要求

到达站的操作要求如下。

（1）通知海关、卫生检疫或公安等部门做好到达重要旅客特殊服务的准备工作；重要旅客到达前，使用电话和上述单位进行信息复核，确认信息接收。

（2）服务人员在飞机落地前 15 分钟在客舱门口等待；同客舱乘务员交接和签署到达重要旅客的《特殊旅客服务通知》，陪伴重要旅客下机，协助办理入境、卫生检疫和海关手续，协助到达重要旅客提取托运行李。

（3）行李装卸部门填写《到达 VIP 行李交接表》；行李装卸人员提前 5 分钟到达等待区域，准备接机；飞机停稳后的 10 分钟内，优先卸下重要旅客行李或装有重要旅客行李的集装箱；与行李服务部门清点交接，并签署《到达 VIP 行李交接表》。

（4）行李服务部门将行李移交给重要旅客或其陪同人员（或接待单位），并请重要旅客或其陪同人员（或接待单位）在《到达 VIP 行李交接表》上签名，然后存档。

第二节 无成人陪伴儿童运输

无成人陪伴儿童,是指年龄在五周岁或五周岁以上至十二周岁以下的无成人陪伴、单独乘机的儿童,如图11-5所示。年龄在五周岁以下的无成人陪伴儿童,不予乘运。

一、一般规定

(1)符合国内运输条件的无成人陪伴儿童一般按成人公布正常票价的50%购买机票。

(2)无成人陪伴儿童乘机应提前向航空公司售票部门提出申请,经承运人同意后方可运输,否则不予受理。销售代理人不得办理此项业务。

(3)无成人陪伴儿童应由儿童的父母或监护人陪送到乘机地点,并在儿童的下机地点安排人予以迎接和照料,同时提供接送人姓名、地址和联系电话号码,并且必须得到目的站的迎接人员的肯定回复后方可接受运输。

图11-5 无成人陪伴儿童图

(4)无成人陪伴儿童需要委托航空公司送到指定地点,必须事先提出,并经承运人同意方可接受运输。

(5)无成人陪伴儿童到达目的地后,其迎候接机人未按时或耽误接机,由此产生的所有费用由本人承担。

二、操作程序

(1)航班起飞前旅客监护人向销售部门提出无成人陪伴儿童的运输申请,填写《无成人陪伴儿童乘机申请书》,如图11-6所示,提供始发站和目的站的儿童接送人的姓名、地址和联系电话,因为机型限制,对无成人陪伴儿童的数量会有一定限制,如图11-7所示。

(2)销售人员根据《无成人陪伴儿童乘机申请书》内容拍发电报与目的站联系,请求与该旅客迎接人员联系。

(3)目的站工作人员根据申请电报内容,与该地点的迎接人员联系,回复电报和证实无成人陪伴儿童运输。

(4)销售人员收到目的站确认电报后,将电报和《无成人陪伴儿童乘机申请书》附在客票上。

(5)值机人员根据机票上所附的SPA/UM电报,核对无成人陪伴儿童乘机申请书的内容。

(6)值机人员为无成人陪伴儿童办理乘机手续,填写《旅客特殊服务通知单》,如图11-8所示,并将所有旅行证件放入本公司无成人陪伴儿童旅行证件袋。

民航机场地勤服务

无成人陪伴儿童乘机申请书
UNACCOMPANIED MINOR REQUESTED
FOR CARRIAGE-HANDLING ADVICE

日期(DATE):

至(To) 中国东方航空股份有限公司

儿童姓名(NAME OF MINOR)　　　　　　　　　年龄(AGE):＿＿＿＿＿

(包括儿童乳名-INCLUDING NICKNAME)　　　　性别(SEX):＿＿＿＿＿

航程(ROUTING)

航班号 FLT NO	日期 DATE	自 FROM	至 TO

航站 STATION	接送人姓名 NAME OF PERSON ACCOMPANYING	地址电话号码 ADDRESS AND TEL NO
始发站 ON DEPARTURE		
经停站 VIA POINT		
中转站 TRANSFER POINT		
到达站 ON ARRIVAL		

儿童父母或监护人姓名地址电话号码
PARENT/GUARDIAN-NAME,ADDRESS AND TEL No:

声明(DECLARATION)

1. 我证实申请书中所述儿童在始发站、航班衔接站和到达站由我所列明的人负责接送。接送人将保证留在机场,直到航班起飞以后,以及按照班期时刻表所列的航班到达时间以前抵达到达站机场。

2. 如果由于上表所列接送人未按规定进行接送,造成儿童无人接送时,为保证儿童的安全运输包括返回始发站,我授权承运人,可以采取必要的行动,并且同意支付承运人在采取这些行动中所垫付的必要的和合理的费用。

3. 我保证该儿童已备有关国家政府法令要求的全部旅行证件(护照、签证、健康证明书等)。

4. 我作为上表所列儿童的父母或监护人。同意和要求该儿童按无成人陪伴儿童的规定,进行运输,并证明所提供的情况,正确无误。

1. I declare that I have arranged for the minor mentioned on the upper side of this sheet to be accompanied to the airport on departure and to be met at stopover point(s) and upon arrival by the person named. These person will remain at the airport until the flight has departed and/or be available at the airport at the scheduled time of the arrival of the flight.

2. Should the minor not be met as stated on the upper side of this sheet, I authorize the carrier(s) to take whatever action they consider necessary to ensure the minor's safe custody including return of the minor to the airport of departure, an I agree to indemnify and reimburse the carrier(s) for the necessary and reasonable costs and expenses incurred by taking such action.

3. I certify that the minor is in possession of all travel documents(passport, visa, health certificate, etc.)required by applicable laws.

4. I,the undersigned father/mother or guardian of the minor mentioned on the upper side of this sheet agree to and request the unaccompanied carriage of the minor named on the upper side of this sheet and certify that the information provided is accurete..

申请人签字(Signature):＿＿＿＿＿＿

图 11-6 无成人陪伴儿童乘机申请书样本

类型	机型	人数
空客	A330-300	4
	A330-200	
	A321-200	3
	A320-200	
	A319-100	
波音	B777-300	5
	B767-300	4
	B737-800	3
	B737-700	
	B737-300	

图 11-7　无成人陪伴儿童限制数量

（7）无成人陪伴儿童的监护人停留在机场，直至航班起飞。

（8）服务人员陪同无成人陪伴儿童办理各项安检、出境等手续，陪同候机。

（9）航班结束后，值机人员拍发 PSM 电报给经停站或目的站（内容：姓名、年龄、座位号、托运行李件数及号码、到达迎接人的姓名及联系电话），将无成人陪伴儿童运输资料存档。

（10）服务人员护送无成人陪伴儿童登机，与客舱乘务长交接，签署《旅客特殊服务通知单》。

（11）飞机到达后，服务人员陪同无成人陪伴儿童下机，协助提携随身行李，办理到达或入境手续，提取托运行李。

（12）服务人员按《无成人陪伴儿童乘机申请书》内容查验旅客迎接人证件，交接无成人陪伴儿童，请旅客迎接人在《无成人陪伴儿童乘机申请书》上签名。

（13）服务人员将《无成人陪伴儿童乘机申请书》收回和存档。

旅客特殊服务通知单
PASSENGER SPECIAL SERVICE INFORMATION LIST

中国東方航空 CHINA EASTERN

上机站 Station	SHA	航班号 Flight No.	MU5105	日期 Date	2011.1.10	机号 Aircraft No.	6093
旅客姓名 Passenger Name	目的地 DEST	座位号 Seat No.	重要旅客 VIP	无成人陪伴儿童 UM	病残旅客 SP	特殊餐食 SPML	其他 OTHS
ZHANG/SAN	PEK	9A	/	√	/	/	/

说明：
Remarks:

UM：9岁

上海送机：李四　上海市闵行区沪闵路1234号605室　T：13600001234

北京接机：王五　北京海淀区平川路1395号A幢1234室　T：18967453301

手提行李2件，托运行李一件。

签名 Signature

客运值机人员 check-in	客运服务人员 Special service	客舱乘务人员 Cabin	到达站接机人员 Arrival
赵六	钱七		

①客运值机人员（白）　1st copy for check-in (white)

图 11-8　无成人陪伴儿童服务通知单

第三节　病残旅客运输

由于身体或精神上的缺陷或病态，在航空旅行中，不能自行照料自己的旅途生活，需由他人帮助照料的旅客，称之为病残旅客。

一、病残旅客的范围

病残旅客的范围如下。

（1）身体患病。

（2）精神患病。

（3）肢体伤残。

（4）年迈老人，虽然身体并未患病，但自理能力不足，在旅行中显然需要他人帮助时，亦应如病、残旅客给予适当照料。

二、航空公司可以拒绝承运的范围

（1）患有传染性疾病旅客。

（2）病危旅客。

（3）精神病现发作患者旅客。

（4）精神病患者，易于发狂，可能对他人造成危害者。

（5）面部严重损伤旅客，有特殊恶臭或特殊怪癖，可能引起其他旅客厌恶的旅客。
（6）无陪伴担架旅客。

三、病残旅客的接受条件

病残旅客要求乘机，一般须在航班起飞 96 小时之前向承运人的售票处提出申请，并出具下列文件。

（1）《诊断证明书》，如图 11-9 和图 11-10 所示。

诊断证明书

中国东方航空 CHINA EASTERN　上海航空公司 SHANGHAI AIRLINES

1.旅客姓名_____ 2.年龄_____ 3.性别_____
4.住址(或工作单位)_____ 5.电话_____
6.航程：航班号_____ 日期____月____日自_____至__
　　　联程：航班号_____ 日期____月____日自_____至__
7.诊断结果：_____
8.症状、程度、愈后(如系孕妇需注明预产期)_____

注：(1)上述 7、8 两项内容填写，需简单、明确。
　　(2)下述表格中提供的内容，供机上服务人员在飞行途中为病残旅客提供必要服务时参考。

症状＼程度	无	轻度	中等	严重	备注
贫血					
呼吸困难					
疼痛					
血压					

附注：(如有膀胱、直肠障碍或在飞行中需特殊餐食及药物医疗处理情况等，请予以列明)

9.需要何种乘坐姿势(将下列适用的项目用 O 圈起)

乘坐姿势		1.使用机上一般座椅　2.使用机上担架设备
陪伴人员		医生、护士、其他人员(具体列明)，不需要
上下飞机时	轮椅	要，不要
	担架	要，不要
救护车		要，不要

已参阅背面的参考资料，我院诊断认为，该旅客的健康条件在医学上能够适应上述航空旅行的要求，无传染疾病，也不致造成对其他旅客的不良影响。

医师：_____ 电话：_____
签字　　　　　　　　　医疗单位(盖章)

　　　　　　　　　　　　　　　　　　　年　　月　　日

图 11-9　诊断证明书正面

参考资料

下属内容仅供医生在判断病人是否于航空旅行时做参考。

一、机上条件

1. 飞机具有密封、增压客舱。舱内气压相当于 2 300 米（7 000 英尺）高度的大气压力，因此能引起体腔内气体的膨胀，同时也造成轻度的缺氧状态。
2. 飞机在飞行中会有轻微的颠簸及震动。
3. 机上服务人员只受过一般的急救训练，但不允许为病人注射。同时，在飞行途中机上服务人员需担负整个飞机上的服务工作，无暇更多地特别照顾病人。
4. 机舱内的活动范围和舒适程度受到机舱技术设备的一定限制。

二、处于下述状况的病人，一般适于航空旅行：

1. 处于极严重或危急状态的心脏病患者。如严重的心力衰竭，出现发绀症状或心肌梗死者（在旅行前六周之内曾发生过梗死者）。
2. 出生不满 14 天的婴儿。
3. 孕妇。怀孕期超过 36 周者（怀孕期在 36 周以内超过 32 周的孕妇乘机，需具有医生在 72 小时之内签署的诊断证明书）。
4. 血色素量在 50%（Hb8g/d）以下的贫血病人。
5. 严重的中耳炎，伴随有耳咽管堵塞症的贫血病人。
6. 近期患自发性气胸的病人或近期做过气胸造影的神经系统病症的患者。
7. 大纵隔瘤，特大疝肿及肠梗阻的病人；头部损伤，颅内压增高及颅骨骨折者；下颌骨骨折最近使用金属线连接者。
8. 酒精或其他毒品中毒者；患有精神病；易于出现伤人或自伤的行为者。
9. 近期进行过外科手术，伤口未完全愈合堵 和产生不满两周者。
10. 在过去 30 天内患过脊髓型脊髓灰质炎患者。
11. 下列传染病或疑难病患者：
    霍乱、伤寒、副伤寒、发疹性斑疹伤寒、痢疾、天花、猩红热、白喉、鼠疫、流行性脑炎、脑膜炎、开放期的肺结核及其他传染病。
12. 带有传染性或损伤，使其他旅客感到厌恶的皮肤病患者。
13. 带有严重咯血、吐血、呕吐、呻吟症状的患者。

图 11-10 诊断证明书背面

（2）特殊旅客《乘机申请书》，如图 11-11 所示。

特殊旅客乘机申请书 Special Service Applications	中国东方航空 CHINA EASTERN　上海航空公司 SHANGHAI AIRLINES	
旅客姓名： Name:	手机： Mobile:	
航班号/日期： Flt No. / Date	航程： Route:	
在计划旅行时，您向我们提供的信息越多，我们能为您提供的帮助就越多。 The more information you can provide our representatives when making your travel plans, the more we can help you.		
□ 视力障碍 Visually impaired	□ 听力障碍 Hearing impaired	
□ 精神障碍 Mentally impaired	□ 智力障碍 Intellectually impaired	
行动能力障碍（请选择类型）Mobility impaired (please specified)		
□ 不能自行行走 Unable to walk		
□ 可自行上下楼梯及短距离行走 Can go up and down the stairs and walk short distances		
□ 需扶助，不能自行上下楼梯，但能短距离行走 Unable to go up and down the stairs but can walk short distances		
□ 其他障碍 Others 请注明 Please specified:		
□ 患病 Patient 请提供医生证明 You may need to present a medical certificate from a doctor		
您需要的服务 Special service you need		
□ 机场轮椅 Wheelchair at airport	□ 客舱轮椅 Cabin wheelchair	
□ 机上用氧 Oxygen in cabin	□ 担架 Stretcher	
□ 机场陪伴服务 Accompanying at airport	□ 携带服务犬上机 Travelling with service animal	
□ 托运电动轮椅 Checking electric wheelchair at airport	□ 在客舱内存储轮椅（仅在美国航线提供）Storing the wheelchair in the aircraft (Only for USA route)	
□ 10人或10人以上残疾人旅客团体 Accommodation for a group of ten or more qualified individuals with a disability, who make reservations and travel as a group		
是否有陪伴人员 Do you have any accompanied person during the trip?　Yes　□		
陪伴人员姓名： Accompanied person Name:	手机： Mobile:	

图 11-11　特殊旅客乘机申请书样本

《诊断证明书》一式三份，必须在患病旅客旅行前 96 小时内由三级医院出具和盖章，病情严重的旅客应备有班机起飞前 48 小时以内填开的《诊断证明书》，同时，要附署主治医师以上级别的签署意见。患重病旅客（心血管、癌症、急性外伤等）出示的《诊断证明书》必须在 24 小时之内有效。

《特殊旅客乘机申请书》一式两份，必须由旅客本人在航班起飞前填写和签署，家属或监护人代理签署必须提供能够证明双方关系的有效证明文书或旅客本人的正式授权文书。

四、病残旅客运输的一般规定

病残旅客运输的一般规定如下。

（1）病残旅客订座记录必须注明"特别旅客（病残）"和特殊服务要求内容。

（2）患病旅客需要在飞行中使用医用氧气装置，必须事先提出，并支付费用。严禁旅客私自携带医用氧气装置进入客舱内。

（3）航空公司工作人员在办理乘机手续时，可以根据旅客当时病情发展或恶化状况拒绝接受患病旅客运输。

五、常见病残旅客的处理和操作

（一）轮椅旅客

1）轮椅旅客的定义

轮椅旅客是指在航空旅行过程中，由于身体的缺陷或病态，不能独立行走或步行有困难，依靠轮椅代步的旅客。

需要轮椅的病人或伤残旅客根据不同的情况分为三种，并用下列代号表示。

（1）WCHR：旅客能够自行上下飞机，并且在客舱内也可以自己走到自己的座位上。（需要地面轮椅服务的旅客）

（2）WCHS：旅客不能自行上下飞机，但在客舱内能够自己走到自己的座位上。（需要上下客梯轮椅服务的旅客）

（3）WCHC：旅客完全不能自己行动，需要由别人扶着或抬着才能进到客舱内自己的座位上。（需要客舱轮椅服务的旅客）

2）轮椅旅客的值机与服务

（1）根据旅客要求，值机柜台的值班主任迅速通知服务室特殊服务工作人员带轮椅到现场，并按规定填写《旅客特殊服务通知单》表格，如图 11-12 所示。

（2）旅客自备轮椅不得带入客舱内，但可以在值机柜台或登机口交运，换坐承运人提供的轮椅。轮椅作为托运行李免费运输，不计入免费行李额。

（3）为轮椅旅客优先办理乘机手续，并将旅客的座位尽量安排在靠通道的方便旅客进出的位子上。

（4）目前承运人根据机型的不同，为需要轮椅的 WCHS 和 WCHC 旅客提供一定数量的限额，并需要为旅客安排运输工具和抬旅客的人员，WCHR 一般不限人数。

（5）航班结束后，拍发 PSM 电报，并将有关资料存档。

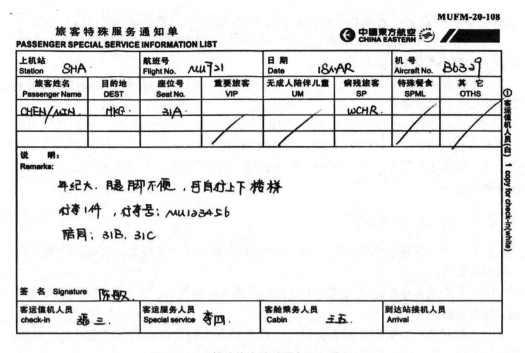

图 11-12 轮椅旅客特殊服务通知单

(二) 担架旅客

1. 担架旅客的定义

担架旅客是指病残旅客在旅行中不能使用飞机上的座椅,只能躺卧在担架上的旅客。担架旅客除按照病残旅客运输的规定办理外,还应按下列规定办理。

(1) 需要担架的旅客必须在航空公司直属售票处订座时提前提出办理申请担架的服务,须经航空公司审核,并取得航空公司同意接受担架旅客的回复,才能运输该担架旅客。

(2) 在每一航班的每一航段上,只限载运一名担架旅客。

(3) 担架旅客应提前到达值机柜台办理乘机登记手续。

(4) 担架旅客必须至少由一名医生或护理人员陪同旅行。经医生证明,病人在旅途中不需要医务护理时,也可由其家属或监护人陪同旅行。

(5) 根据安放担架需占用的座位数计算票价,不得使用特种票价或折扣票价。

(6) 每一陪伴人员根据实际占用的座位等级,按头等舱、公务舱或经济舱票价计收。病残旅客担架附近的空余座位一般不再售票。联系医院、救护车以及其他地面服务所产生的费用均由担架旅客自己承担。

2. 担架旅客的值机工作与服务

(1) 值机室接到航班有担架旅客的通知后,应立即向总调度了解机上为担架旅客预留的座位排号(总调度事先通知有关部门拆除这部分座位以便安放担架)。

(2) 在办理乘机手续时,值机人员必须查验医生《诊断证明书》和《特殊旅客

（担架）乘机申请书》，经查验担架旅客符合乘机规定后，方能办理乘机手续。

（3）优先为担架旅客办理乘机手续，将陪同人员的座位和担架旅客安排在一起，旁边尽可能不再安排其他旅客。

（4）接收担架旅客一般需拆卸3~5个飞机座椅，该旅客的免费行李额应根据旅客实际购买机票数量确定。

（5）乘机手续办理完毕后，值机工作人员与服务人员进行交接，由服务人员陪同旅客过安全检查，在候机厅内安排适当座位休息。

（6）值班主任应填写一式两份《旅客特殊服务通知单》，并通知服务室工作人员前来帮助引导。

（三）盲人和聋哑旅客

航空公司一般对单独旅行的盲人（含严重视力障碍）和聋哑旅客均提供特殊服务，一般规定如下。

（1）盲人旅客在航空旅行的整个过程中有成人陪伴同行，该盲人旅客可按照普通旅客接收运输。

（2）单独旅行，需要承运人提供特殊服务的盲人旅客，必须在订座时提出申请，经承运人同意后，方可购票乘机。

（3）单独旅行的盲人旅客在上下机地点应有人照料、迎送。

（4）对于聋哑旅客，应提前在乘机前告知沟通方式。

（5）该类旅客如携带导盲犬/助听犬，应符合承运人的规定，具备必要的检疫证明，并且乘机时为其带上口套并系牵引绳。通常情况下，助听犬/导盲犬应作为小动物运输，只能装在货舱内运输。经承运人同意，导盲犬/助听犬可由旅客携带进客舱。同一客舱内只能装运一只导盲犬/助听犬。导盲犬/助听犬按小动物运输规定办理，其重量（包括容器和食物）不计入旅客免费行李额，免费运输。

（6）旅客购票后，须拍发特殊旅客运输通知电报给各有关航站。

（7）服务人员应陪同盲人（含严重视力障碍）旅客办理手续，引导旅客登机至客舱座位。到达目的地后，服务人员应陪同盲人（含严重视力障碍）旅客办理到达手续，协助提取托运行李，然后引导至机场出口处与接机者会面。

第四节　老年、孕妇和婴儿旅客运输

一、老年旅客运输

民航总局颁布的《中国民用航空旅客、行李国内运输规则》规定，70岁以上的老人乘坐飞机，须持县级以上医院出具的适合乘坐飞机的证明；70岁以上的老人乘坐飞机，行动不便，必须借助设备才能乘机，或是需要某些特殊服务（始发站及目的站接送机，登机指引）的旅客，请在订座时向航空公司直属售票处提出申请。

预订申请要求如下。

(1)年满70周岁或以上的成人可向航空公司提出老人协助申请。
(2)老人协助申请需在航班计划起飞前72小时提出申请办理。
(3)乘客应在乘机当日,航班离站时间120分钟前办理相关手续。
(4)如果旅客提交的申请已经超过该航班的接收限额,申请将不成功。

二、孕妇运输

由于在高空飞行中,空气中的氧气成分相对减少,气压降低,所以,航空公司通常对孕妇乘机制定了一些运输规定。只有符合运输规定的孕妇,承运人方可接受其乘机。

(1)怀孕不足8个月(32周)的健康孕妇,可按一般旅客运输。
(2)怀孕超过8个月(32周)的孕妇或不足8个月,医生诊断不适宜乘机者,一般不予接收。
(3)怀孕超过8个月不足9个月的健康孕妇,如有特殊情况需要乘机,应在乘机前72小时内交验由医生签字、医疗单位盖章的《诊断证明书》(内容包括旅客姓名、年龄、怀孕时期、预产期、航程和日期、适宜于乘机以及在机上需要提供特殊照料的事项)及特殊旅客(孕妇)乘机申请书,经承运人同意后方可购票乘机。
(4)怀孕超过9个月的孕妇、有早产症状的孕妇和分娩后不足7天的产妇旅客,承运人拒绝运输。
(5)现国内部分航空公司对于单独乘机的孕妇旅客,提供进出港国内航班全程的无人陪伴服务(始发站送机、空中专门照顾、目的站接机)。孕妇旅客可在购票时申请无人陪伴服务。

孕妇旅客如图11-13所示。

图11-13 孕妇旅客

三、婴儿旅客运输

(1)航空公司一般规定出生不足14天的新生婴儿和出生不足90天的早产儿不能乘机,出生超过14天的早产婴儿若要乘机必须出示病情《诊断证明书》。
(2)出生满14天未满2周岁的婴儿乘坐飞机时应有年满18周岁或以上的成人旅客陪伴同行。

（3）婴儿旅客按成人票价的 10% 购票，不享受免费行李额，但可免费托运全折叠或轻便婴儿手推车一辆，并可携带适量的食物、婴儿尿布等旅行途中用品。如手推车的尺寸不超过 20cm×40cm×55cm，且重量不超过 5 千克，则可以带入客舱放在行李架上，若尺寸或重量超过以上规定，则需要作为托运行李运输。部分航空公司规定婴儿旅客可享受 10 千克的免费行李额。

（4）每一位成年旅客携带的未满两周岁的婴儿超过一名时，超过的人数应购买儿童票，提供座位，享受成人的免费行李额。

（5）婴儿运输建议使用婴儿摇篮，六个月以上婴儿可以使用儿童／婴儿固定装置（车式安全椅），航空公司根据机型提供适量客舱婴儿摇篮，旅客必须事先预订使用。

（6）航空公司按普通旅客承担婴儿运输责任。

（7）航空公司一般对各机型所允许销售的婴儿票数量进行限制，如所预订航班上的婴儿数量已超过规定的数量时，该婴儿旅客将无法获得订座。

（8）为了婴儿旅行的舒适安全，航空公司一般会安排旅客在上方具有两个氧气面罩的座位上。

婴儿旅客如图 11-14 所示。

图 11-14　婴儿旅客

第五节　携带宠物旅客运输

一、携带宠物旅客运输的一般规定

小动物是指家庭驯养的宠物猫、宠物狗等，具有攻击性或易于伤人等特性的动物，如藏獒、斗牛犬，不属于该范围。

托运的小动物须具有动物检疫证等有效证明，并须符合运输过程中有关国家小动物出境、入境和过境规定。小动物不得直接带入客舱，必须装在货舱内作为托运行李运输。

小动物属于特殊行李范畴并按特殊行李收费标准计费。每个装载小动物的容器总重量（包括其中的小动物以及食物和水的重量）不得超过 32 千克，否则必须作为货物运输。每个航班最多允许载运两个装有小动物的容器。

小动物运输一般仅适用于航空公司实际承运单程直达航班,联程航班一般不受理小动物托运业务。在正常运输条件下小动物受伤、患病、逃逸和死亡,航空公司不承担任何责任。

二、携带宠物旅客的乘机须知

国内大部分航空公司规定必须在航班起飞前 24 小时(含),向航空公司指定的直属售票部门提出小动物运输申请,由于托运小动物对机型有一定的要求,因此对旅客提出携带小动物旅行的需求,须经航空公司同意并安排妥当后方可收运。办理申请手续时无须携带小动物及检疫证明。

一般处于怀孕状态或在 48 小时之内刚分娩的小动物不得办理托运。

不符合运输条件的小动物,航空公司可以拒绝载运。如旅客放弃托运小动物,可按正常程序办理乘机登记手续;如旅客要求改乘其他航班,应按自愿变更规定办理。

在航班起飞前航空公司有权调整机型,如因调整机型造成旅客所乘航班无法载运小动物时,旅客可选择放弃托运小动物或改乘其他可以载运小动物的航班。

旅客需在乘机当日不迟于航班离站时间前 120 分钟将小动物自行运到机场办理托运手续,并在办理托运时出示小动物运输过程中所需证件。

小动物运输费用一般在机场办理手续时支付。

宠物运输如图 11-15 所示。

图 11-15 宠物运输

第六节 特殊餐食旅客运输

旅客在订座时如提出要求特殊餐食服务,航空公司可以在进行机上餐饮服务时提供特殊餐食服务。

一、特殊餐食旅客运输的一般规定

航空公司因餐食供应地点条件的原因，特殊餐食的品种、数量供应不足，未满足旅客要求时，不承担相应责任。

旅客申请特殊餐食必须提前预订，旅客在机场临时申请特殊餐食，必须符合航班始发地或经停点的配餐最短时间规定，否则，一般不予接受。

旅客不得临时更改特殊餐食品种。

配餐公司提供的常见特殊餐食种类代码如下。

- BBML 婴儿餐
- CHML 儿童餐
- DBML 糖尿病人餐
- FPML 水果餐
- LCML 低卡路里餐
- LFML 低脂餐
- LSML 低盐餐
- NSML 无盐餐
- SFML 海味餐
- VGML 素餐
- VOML 东方素餐
- HNML 印度餐
- KSML 犹太餐
- MOML 穆斯林餐

二、特殊餐食旅客的值机工作与服务

（1）营业员在旅客的订座记录中应根据旅客的要求用 SSR 指令拍发特殊餐食的申请电报。

（2）值机员通过计算机系统或商务调度了解特殊餐食接受预订的情况。

（3）值机员将特殊餐食订妥情况反馈给旅客。

（4）根据订座信息或《特殊旅客（特殊餐食）乘机申请书》，做好座位的安排，对于有特殊餐饮习惯的旅客（如清真、素食旅客），应在条件允许的情况下，与普通旅客的座位分开安排。

（5）值机员填写《旅客特殊服务通知单》，并将旅客座位号和特殊餐食品种信息与客舱经理（乘务长）交接。

（6）如旅客在机场临时申请特殊餐食，值机员应向商务调度通报临时增加特殊餐食信息，商务调度通知配餐部门增加特殊餐食。

第七节 醉酒旅客、犯人（嫌疑人）运输

一、酒醉旅客

酒醉旅客是指酒精、麻醉品或毒品中毒，失去自控能力，在航空旅行中明显会给其他旅客带来不愉快或可能造成不良影响的旅客。

（1）承运人有权根据旅客的言谈、举止，对旅客是否属于酒醉旅客自行判断决定。属于酒醉旅客，承运人不接受运输。

（2）在旅客上机地点，对于酒后闹事，有可能影响其他旅客的旅途生活的酒醉旅客，承运人有权拒绝其乘机。

（3）在飞行途中，发现旅客处于醉态，不适合旅行或妨碍其他旅客时，机长有权在机上采取措施，制止其行为或令其在下一个经停地点下机。

（4）酒醉旅客被拒绝乘机的，如需退票，按非自愿退票处理。

二、犯人（嫌疑人）运输

由于犯人是受到我国现行法律管束的，在办理犯人运输时，应与有关公安部门配合，一般规定如下。

（1）公安部门应在订座时提出犯人运输申请，经承运人同意后，方可购票乘机，承运人拥有根据情况暂时拒绝接受罪犯旅客（嫌疑人旅客）运输的权利。

（2）运输犯人的全航程，有关公安部门必须至少派三倍于犯人的押解员全航程押解，并对监送犯人负全部责任。

（3）犯人运输必须事先通知机组。

（4）押解人员携带武器必须按危险物品规定办理，携带手铐、警棍等物品，需要与安检部门联系处理。

（5）在为被押送的犯人办理乘机手续时，值机员应注意将犯人及其押解人员安排在机舱尾部的座位上，如航班座位较宽裕时，尽可能将他们与其他旅客的座位隔开几排。

（6）旅客登机时，犯人最先登机，安置妥当后，其他旅客再登机，到达后应安排犯人最后下机。

课后练习

一、简答题

1. 简述重要旅客的定义和分类。
2. 简述无成人陪伴儿童的定义和处理要求。
3. 病残旅客的分类有哪些？
4. 简述无成人陪伴儿童和三种轮椅旅客的代码和定义。
5. 简述无成人陪伴儿童餐食的代码和表示的含义。

二、选择题

1. 下列属于 VIP 的是（　　）。
   A. 省长　　　　　　　　B. 某上市公司老总
   C. 县长　　　　　　　　D. 公使、大使级外交使节
2. 下列可以属于无成人陪伴儿童的年龄的是（　　）。
   A. 1 岁　　　　　　　　B. 3 岁
   C. 8 岁　　　　　　　　D. 13 岁
3. VIP 行李需要拴挂的是（　　）。
   A. 重要旅客行李牌　　　B. 装舱门口牌
   C. 易碎行李牌　　　　　D. 不可翻转行李贴
4. 超过（　　）个月的孕妇不可以上飞机。
   A. 6 月　　　　　　　　B. 7 月
   C. 8 月　　　　　　　　D. 9 月
5. 宠物运输的行李一般不得超过（　　）kg，否则按照货物运输。
   A. 10　　　　　　　　　B. 15
   C. 20　　　　　　　　　D. 32
6. 犯人旅客上下飞机的顺序为（　　）
   A. 先上后下　　　　　　B. 后上先下
   C. 先上先下　　　　　　D. 后上后下

第十二章　不正常运输服务

学习目标

1. 旅客运输不正常的情况和处理。
2. 航班运输不正常的种类和处理。
3. 航班延误的赔付。

2017年1月9日,中国民航局发布关于国内航空公司、机场实施《航班正常管理规定》相关工作情况的通告。同时航班延误影响着航空公司的运行效率和服务质量,一般使用准点率来衡量承运人运输效率和运输质量。

本章节主要讲解了旅客运输不正常的情况和处理方式,以及航班运输不正常的分类和处理方式。同时,介绍了在航班运输过程中,人身伤害的赔付和航班延误主要的赔付标准。

第一节　旅客运输不正常服务

旅客运输不正常情况主要包括误机、漏乘、错乘、登机牌遗失和航班超售等情况。

一、误机、漏乘、错乘

(一)旅客误机

旅客误机是指旅客未按规定的时间办妥乘机手续或因旅行证件不符合规定而未能搭乘上指定的航班。旅客误机后的处置:

(1)旅客如误机,应到原购票地点办理客票变更或退票手续。

(2)旅客误机后,如改乘后续航班,在后续航班有空余座位的情况下,承运人应积极予以安排,不收误机费(团体旅客除外)。

(3)旅客误机后,如要求退票,承运人应按规定收取误机费。因承运人原因造成旅客误机,旅客要求退票,按非自愿退票处理。

(4)团体旅客误机,客票作废,票款不退(承运人原因除外)。

（5）旅客误机后，如改乘后续航班，应在客票"票价计算"栏内加盖"误机NOSHOW"印章，并注明误机时间。

（二）旅客漏乘

旅客漏乘是指旅客在航班始发站办理乘机手续后或在经停站过站时未搭乘上指定的航班。按照旅客类型分类可分为过站旅客漏乘与始发旅客漏乘。

1. 过站旅客漏乘

过站旅客到达经停站后，精力不集中，认为到达了目的站，下飞机之后没有注意机场的标识标牌以及工作人员的提醒，直接走出候机楼，因而导致漏乘。

过站旅客知道自己是到了经停站，也换取了工作人员发放的过站登机牌，但是在候机隔离厅购物、上洗手间、看书报、睡觉等，注意力不集中，没有注意登机广播，导致漏乘。

2. 始发旅客漏乘

（1）旅客办理完登机牌进入隔离厅之后，在错误的登机口休息等待，没有注意听登机口广播，或者在看书报、逛商店、用餐等，导致漏乘，这一类情况在所有漏乘旅客里面比较多。

（2）少部分旅客本身到机场时间就很晚，已经结束办理乘机手续，机场工作人员为了给旅客提供方便给予办理，但该旅客在过安全检查和到达登机口的过程中花费了过多的时间，无法登机，造成漏乘。

（3）旅客办理完手续进入隔离厅后，登机牌丢失，需要重新补办，在补办的过程中超过了最后登机时间，无法登机，造成漏乘。

（4）机场登机口更改，广播通知了更改登机口，旅客没有注意广播通知，也没有注意听登机广播，导致漏乘。

（5）由于机场设施原因（电力系统、离港系统、安检仪器、广播系统等）导致旅客不能办理登机牌或者不能进行安全检查，也没有听到登机广播，造成漏乘。

旅客漏乘后按下列规定处理：由于旅客原因造成漏乘，旅客要求退票，应到原购票地点办理退票手续，承运人可以收取适当的误机费；由于承运人原因导致旅客漏乘，承运人应当尽早安排旅客乘坐后续航班成行。如旅客要求退票，始发站应退还全部票款。经停站应退还未使用航段的全部票款，均不收取退票费。

（三）旅客错乘

旅客错乘是指旅客乘坐了不是客票上列明的航班。

旅客错乘按下列规定处理：旅客错乘航班，承运人应安排错乘旅客搭乘最早飞往旅客客票上目的地的航班，票款不补不退。

由于承运人原因导致旅客错乘，承运人应尽早安排旅客乘坐后续航班成行。如旅客要求退票，始发站应退还全部票款，经停站应退还未使用航段全部票款，均不收退票费。

二、登机牌遗失

登机前，如旅客声明登机牌遗失，可按下列程序处理。

（1）核验客票和旅客本人及其有效身份证件是否一致。如挂失时旅客已通过安检，应会同安检部门核查。

（2）如属于团体旅客，应核查该团体实际人数。

（3）经核查确认属本航班旅客并已办理乘机手续，可予以补发新登机牌，但该补发登机牌在登机前不应交予旅客。如旅客未通过安检应予以协助。

（4）补发的登机牌，应填上原座位号。如属团体旅客不能确定座位号时，应注明"候补"字样。

（5）登机完毕，航班旅客人数相符，方可允许该旅客登机，同时发给补发的登机牌。

（6）如航班登机人数不符，应查明原因，参照本节以上各条的规定处理。

（7）对于故意行为的无票乘机旅客，必要时应交机场公安保卫部处理。

三、航班超售

（一）航班超售的定义

航班超售是指航班在办理乘机手续前，其实际订座人数大于该航班执行机型可利用座位数。

旅客订票后并未购票或购票后在不通知航空公司的情况下放弃旅行，从而造成航班座位虚耗。为了满足更多旅客的出行需要和避免航空公司座位的浪费，航空公司会在部分容易出现座位虚耗的航班上，进行适当的超售。这种做法对旅客和航空公司都有益，也是国际航空界的通行做法。

（二）航班超售的处理办法

超售并不一定意味着已购客票的旅客无法乘机，对于超售的航班，持有订妥座位的有效客票的旅客，在绝大多数情况下都能成行。但在特殊情况下，可能会使个别旅客不能按时成行。对于未成行的旅客，航空公司将酌情采取弥补措施。

当航班出现超售时，将首先寻找自愿放弃座位的旅客，各航空公司也将根据相关规定给予旅客一定补偿；当没有足够的旅客自愿放弃座位时，根据规定的优先登机原则拒绝部分旅客登机，对被拒绝登机的旅客提供相应的服务并给予一定补偿。

1. 准备

地面保障部门或相关机场航站在得知某个航班超售时，应及时做好拒载旅客安置的准备工作。

（1）根据航班订座情况及航班座位控制部门提供的信息，核实航班订座情况，扣除免票旅客后检查航班是否还存在超售，但持团体优惠票、积分兑换免票的旅客除外。

（2）根据旅客订座分类，选择家庭和闲散类的散客，拟定自愿弃乘旅客名单。

（3）及时掌握本公司和共享航班上其他航空公司航班的订座情况，为旅客改签做好准备。

2. 非自愿变更舱位

当航班某一舱位确实发生超售时，在其他舱位至航班结载仍有空余座位时，可采用非自愿变更舱位等级操作为超售旅客安排座位。

1）非自愿由低等级舱位变更至高等级舱位

（1）采取逐级升舱方式，即由 Y 舱升 C 舱、由 C 舱升 F 舱。

（2）升舱后的旅客不享受高等级舱位的免费行李额和地面服务标准，不享受高等级客舱服务标准；升舱后的常旅客里程按照原舱位等级进行里程累计；团体旅客及携带婴幼儿的旅客通常不予安排。

（3）升舱次序：

① VVIP、VIP 旅客。

② 金、银卡旅客。

③ 高等级舱位旅客。

2）非自愿由高等级舱位变更至低等级舱位

（1）采取逐级降舱方式，即由 F 舱降至 C 舱、由 C 舱降至 Y 舱。

（2）降舱后的旅客仍享受高等级舱位的免费行李额和地面服务标准，票价差额的处理按实际舱位分别计算。

（3）在纸质客票的乘机联和旅客联上直接加盖降舱印章，须当日值班主任签名，并告知旅客凭客票的旅客联和登机牌到原出票处办理退款手续。

（4）对于电子客票旅客，若旅客持有行程单，则在行程单上盖降舱印章，须当日值班主任签名，并告知旅客凭行程单和登机牌到原出票处办理退款手续。若旅客未持行程单，为旅客开具电子客票非自愿降舱证明，须当日值班主任或相关领导签名，并告知旅客凭电子客票非自愿降舱证明和登机牌到原出票处或办事处办理退款手续。

3. 航班实际超售，拉卸旅客的操作

（1）由于航空公司原因或其他非旅客等原因，造成航班实际超员，无法安排旅客乘坐本航班的情况下，允许临时从该航班上拉卸部分已经预订座位的旅客。

① 拉卸旅客次序：无订座记录旅客→持优待折扣旅客→经动员后接受转乘的旅客→乘机航程最短的旅客→按次序持最低票面价格的旅客。

② 拉卸旅客原则：先无托运行李旅客，后有托运行李旅客；先普通旅客，后重要旅客；先散客，后团体旅客；先最后办理乘机手续的旅客，后先办理乘机手续的旅客。

（2）由于非旅客原因（即承运人强制行为）造成航班实际超员，按照惯例，航空公司对符合下列条件的被拉卸旅客承担相应责任，并给予现金或其他方式补偿。

① 持有当次航班订妥客票的旅客。

② 持有"OK"客票的旅客。

③ 按规定时间提前到达值机柜台办理乘机手续的旅客。

④ 持有效旅行证件的旅客。

在对被拉卸旅客进行补偿的同时，航空公司仍有义务根据旅客要求，尽早安排旅客改乘其他航班成行。

第二节 航班运输不正常服务

不正常航班是指由于天气或机械故障等原因造成的不能按公布的时间正常飞行的航班。不正常航班服务是指根据航班不正常情况提供相应的服务。

一、不正常航班的原因

（1）造成航班不正常的原因主要有天气、突发事件、空中交通管制、安检、旅客、工程机务、航班计划、运输服务、空勤人员等。

（2）按造成航班不正常的责任性质可分为承运人原因和非承运人原因两类。

① 承运人原因：工程机务、航班计划、运输服务、空勤人员原因。

② 非承运人原因：天气、突发事件、空中交通管制、安检、旅客原因。

二、不正常航班的类别

不正常航班分为十类，如表 12-1 所示。

表 12-1 不正常航班的类别

不正常类型	详　解
航班延误	未在客票列明的离站时间 15 分钟（部分机场按当地规定时间）之内正常起飞的航班
航班取消	先前计划执行飞行任务的航班停止飞行，并且该航班至少有一个座位被预订
航班合并	将相同航程的不同航班合并为一个航班飞行
航班备降	飞机在执行某一目的地航班任务时，由于天气、航路、机械故障等原因不能降落在指定机场而改降至备降机场
航班转场	航班因各种不正常情况需要改变起降机场
航班改期	航班因各种不正常情况需要改变飞行日期
航班返航	飞机从始发地机场飞往目的地机场的途中返回始发地机场
大面积航班延误	由于天气、航空管制等原因造成一定数量的航班超过 4 个小时以上的延误。大面积航班延误的定义由各航站、航空公司根据航班的具体数量和具体时间确定定义
罢乘旅客	在不正常航班开始登机后，拒绝登机的旅客
占机旅客	在不正常航班到达目的地后，拒绝下机的旅客

三、航班延误

航班延误是指由于各种原因，飞机不能按照公布的时刻起飞，造成延误或取消当日飞行。

（1）如在旅客前往机场办理乘机手续前已得知航班将延误较长时间，尽量根据旅客订座单的联系电话通知旅客航班变更时间。

（2）如事先无法与已购票旅客取得联系，则机场值机部门应按原定办理乘机手续时间在柜台等候旅客，并向旅客说明情况，做出相应处理。

（3）一般来说，延误2小时以内的，应提供饮料，如遇进餐时间，应提供餐食。延误超过4小时的，除发放餐食、饮料外，还应提供宾馆休息服务。

（4）应每间隔30分钟向旅客通报一次航班动态信息。

（5）可向有需要的旅客出具航班延误证明。

（6）对于延误超过4小时的航班，应了解航班延误原因及预计起飞时间，并做好与宾馆方面的服务交接工作。

（7）如因特殊情况而无法安排人员陪同旅客前往宾馆，应事先联系宾馆，请宾馆方面代表航空公司安置旅客，但应与宾馆方面保持沟通，及时处理、解决旅客提出的相关服务需求。

（8）如旅客入住宾馆后，应及时向宾馆通报航班信息，由宾馆通过电话、告示栏等形式告知旅客。

（9）如旅客提出自行安排住宿，可视情况与旅客协商机场到旅客住所的地面交通费用，并将航班预计起飞时间告知旅客。

（10）航班起飞时间确定后，应及时将航班信息及宾馆发车时间通知旅客，或由宾馆方面代表航空公司通知旅客，并妥善安排地面运输车辆将旅客送回机场。

四、航班取消

航班取消是指因预设航班延误而停止飞行计划，或者因延误而导致停止飞行计划的情况。

（1）航班取消后，应锁定订座系统，停止继续售票。

（2）航班取消后，市场销售部门应及时通知已购票的旅客，并根据旅客意愿为旅客安排后续航班座位。

（3）对于市场销售部门未能通知到而按原定航班时间到达机场的旅客，地面服务部门应安排专人进行善后的服务工作，服务内容包括以下几方面。

① 将航班取消的信息通知旅客。

② 根据市场销售部门提供的信息，耐心解释未能通知到旅客的原因。

③ 根据旅客意愿，为其办理改签或退票手续。改签和退票不收取费用。

④ 根据情况，按有关规定为改签旅客提供膳宿服务。

⑤ 根据情况，填写《不正常航班旅客补助发放登记表》和《航班不正常服务费用清单》，为旅客提供经济补偿。

五、补班

航班由于天气、突发事件或航空公司飞行故障、航班计划等原因，无法按原期时刻完成运输，造成旅客在始发地滞留，确定起飞时间后于次日完成航班任务，则此航班就为补班。补班的注意事项有以下几方面。

（1）商务运输部门要了解执行补班飞行的机型、机号、座位布局等情况。

（2）重新办理乘机手续，收回原航班的登机牌，交运的行李重新过磅，换发新登机牌。平衡人员根据实际情况重新计算业务载量，拍发业务载重电报时要注明本次航班飞行为补班。

（3）个别旅客因故退票或签转其他航班，由此形成的载量的变化，值机人员要做到心中有数，载量尚余时可以办理非补班航班旅客的购票、乘机手续。

（4）有关补班飞行前的旅客服务工作，按航班取消的有关规定办理。

六、航班中断

航班中断是指航班在到达经停站后，取消后续航段飞行，致使航程中断。航班中断飞行后，使用承运人后续航班。如无承运人后续航班或后续航班无可利用座位，可使用其他承运人的航班。根据情况也可以使用地面运输或其他运输方式。

航班中断飞行后，使用其他航班运输旅客，应分别按不同的接运航班，根据原客票旅客联，填制"飞行中断旅客舱单"（FIM）作为运输的凭证。

对继续乘机的旅客，如需要提供膳宿服务，按承运人原因航班延误的有关规定办理。

七、航班返航

航班在飞行途中，由于受到天气变化、突发事件、空中交通管制等原因，不能继续执行航班飞行任务，飞机返回始发地降落，称为返航。

（1）飞机返航后，旅客运送服务部门应及时向生产调度室了解航班返航的原因、返航航班的飞机号、旅客人数和预计起飞等信息。

（2）承运人根据需要组织旅客下飞机，对返航航班的旅客，按航空公司航班不正常的有关规定提供服务。

（3）旅客下飞机以后需广播通知并引导其前往不正常航班旅客休息大厅休息，并耐心做好解释工作。

（4）旅客再次登机时，应重新核查人数。

八、航班备降

受突发情况或不可抗力影响，航班临时更改目的地，或在非计划的中途经停地加降，或飞越指定经停地，均属航班备降。

（1）备降航班牵涉的所有航站必须将航班备降信息（包括新的起降时间）事先公布，便于旅客迎送和转机。

（2）客运服务部门接到航班信息后，应确认旅客是否需要下飞机。如需下飞机，客运服务部门应安排好客运人员负责返航航班的接机工作，并安排在指定候机区域内，提供相应的地面服务。

（3）航班起飞后备降其他机场，客运服务部门应关注航班动态，以及对后续航班的影响，做好启动航班处置预案的准备。

（4）对于备降本站的航班，客运服务部门接到航班备降信息后，应事先了解备降航班原因、航班预计时间、各舱位旅客人数、特殊旅客服务信息，做好人员安排和相关物品准备，根据航空公司规定提供相应的地面服务。

（5）一般禁止旅客在备降航站（中途加降）终止旅行，特殊情况（病危、伤亡等）除外，但必须事先征得当地有关当局批准。终止旅行旅客的行李必须同时卸机。

（6）承运人迅速为旅客办理客票退、改、签手续及提供相应的地面服务。

（7）承运人尽可能在航班备降时安排重要旅客、头等舱旅客、公务舱旅客、特殊旅客在专用地点休息候机。

（8）如备降航班有无成人陪伴儿童等特殊服务旅客，承运人需及时与接机人取得联系，告知航班情况。

（9）备降航班取消，服务操作同取消航班。

第三节　航空赔偿

一、旅客人身伤害的责任与赔偿

航空保险是指投保人在保险人承保的空域中发生各种承保范围内的损失时，保险人按保险单条款给予赔偿的一种保险，一般分为旅客及行李损失赔偿责任保险、旅客搭乘飞机过程中受伤害的保险等。

航空保险一般采用双向保险制，即将承运人赔偿和保险公司赔偿相结合的办法，不管旅客是否投保，发生航空事故时，承运人均需承担赔偿责任，按照责任大小国内旅客最高赔偿40万元。

从旅客的角度，通常所说的航空保险一般是指旅客在搭乘飞机过程中受伤害的保险，也称为航空意外险。对于购买了航空意外险的旅客，在发生航空事故时，还可以获得保险公司保险赔偿，航空意外险的最高赔偿额度为40万元，同一被保险人最高保险金额为人民币200万元。

二、航班不正常责任认定与赔偿

当遇到航班不正常情况时，承运人除了做好安排后续航班、退票等上述的补救措施以外，还对旅客因延误而造成的经济损失需按规定进行补偿或赔偿。对于赔偿损失责任的归责，原则上采用过错认定的原则，现由承运人证明自己已经采取了一切必要措施或不可能采取此种措施，最终仍造成了旅客的损失，应承担赔偿的责任。

早在2004年7月1日，当时的中国民用航空总局就公布了《民航总局对国内航空公司因自身原因造成航班延误给予旅客经济补偿的指导意见（试行）》的指导方案，其中已规定：航空公司因自身原因造成航班延误，除按照《中国民用航空旅客、行李国内运输规则》的有关规定，做好航班不正常情况下的服务工作之外，还应根据航班延误4小时（含）以上，不超过8小时，延误8小时（含）以上的不同延误时间的实际情况，对旅客进行经济补偿。

2010年中国航空运输协会向航空公司下发了《航空运输服务质量不正常航班承运

人服务和补偿规范（试行）》，提出了新的补偿标准。由于承运人原因所造成的航班延误、取消，客票的退、改、签等费用均由航空公司承担。航班延误4~8小时（含8小时），承运人需为旅客安排休息场所，还需向旅客提供价值300元的购票折扣、里程或其他方式的等值补偿，或是人民币200元的现金补偿。航班延误8小时以上则要向旅客提供价值450元的购票折扣、里程或其他方式的等值补偿，或是人民币300元的现金补偿。

2016年7月21日，交通部发布了《航班正常管理规定》（简称《规定》）并于2017年1月1日起实施的公告。下面为航班延误赔偿新规定详情。

此次《规定》要求，航空公司应制订并对社会公布航班延误经济补偿方案，方案中应明确是否对航班延误进行补偿，补偿的范围、条件、标准等内容。航班延误时，航空公司应严格执行经济补偿方案。

2016年航班延误新规定如下。

（一）航班延误新规：非航空公司原因延误旅客自理费用

《规定》原文第二十九条第四款规定，明确了航班延误的原因以及各航空公司应该承担的责任。将延误原因予以分类，首次明确由于天气、突发事件、空中交通管制、安检以及旅客等非承运人原因，造成航班在始发地出港延误或者取消，承运人应当协助旅客安排餐食和住宿，费用由旅客自理。

（二）航班延误新规：航空公司30分钟内应告知延误信息

《规定》明确，在出现航班大面积延误之前，航空公司接到延误信息，要在30分钟以内通知购票旅客。并通过官网等多种渠道向社会公布延误信息。《规定》还指出，大面积延误下，机场要协调海关、边防、检疫、公安、地面服务等部门。夜间大面积航班延误期间，机场管理机构应当协调延长机场巴士运营时间。

（三）航班延误新规：购票时应告知航班延误服务内容

《规定》第三章提出延误后的处置，明确航空公司应该明确航班出港延误及取消后的旅客服务内容，并在购票环节中明确告知旅客。航空公司的运输总条件中应当包括是否对航班延误进行补偿；若给予补偿，应当明确补偿条件、标准和方式等相关内容。

（四）航班延误新规：三种情况才可免食宿费

（1）由于机务维护、航班调配、机组等承运人自身原因，造成航班在始发地出港延误或者取消。

（2）国内航班在经停地延误或者取消。

（3）国内航班发生备降。

对于以上服务，如果航空公司（承运人）不能严格履行，将面临民航管理局的处罚。《规定》强调，未按规定为旅客提供食宿服务的，处4万元以上6万元以下的罚款。

根据《规定》，机上延误超过2小时（含）的，应当为机上旅客提供饮用水和食品。超过3个小时（含）且无明确起飞时间的，承运人应当在不违反航空安全、安全保卫规定的情况下，安排旅客下飞机等待。

根据《规定》，由于天气、突发事件、空中交通管制、安检以及旅客等非承运人原因，造成航班在始发地出港延误或者取消，承运人应当协助旅客安排餐食和住宿，费用由旅客自理。

只有在由于承运人自身原因造成航班在始发地出港延误或者取消，旅客才能享受到免费的餐食或者住宿等服务。因航空公司原因在起飞地延误超过4小时（不超过8小时）最低赔偿200元，延误超过8小时最低赔偿400元。

中国国航的补偿条件及标准如下：由于机务维护、航班调配、机组等国航的原因，造成航班延误，国航将根据延误的实际情况，向旅客提供经济补偿。延误4小时（含）以上不超过8小时，每位旅客补偿人民币200元；延误8小时（含）以上，每位旅客补偿人民币400元。

南方航空的补偿条件及标准与中国国航类似。

在航班延误补偿标准上，深圳航空、山东航空、昆明航空、大连航空、国航内蒙古公司、重庆航空、海南航空、大新华航空、首都航空、天津航空、吉祥航空、四川航空、成都航空、东海航空、西藏航空、青岛航空、江西航空等对旅客的补偿金额亦为最高不超过400元。

中国三大航空公司（国航、南航、东航）的补偿条件中多了"商务"造成的航班延误或者取消这一补充条件。此外，东航的补偿条件中，对旅客进行补偿的可能是东航自身，也可能是东航的地面服务代理人。补偿金额上，航班延误4小时（含）至8小时，最低补偿标准人民币200元；航班延误8小时（含）以上，最低补偿标准人民币400元。东航云南分公司、上海航空的航班延误补偿标准与东航保持"步调"一致，即最高补偿金额不超过400元。

春秋航空、长安航空、桂林航空、北部湾航空、中国联合航空、西部航空、乌鲁木齐航空七家航空企业在内，无论何种原因航班延误或取消，航空公司不提供经济补偿，仅提供餐食或住宿补偿。选择这一赔偿标准的航空企业多数是低成本航空。

包括吉祥航空在内有四家航空企业选择了更加细化的赔偿标准，增加了延误超过6小时（不超过8小时）这一档赔偿，其中吉祥航空的赔偿数额分别为200元、300元、400元，奥凯航空、云南红土航空、幸福航空三家航空企业的赔偿数额分别为100元、200元、300元。

除此之外，江西航空还根据航程标准在延误超过4小时（不超过8小时）这一档进行细化，其中航程不超过90分钟的赔偿200元、航程超过90分钟的赔偿300元。

航班延误险，是指投保人（乘客）根据航班延误保险合同规定，向保险人（保险公司）支付保险费，当合同约定的航班延误情况发生时，保险人（保险公司）依约给付保险金的商业保险行为。现在国内航班延误险一般都是包含在意外险里面的，延误险费20元，大部分是延误超过4小时，而且没有上飞机，才可以申请理赔的，而且理赔程序复杂，需要提交各种资料（申请表、保险单、个人身份证明、延误时间及原因的书面证明等），资料递交齐后，在10日内等保险公司批复。

第十二章 不正常运输服务

图 12-1 航班延误险购买

图 12-1 所示为航班延误险购买图。

表 12-2 所示为航班延误险的类别和赔付标准。

表 12-2 航班延误险的类别和赔付标准

航空延误险的类别	赔 付 标 准
众安保险	提前 1 天购买,单价 25 元,航班延误 2 小时赔付 200 元;单价 50 元,延误 2 小时赔付 400 元;单价 100 元,延误 2 小时赔付 800 元;微信自动理赔
小马保险	1. 提前 2 小时购买,单价 19 元,10 分钟起赔,航班延误 1 小时累计赔付 105 元,送 100 万航意险,飞机落地后 12 小时内自动理赔(工作时间内 2 小时到账)。 2. 提前 2 小时购买,单价 0.09 元,1 小时起赔(含)30 元,航班延误 1 小时后取消也赔付 30 元,送 100 万航意险,飞机落地后 12 小时内自动理赔(工作时间内 2 小时到账)
平安保险	1. 提前 1 天购买,单价 45 元,航班延误 1 小时赔付 100 元;延误 2 小时赔付 200 元;延误 3 小时赔付 300 元;微信自动理赔,飞机落地最快 2 小时起赔 2. 提前 1 天购买,单价 22 元,30 分钟起赔,航班延误 30~60 分钟每分钟 0.5 元;60 分钟以上 1 元,200 元封顶,微信自动理赔,飞机落地最快 2 小时起赔
太平洋航班延误险	提前 1 天购买,单价 20 元,30 分钟起赔,航班延误 30 分钟赔付 30 元;60 分钟赔付 100 元;90 分钟赔付 150 元;120 分钟赔付 200 元;150 分钟赔付 250 元;延误 3 小时即可获赔 300 元;延误 4 小时以上,即可赔付 400 元;飞机落地后 12 小时内自动理赔
永安保险	提前 1 天购买,单价 20 元,航班延误半小时赔付 30 元,1 小时赔付 60 元,2 小时赔付 120 元,微信自动理赔

 课后练习

一、简答题

1. 旅客运输不正常服务主要包括哪些?

2. 旅客误机如何处理？
3. 简述航班超售的定义和处理方法。
4. 航班延误的基本处理方式有哪些？
5.《航班正常管理规定》赔偿涉及的主要内容有哪些？

二、选择题

1. 航班超售后，拉卸旅客的操作顺序为（　　）。
    ① 无订座记录旅客
    ② 经动员后接受转乘的旅客
    ③ 持优待折扣旅客
    ④ 按次序持最低票面价格的旅客
    ⑤ 乘机航程最短的旅客
    A. ③①②⑤④　　　　　　B. ①③②⑤④
    C. ①③②④⑤　　　　　　D. ①③②⑤④

2. 不管旅客是否投保，发生航空事故时，承运人均需承担赔偿责任，按照责任大小乘坐国内航线的旅客最高赔偿（　　）万元。
    A. 20　　　　　　　　　　B. 30
    C. 40　　　　　　　　　　D. 50

3. 2016年航班延误新规：航空公司（　　）分钟内应告知延误信息。
    A. 20　　　　　　　　　　B. 30
    C. 40　　　　　　　　　　D. 60

参 考 文 献

[1] 何蕾，王益友．民航机场地面服务［M］．北京：化学工业出版社，2013．
[2] 周小卉，毕妍博，王忠义．民航旅客运输［M］．北京：航空工业出版社．2017．
[3] 魏全斌．民航旅客运输［M］．北京：北京师范大学出版社，2013．
[4] 中国民用航空局职业技能鉴定指导中心．民航客运员 技能篇：初级、中级、高级［M］．北京：中国民航出版社，2013．
[5] 郭沙，汤黎．民航旅客运输［M］．重庆：重庆大学出版社，2017．
[6] 王娅．民航国内旅客运输［M］．北京：中国民航出版社，2016．
[7] 赵影，王卉，张玉．民航旅客运输［M］．北京：人民交通出版社，2014．
[8] 徐婷婷，许夏鑫．民航旅客运输［M］．北京：科学出版社，2014．

附录 A 航班正常管理规定

(中华人民共和国交通运输部令 2016 年第 56 号)

第一章 总 则

第一条 为提高航班正常率,有效处置航班延误,提升民航服务质量,维护消费者合法权益和航空运输秩序,根据《中华人民共和国民用航空法》《消费者权益保护法》《民用机场管理条例》等有关法律、行政法规,制定本规定。

第二条 本规定适用于依照中华人民共和国法律设立的承运人(以下简称国内承运人)、机场管理机构、地面服务代理人、航空销售代理人、空中交通管理部门(以下简称空管部门)、机场公安机关,以及航空油料企业、航空器材企业、航空信息企业等其他服务保障单位在航班正常保障、延误处置及旅客投诉管理方面的活动。

港澳台地区承运人、外国承运人航班始发点或者经停点在我国境内(不含港澳台)机场时航班正常保障、延误处置及旅客投诉管理方面的活动也适用本规定。

货邮航班不适用本规定。

第三条 本规定中下列用语的含义:

(一)"承运人"是指使用民用航空器从事旅客、行李或者货物运输的公共航空运输企业,包括国内承运人、港澳台地区承运人和外国承运人。

(二)"航班延误"是指航班实际到港挡轮挡时间晚于计划到港时间超过 15 分钟的情况。

(三)"航班出港延误"是指航班实际出港撤轮挡时间晚于计划出港时间超过 15 分钟的情况。

(四)"航班取消"是指因预计航班延误而停止飞行计划或者因延误而导致停止飞行计划的情况。

(五)"机上延误"是指航班飞机关舱门后至起飞前或者降落后至开舱门前,旅客在航空器内等待超过机场规定的地面滑行时间的情况。

(六)"民航行政机关"是指中国民用航空局(以下简称民航局)和中国民用航空地区管理局(以下简称民航地区管理局)。

(七)"大面积航班延误"是指机场在某一时段内一定数量的进、出港航班延误或者取消，导致大量旅客滞留的情况。某一机场的大面积航班延误由机场管理机构根据航班量、机场保障能力等因素确定。

第四条　民航局负责对全国航班正常保障、延误处置、旅客投诉等实施统一监督管理。

民航地区管理局负责对所辖地区的航班正常保障、延误处置、旅客投诉等实施监督管理。

第二章　航班正常保障

第五条　承运人、机场管理机构、空管部门、地面服务代理人及其他服务保障单位应当分别建立航班正常运行保障制度，保证航班正点运营。

航班正常运行保障制度应当包括航班正常工作的牵头部门、管理措施、考核制度等内容。

第六条　承运人应当按照获得的航班时刻运营航班。

第七条　承运人应当提高航空器及运行人员的运行能力，充分利用仪表着陆系统或者等效的精密进近和着陆引导系统，积极开展相关新技术的应用，保障航班安全、正常运行。

第八条　承运人应当合理安排运力和调配机组，减少因自身原因导致航班延误。

第九条　机场管理机构应当加强对设施设备的检查和维护，保障航站楼、飞行区的设施设备运行正常，减少因设施设备故障导致的航班延误。

第十条　机场管理机构与空管部门应当加强协同，研究优化机坪运行管理，提高地面运行效率，并对所有进出港航班运行进行有效监控。

第十一条　机场管理机构应当按照相关规定安装、使用仪表着陆系统或者等效的精密进近和着陆引导系统，积极开展相关新技术的应用，保障航班安全、正常运行。

第十二条　地面服务代理人、自营地面服务业务的承运人、代理承运人地面服务业务的机场管理机构，应当按照保障业务的实际需求配备足够数量的运行保障设备和人员。

第十三条　空管部门应当依据职责严格执行空管运行工作程序和标准，加快空中流量，保证航班正常。

第十四条　空管部门应当依据职责积极推动新技术应用，提高运行保障能力，保证航班正常。

第十五条　空管部门应当加强天气监测和预报能力建设，按照规定为承运人提供准确的航空气象服务。

第十六条　航空油料企业、航空器材企业、航空信息企业等服务保障单位，应当做好航油供应、航材保障和信息服务等工作，减少因自身原因影响航班正常。

第三章　延误处置

第一节　一般规定

第十七条　承运人应当制定并公布运输总条件，明确航班出港延误及取消后的旅客服务内容，并在购票环节中明确告知旅客。

国内承运人的运输总条件中应当包括是否对航班延误进行补偿；若给予补偿，应当明确补偿条件、标准和方式等相关内容。

第十八条　承运人应当积极探索航班延误保险等救济途径，建立航班延误保险理赔机制。

第十九条　承运人委托他人代理地面服务业务或者销售代理业务的，应当在代理协议中明确航班出港延误后的服务内容和服务标准。

第二十条　承运人及其航空销售代理人在售票时应当将旅客联系方式等必要信息准确录入旅客订座系统，并负责及时通告旅客航班动态信息。

第二十一条　承运人、机场管理机构、地面服务代理人应当分别制定备降航班地面服务保障工作程序和应急预案。

承运人与备降机场管理机构、地面服务代理人有备降保障协议的，备降机场管理机构和地面服务代理人应当按保障协议做好备降航班服务工作。

承运人签订协议的备降机场无法接收备降，航班需在其他机场备降时，相关机场管理机构应当按照有关规定积极创造条件，在保证安全的前提下，提供备降保障，不得借故不予保障。

第二十二条　航班出港延误或者取消时，承运人、机场管理机构、空管部门、地面服务代理人、航空销售代理人应当加强信息沟通和共享。

承运人应当每隔30分钟向机场管理机构、空管部门、地面服务代理人、航空销售代理人发布航班出港延误或者取消信息，包括航班出港延误或者取消原因及航班动态。

空管部门应当按照规定将天气状况、流量控制和航班出港延误后放行等信息通告承运人和机场管理机构。

机场管理机构应当按照规定将机位、机坪运行情况等信息通告承运人、地面服务代理人和空管部门。

第二十三条　机场管理机构应当协调驻场各单位，制定大面积航班延误总体应急预案，并定期组织演练。

承运人、地面服务代理人、空管部门及其他服务保障单位应当分别制定大面积航班延误应急预案。

驻场各单位应当服从机场管理机构的组织协调，参加演练，落实各项服务保障工作。

第二十四条　旅客应当文明乘机，合法维权，不得违法进入机场控制区，堵塞安检口、登机口，冲闯机坪、滑行道、跑道，拦截、强登、强占航空器，破坏设施设备，或者实施其他扰乱民航运输生产秩序的行为。

第二十五条　出现第二十四条旅客扰乱民航运输生产秩序的情况，承运人、地面服务代理人、机场管理机构等相关单位应当及时报警。

机场公安机关接到报警后，应当依法及时处理，维护民航运输生产秩序。

第二节　航班出港延误旅客服务

第二十六条　在掌握航班出港延误或者取消信息后，各单位应当按照各自职责，做好以下信息通告工作：

（一）承运人应当在掌握航班状态发生变化之后的 30 分钟内通过公共信息平台、官方网站、呼叫中心、短信、电话、广播等方式，及时、准确地向旅客发布航班出港延误或者取消信息，包括航班出港延误或者取消原因及航班动态。

（二）机场管理机构应当利用候机楼内的公共平台及时向旅客通告航班出港延误或者取消信息。

（三）航空销售代理人应当将承运人通告的航班出港延误或者取消的信息及时通告旅客。

各单位应当加强协调，及时传递相关信息，确保对外发布的航班信息真实、一致。

旅客对承运人、机场管理机构、航空销售代理人通告的信息真实性有异议的，可在旅行结束后向民航局确认。

第二十七条　航班出港延误或者取消时，承运人应当根据运输总条件、客票使用条件，为旅客妥善办理退票或者改签手续。

旅客要求出具航班延误或者取消书面证明的，承运人应当及时提供。

第二十八条　航班出港延误或者取消时，承运人应当按照运输总条件，做好旅客服务工作。

第二十九条　发生航班出港延误或者取消后，承运人或者地面服务代理人应当按照下列情形为旅客提供食宿服务。

（一）由于机务维护、航班调配、机组等承运人自身原因，造成航班在始发地出港延误或者取消，承运人应当向旅客提供餐食或者住宿等服务。

（二）由于天气、突发事件、空中交通管制、安检以及旅客等非承运人原因，造成航班在始发地出港延误或者取消，承运人应当协助旅客安排餐食和住宿，费用由旅客自理。

（三）国内航班在经停地延误或者取消，无论何种原因，承运人均应当向经停旅客提供餐食或者住宿服务。

（四）国内航班发生备降，无论何种原因，承运人均应当向备降旅客提供餐食或者住宿服务。

第三十条　在航班出港延误或者取消时，承运人、航空销售代理人或者地面服务代理人应当优先为残疾人、老年人、孕妇、无成人陪伴儿童等需特别照料的旅客提供服务。

第三十一条　机场管理机构应当在航站楼内为旅客提供医疗服务。

第三节　机上延误处置

第三十二条　承运人应当制定并向社会公布机上延误应急预案，预案内容应当包括机上延误时的信息通告、餐饮服务提供时间和下机的条件及限制。

机上延误应急预案应当与机场管理机构、海关、边检、安保部门充分协调。

第三十三条　发生机上延误后，承运人应当每 30 分钟向旅客通告延误原因、预计延误时间等航班动态信息。

由于流量控制、军事活动等原因造成机上延误的，空管部门应当每 30 分钟向承运人通告航班动态信息。

第三十四条　机上延误期间，在不影响航空安全的前提下，承运人应当保证盥洗设备的正常使用。

机上延误超过2小时（含）的，应当为机上旅客提供饮用水和食品。

第三十五条　机上延误超过3个小时（含）且无明确起飞时间的，承运人应当在不违反航空安全、安全保卫规定的情况下，安排旅客下飞机等待。

第三十六条　机场管理机构、地面服务代理人应当协助承运人做好机上延误时的各项服务工作。

第四节　大面积航班延误处置

第三十七条　机场管理机构及驻场各单位应当共同建立大面积航班延误联动协调机制，包括信息共享、航班放行协调、旅客服务协调等机制。

第三十八条　机场管理机构应当及时宣布启动大面积航班延误总体应急预案，并协调承运人、地面服务代理人、机场公安机关、空管部门及服务保障单位，共同实施应急预案。

第三十九条　发生大面积航班延误时，空管部门应当按照规定向有关单位通告航班延误原因、预计起飞时间等航班动态信息。

机场管理机构应当建立大面积航班延误信息发布工作制度及对外宣传平台，实时向社会公布延误及处置情况。

第四十条　发生大面积航班延误时，空管部门应当协调承运人、机场管理机构、地面服务代理人等单位，启动航班放行协调机制。

第四十一条　发生大面积航班延误时，机场管理机构应当启动旅客服务协调机制，协调承运人、地面服务代理人、机场公安等单位，组织实施相关服务工作。

机场管理机构应当协调海关、边防、检验检疫等联检单位，根据进出港航班运行情况，确保旅客快速办理联检手续。

夜间大面积航班延误期间，机场管理机构应当协调相关单位延长机场巴士运营时间。

第四十二条　发生大面积航班延误时，机场公安机关应当增加现场执勤警力，维护民航运输生产秩序。

第四十三条　机场管理机构应当与地方政府建立大面积航班延误处置联动机制，必要时请求地方政府协助。

第四章　旅客投诉管理

第四十四条　为了维护自身的合法权益，旅客可以向承运人、机场管理机构、地面服务代理人、航空销售代理人或者民航行政机关投诉，也可以依法直接申请仲裁或者提起民事诉讼。

第四十五条　承运人、机场管理机构、地面服务代理人、航空销售代理人应当设立专门机构或者指定专人负责受理投诉工作，并以适当方式向社会公布中国境内的投诉受理电话、电子邮件地址，并报民航行政机关备案。

投诉受理机构、投诉受理人员及联系方式等事项发生变化的，应当自决定变化之日起 5 日内以书面形式告知民航行政机关。

港澳台地区承运人和外国承运人应当具备受理中文投诉的能力。

第四十六条　承运人、机场管理机构、地面服务代理人、航空销售代理人、民航行政机关应当在收到旅客投诉 7 日内予以处理并告知旅客受理情况。

国内承运人、机场管理机构、地面服务代理人、航空销售代理人、民航行政机关应当在收到旅客投诉 10 日内做出实质性回复。港澳台地区承运人和外国承运人应当在收到旅客投诉 20 日内做出实质性回复。

承运人、机场管理机构、地面服务代理人、销售代理人应当书面记录旅客的投诉情况及处理结果，投诉记录至少保留 2 年。

第四十七条　承运人、机场管理机构、地面服务代理人、航空销售代理人处理投诉不符合要求，民航行政机关依据职责要求其改正的，承运人、机场管理机构、地面服务代理人、航空销售代理人应当予以改正。

第五章　信息报告

第四十八条　承运人应当将运输总条件报民航行政机关备案。

第四十九条　机场管理机构应当将大面积航班延误总体应急预案报民航行政机关备案。

承运人应当将机上延误应急预案报民航行政机关备案。

大面积航班延误总体应急预案、机上延误应急预案发生变化的，应当自变化之日起 5 日内以书面形式告知民航行政机关。

第五十条　发生大面积航班延误和机上延误时，承运人、机场管理机构、空管部门应当及时向民航地区管理局报告相关情况，并保存处置情况记录 2 年。

第五十一条　承运人、机场管理机构、地面服务代理人、空管部门应当按照航班正常统计有关规定，做好航班运行数据的记录、上报、汇总等工作，并对真实性负责。

民航局定期对外公布航班正常情况和旅客投诉受理、处理情况，接受社会监督。

第六章　监督管理

第五十二条　民航行政机关应当对承运人航班时刻执行情况进行监督检查，防止承运人不按照获得的航班时刻运营航班，影响航班正常。

民航地区管理局应当将监督检查中发现的重大问题及时上报民航局。

第五十三条　发生大面积航班延误时，民航地区管理局应当对承运人、机场管理机构、空管部门等各单位的应急处置工作进行检查，并将重大问题上报民航局。

第五十四条　民航局应制订航班正常工作的考核指标和限制措施。对不符合考核指标要求的承运人、机场管理机构、空管部门等单位，民航行政机关应及时依法采取限制等措施。

第五十五条　从事航班正常保障、延误处置和旅客投诉受理处理工作的单位和个人应当接受和配合民航行政机关的监督检查。

第五十六条　任何单位或者个人对我国境内的航班正常保障或者延误处置中的违法行为，均有权向民航行政机关报告或者举报。

报告或者举报采用书面形式并提供相关事实和证据的，民航行政机关应当根据举报情况进行必要的调查，并为举报者保密。

第七章　法律责任

第五十七条　承运人违反本规定第六条，影响航班正常的，由民航行政机关取消其时刻，并处3万元以下的罚款。

第五十八条　承运人有下列行为之一的，由民航行政机关责令限期改正，逾期不改正的，给予警告，并处3万元以下的罚款。

（一）违反本规定第十七条第一款，未制定或者公布运输总条件，或者内容不符合要求的。

（二）违反本规定第十七条第二款，运输总条件中未明确航班延误补偿相关内容的。

（三）违反本规定第十九条，代理协议内容不符合要求的。

（四）违反本规定二十一条第一款，未制定备降航班地面服务保障工作程序或者应急预案的。

（五）违反本规定第二十三条第二款，未制定大面积航班延误应急预案的。

（六）违反本规定第三十二条第一款，未按要求制定或者公布机上延误应急预案或者预案内容不符合要求的。

（七）违反本规定第四十五条第一款，未按要求设立专门机构或者指定专人负责受理投诉工作，未按要求对外公布中国境内的投诉受理电话或者电子邮件地址，或者未按要求将投诉受理机构、投诉负责人、投诉受理电话、电子邮件地址报民航行政机关备案的。

（八）违反本规定第四十五条第二款，未按要求将投诉受理机构、投诉受理人员及联系方式的变化事项在规定时间内告知民航行政机关的。

（九）违反本规定第四十五条第三款，港澳台地区承运人和外国承运人不具备受理中文投诉能力或者拒绝受理中文投诉的。

（十）违反本规定第五章相关条款，未按要求报告相关信息的。

第五十九条　承运人有下列行为之一的，由民航行政机关给予警告，并处1万元的罚款；情节严重的，处2万元以上3万元以下的罚款。

（一）违反本规定第十二条，未按照实际需求配备运行保障设备或者保障人员，影响航班正常的。

（二）违反本规定第十七条第一款，未在购票环节明确告知旅客运输总条件的。

（三）违反本规定第二十条，未及时通告旅客航班动态信息的。

（四）违反本规定第二十二条第二款，未按要求发布信息的。

（五）违反本规定第二十三条第三款，未服从机场管理机构组织协调参加演练的。

（六）违反本规定第二十五条第一款，未及时报警，影响民航运输生产秩序的。

（七）违反本规定第四十六条第一款，未按要求在规定时限内对旅客投诉进行处理的。

（八）违反本规定第四十六条第二款，未按要求在规定时限内对旅客投诉做出实质性回复的。

（九）违反本规定第四十六条第三款，未按要求保留投诉记录的。

第六十条　承运人有下列行为之一的，按照《民用机场管理条例》第七十五条的规定，由民航地区管理局分别作出如下处罚。

（一）违反本规定第二十六条第一款（一），未按规定向旅客通告航班出港延误或者取消信息的，处 2 万元以上 4 万元以下的罚款。

（二）违反本规定第二十七条第一款，未为旅客办理退票或者改签手续的，处 4 万元以上 6 万元以下的罚款。

（三）违反本规定第二十七条第二款，未向旅客出具书面证明的，处 4 万元以上 6 万元以下的罚款。

（四）违反本规定第二十九条，未按规定为旅客提供食宿服务的，处 4 万元以上 6 万元以下的罚款。

（五）违反本规定第三十条，未按规定为需特别照料的旅客提供服务的，处 4 万元以上 6 万元以下的罚款。

（六）违反本规定第三十三条第一款，未及时通告旅客的，处 2 万元以上 4 万元以下的罚款。

（七）违反本规定第三十四条第一款，未按规定保证盥洗设备正常使用的，处 2 万元的罚款。

（八）违反本规定第三十四条第二款，未按规定提供饮用水和食品的，处 2 万元的罚款。

（九）违反本规定第三十五条，未按规定安排旅客下飞机等待的，处 8 万元以上 10 万元以下的罚款。

第六十一条　航空销售代理人有下列行为之一的，由民航行政机关责令限期改正，逾期不改正的，给予警告，并处 3 万元以下的罚款。

（一）违反本规定第四十五条第一款，未按要求设立专门机构或者指定专人负责受理投诉工作，未按要求对外公布中国境内的投诉受理电话或者电子邮件地址，或者未按要求将投诉受理机构、投诉负责人、投诉受理电话、电子邮件地址报民航行政机关备案的；

（二）违反本规定第四十五条第二款，未按要求将投诉受理机构、投诉受理人员及联系方式的变化事项在规定时间内告知民航行政机关的。

第六十二条　航空销售代理人有下列行为之一的，由民航行政机关给予警告，并处 1 万元以下的罚款；情节严重的，处 2 万元以上 3 万元以下的罚款。

（一）违反本规定第二十条，未及时通告旅客航班动态信息的。

（二）违反本规定第二十六条第一款，未将承运人通告的航班出港延误或者取消信息及时通告旅客的。

（三）违反本规定第四十六条第一款，未按要求在规定时限内对旅客投诉进行处理的。

（四）违反本规定第四十六条第二款，未按要求在规定时限内对旅客投诉做出实质性回复的。

（五）违反本规定第四十六条第三款，未按要求保留投诉记录的。

第六十三条　机场管理机构有下列行为之一的，由民航行政机关责令限期改正，逾期不改正的，给予警告，并处3万元以下的罚款。

（一）违反本规定第二十一条第一款，未制定备降航班地面服务保障工作程序或者应急预案的。

（二）违反本规定第二十三条第一款，未制定大面积航班延误总体应急预案或者未定期组织演练的。

（三）违反本规定第三十九条第二款，未建立大面积航班延误信息发布工作制度或者对外宣传平台，或者未按规定向社会公布延误或者处置情况的。

（四）违反本规定第四十三条，未按规定与地方政府建立大面积航班延误处置联动机制的。

（五）违反本规定第四十五条第一款，未按要求设立专门机构或者指定专人负责受理投诉工作，未按要求对外公布中国境内的投诉受理电话或者电子邮件地址，或者未按要求将投诉受理机构、投诉负责人、投诉受理电话、电子邮件地址报民航行政机关备案的。

（六）违反本规定第四十五条第二款，未按要求将投诉受理机构、投诉受理人员及联系方式的变化事项在规定时间内告知民航行政机关的。

（七）违反本规定第五章相关条款，未按要求报告相关信息的。

第六十四条　机场管理机构有下列行为之一的，由民航行政机关给予警告，并处1万元以下的罚款；情节严重的，处2万元以上3万元以下的罚款。

（一）违反本规定第九条，未按要求对设施设备进行检查或者维护导致设施设备故障引起航班延误的。

（二）违反本规定第十条，未按要求对航班运行进行有效监控，地面运行效率低下，影响航班正常的。

（三）违反本规定第十一条，未按要求安装、使用仪表着陆系统或者等效的精密进近和着陆引导系统，影响航班正常的。

（四）违反本规定第十二条，未按照实际需求配备足够相关设施设备或者保障人员，影响航班正常的。

（五）违反本规定第二十一条第二款，未按保障协议做好备降航班服务工作的。

（六）违反本规定第二十一条第三款，未按照相关规定积极创造条件，提供备降保障或者借故不予保障的。

（七）违反本规定第二十二条第四款，未按规定通告相关信息的。

（八）违反本规定第二十五条第一款，未及时报警，影响民航运输生产秩序的。

（九）违反本规定第三十六条，未协助承运人做好机上延误时的服务工作的。

（十）违反本规定第三十八条，未及时启动大面积航班延误总体应急预案，造成严重后果的。

（十一）违反本规定第四十六条第一款，未按要求在规定时限内对旅客投诉进行处理的。

（十二）违反本规定第四十六条第二款，未按要求在规定时限内对旅客投诉做出实质性回复的。

（十三）违反本规定第四十六条第三款，未按要求保留投诉记录的。

第六十五条 机场管理机构有下列行为之一的，按照《民用机场管理条例》第七十五条的规定，由民航地区管理局分别作出如下处罚。

（一）违反本规定第二十六条第一款（二），未按规定向旅客通告航班出港延误或者取消信息的，处2万元以上4万元以下的罚款。

（二）违反本规定第三十一条，未在航站楼内为旅客提供医疗服务的，处4万元以上6万元以下的罚款。

（三）违反本规定第四十一条，未按规定为旅客提供相关服务的，处4万元以上6万元以下的罚款。

第六十六条 地面服务代理人有下列行为之一的，由民航行政机关责令限期改正，逾期不改正的，给予警告，并处3万元以下的罚款。

（一）违反本规定第二十一条第一款，未制定备降航班地面服务保障工作程序或者应急预案的。

（二）违反本规定第二十三条第二款，未制定大面积航班延误应急预案的。

（三）违反本规定第四十五条第一款，未按要求设立专门机构或者指定专人负责受理投诉工作，未按要求对外公布中国境内的投诉受理电话或者电子邮件地址，或者未按要求将投诉受理机构、投诉负责人、投诉受理电话、电子邮件地址报民航行政机关备案的。

（四）违反本规定第四十五条第二款，未按要求将投诉受理机构、投诉受理人员及联系方式的变化事项在规定时间内告知民航行政机关的。

（五）违反本规定第五章相关条款，未按要求报告相关信息的。

第六十七条 地面服务代理人有下列行为之一的，由民航行政机关给予警告，并处1万元以下的罚款；情节严重的，处2万元以上3万元以下的罚款。

（一）违反本规定第十二条，未按照实际需求配备足够相关设施设备或者保障人员，影响航班正常的。

（二）违反本规定第十九条，未按要求签订地面服务代理协议或者协议内容不符合要求的。

（三）违反本规定第二十三条第三款，未服从机场管理机构组织协调参加演练的。

（四）违反本规定第二十五条第一款，未及时报警，影响民航运输生产秩序的。

（五）违反本规定第三十六条，未协助承运人做好机上延误时的服务工作的。

（六）违反本规定第四十六条第一款，未按要求在规定时限内对旅客投诉进行处理的。

（七）违反本规定第四十六条第二款，未按要求在规定时限内对旅客投诉做出实质性回复的。

（八）违反本规定第四十六条第三款，未按要求保留投诉记录的。

第六十八条　航空油料企业、航空器材企业、航空信息企业等服务保障单位违反本规定第二十三条第二款，未制定大面积航班延误应急预案的，由民航行政机关责令限期改正，逾期不改正的，给予警告，并处3万元以下的罚款。

航空油料企业、航空器材企业、航空信息企业等服务保障单位违反本规定第十六条或者第二十三条第三款，因自身原因影响航班正常，或者违反本规定未服从机场管理机构组织协调参加演练的，由民航行政机关给予警告，并处3万元以下的罚款。

第六十九条　空管部门有下列行为之一的，由民航行政机关责令限期改正，逾期不改正的，给予警告，并处3万元以下的罚款。

（一）违反本规定第二十三条第二款，未制定大面积航班延误应急预案的。

（二）违反本规定第五章相关条款，未按要求报告相关信息的。

第七十条　空管部门有下列行为之一的，由民航行政机关给予警告，并处1万元以下的罚款；情节严重的，处2万元以上3万元以下的罚款。

（一）违反本规定第十条，未按要求对航班运行进行有效监控，地面运行效率低下，影响航班正常的。

（二）违反本规定第十三条，未严格执行空管运行工作程序或者标准，影响航班正常的。

（三）违反本规定第十五条，未按规定向承运人提供航空气象服务，影响航班正常的。

（四）违反本规定第二十二条第三款，未按规定通告相关信息，影响航班正常的。

（五）违反本规定第二十三条第三款，未服从机场管理机构组织协调参加演练的。

（六）违反本规定第三十三条第二款，未按规定向承运人通告航班动态信息的。

（七）违反本规定第三十九条第一款，未按规定向有关单位通告航班动态信息的。

（八）违反本规定第四十条，未按规定启动航班放行协调机制的。

第七十一条　旅客违反本规定第二十四条，扰乱民航运输生产秩序的，由公安机关依法予以处理。

第七十二条　从事航班正常保障、延误处置和投诉受理处理工作的单位和个人违反本规定第五十五条，拒不接受或者配合民航行政机关监督检查的，由民航行政机关处以警告，情节严重的，处3万元以下的罚款。

第七十三条　国家工作人员违反本规定，有下列情形之一的，由有关部门依法给予处分。

（一）不依法履行监督管理职责。
（二）不依法实施行政处罚。
（三）滥用职权、玩忽职守的其他行为。

第八章 附 则

第七十四条 本规定所称的"日"指工作日，不含法定节假日。

第七十五条 本规定自 2017 年 1 月 1 日起施行。

附录 B 民用航空安全检查规则

(中华人民共和国交通运输部令 2016 年第 76 号)

《民用航空安全检查规则》已于 2016 年 8 月 31 日经第 19 次部务会议通过，现予公布，自 2017 年 1 月 1 日起施行。

目 录

第一章 总则
第二章 民航安检机构
第三章 民航安全检查员
第四章 民航安检设备
第五章 民航安检工作实施
 第一节 一般性规定
 第二节 旅客及其行李物品的安全检查
 第三节 航空货物、航空邮件的安全检查
 第四节 其他人员、物品及车辆的安全检查
第六章 民航安检工作特殊情况处置
第七章 监督检查
第八章 法律责任
第九章 附则

民用航空安全检查规则

第一章 总 则

第一条 为了规范民用航空安全检查工作，防止对民用航空活动的非法干扰，维护民用航空运输安全，依据《中华人民共和国民用航空法》《中华人民共和国民用航空安全保卫条例》等有关法律、行政法规，制定本规则。

第二条　本规则适用于在中华人民共和国境内的民用运输机场进行的民用航空安全检查工作。

第三条　民用航空安全检查机构（以下简称"民航安检机构"）按照有关法律、行政法规和本规则，通过实施民用航空安全检查工作（以下简称"民航安检工作"），防止未经允许的危及民用航空安全的危险品、违禁品进入民用运输机场控制区。

第四条　进入民用运输机场控制区的旅客及其行李物品，航空货物、航空邮件应当接受安全检查。拒绝接受安全检查的，不得进入民用运输机场控制区。国务院规定免检的除外。

旅客、航空货物托运人、航空货运销售代理人、航空邮件托运人应当配合民航安检机构开展工作。

第五条　中国民用航空局、中国民用航空地区管理局（以下统称"民航行政机关"）对民航安检工作进行指导、检查和监督。

第六条　民航安检工作坚持安全第一、严格检查、规范执勤的原则。

第七条　承运人按照相关规定交纳安检费用，费用标准按照有关规定执行。

第二章　民航安检机构

第八条　民用运输机场管理机构应当设立专门的民航安检机构从事民航安检工作。

公共航空运输企业从事航空货物、邮件和进入相关航空货运区人员、车辆、物品的安全检查工作的，应当设立专门的民航安检机构。

第九条　设立民航安检机构的民用运输机场管理机构、公共航空运输企业（以下简称"民航安检机构设立单位"）对民航安检工作承担安全主体责任，提供符合中国民用航空局（以下简称"民航局"）规定的人员、经费、场地及设施设备等保障，提供符合国家标准或者行业标准要求的劳动防护用品，保护民航安检从业人员劳动安全，确保民航安检机构的正常运行。

第十条　民航安检机构的运行条件应当包括：

（一）符合民用航空安全保卫设施行业标准要求的工作场地、设施设备和民航安检信息管理系统。

（二）符合民用航空安全检查设备管理要求的民航安检设备。

（三）符合民用航空安全检查员定员定额等标准要求的民航安全检查员。

（四）符合本规则和《民用航空安全检查工作手册》要求的民航安检工作运行管理文件。

（五）符合民航局规定的其他条件。

第十一条　民航行政机关审核民用机场使用许可、公共航空运输企业运行合格审定申请时，应当对其设立的民航安检机构的运行条件进行审查。

第十二条　民航安检机构应当根据民航局规定，制定并实施民航安检工作质量控制和培训管理制度，并建立相应的记录。

第十三条　民航安检机构应当根据工作实际，适时调整本机构的民航安检工作运行管理文件，以确保持续有效。

第三章 民航安全检查员

第十四条 民航安检机构应当使用符合以下条件的民航安全检查员从事民航安检工作。

（一）具备相应岗位民航安全检查员国家职业资格要求的理论和技能水平。

（二）通过民用航空背景调查。

（三）完成民航局民航安检培训管理规定要求的培训。

对不适合继续从事民航安检工作的人员，民航安检机构应当及时将其调离民航安检工作岗位。

第十五条 民航安检现场值班领导岗位管理人员应当具备民航安全检查员国家职业资格三级以上要求的理论和技能水平。

第十六条 民航安全检查员执勤时应当着民航安检制式服装，佩戴民航安检专门标志。民航安检制式服装和专门标志式样和使用由民航局统一规定。

第十七条 民航安全检查员应当依据本规则和本机构民航安检工作运行管理文件的要求开展工作，执勤时不得从事与民航安检工作无关的活动。

第十八条 X射线安检仪操作检查员连续操机工作时间不得超过30分钟，再次操作X射线安检仪间隔时间不得少于30分钟。

第十九条 民航安检机构设立单位应当根据国家和民航局、地方人民政府有关规定，为民航安全检查员提供相应的岗位补助、津贴和工种补助。

第二十条 民航安检机构设立单位或民航安检机构应当为安全检查员提供以下健康保护：

（一）每年不少于一次的体检并建立健康状况档案；

（二）除法定假期外，每年不少于两周的带薪休假；

（三）为怀孕期和哺乳期的女工合理安排工作。

第四章 民航安检设备

第二十一条 民航安检设备实行使用许可制度。用于民航安检工作的民航安检设备应当取得"民用航空安全检查设备使用许可证书"并在"民用航空安全检查设备使用许可证书"规定的范围内使用。

第二十二条 民航安检机构设立单位应当按照民航局规定，建立并运行民航安检设备的使用验收、维护、定期检测、改造及报废等管理制度，确保未经使用验收检测合格、未经定期检测合格的民航安检设备不得用于民航安检工作。

第二十三条 民航安检机构设立单位应当按照民航局规定，上报民航安检设备使用验收检测、定期检测、报废等相关信息。

第二十四条 从事民航安检设备使用验收检测、定期检测的人员应当通过民航局规定的培训。

第五章 民航安检工作实施

第一节 一般性规定

第二十五条 民航安检机构应当按照本机构民航安检工作运行管理文件组织实施民航安检工作。

第二十六条 公共航空运输企业、民用运输机场管理机构应当在售票、值机环节和民航安检工作现场待检区域，采用多媒体、实物展示等多种方式，告知公众民航安检工作的有关要求、通告。

第二十七条 民航安检机构应当按照民航局要求，实施民航安全检查安全信用制度。对有民航安检违规记录的人员和单位进行安全检查时，采取从严检查措施。

第二十八条 民航安检机构设立单位应当在民航安检工作现场设置禁止拍照、摄像警示标识。

第二节 旅客及其行李物品的安全检查

第二十九条 旅客及其行李物品的安全检查包括证件检查、人身检查、随身行李物品检查、托运行李检查等。安全检查方式包括设备检查、手工检查及民航局规定的其他安全检查方式。

第三十条 旅客不得携带或者在行李中夹带民航禁止运输物品，不得违规携带或者在行李中夹带民航限制运输物品。民航禁止运输物品、限制运输物品的具体内容由民航局制定并发布。

第三十一条 乘坐国内航班的旅客应当出示有效乘机身份证件和有效乘机凭证。对旅客、有效乘机身份证件、有效乘机凭证信息一致的，民航安检机构应当加注验讫标识。

有效乘机身份证件的种类包括：中国大陆地区居民的居民身份证、临时居民身份证、护照、军官证、文职干部证、义务兵证、士官证、文职人员证、职工证、武警警官证、武警士兵证、海员证、香港、澳门地区居民的港澳居民来往内地通行证，台湾地区居民的台湾居民来往大陆通行证；外籍旅客的护照、外交部签发的驻华外交人员证、外国人永久居留证；民航局规定的其他有效乘机身份证件。

十六周岁以下的中国大陆地区居民的有效乘机身份证件，还包括出生医学证明、户口簿、学生证或户口所在地公安机关出具的身份证明。

第三十二条 旅客应当依次通过人身安检设备接受人身检查。对通过人身安检设备检查报警的旅客，民航安全检查员应当对其采取重复通过人身安检设备或手工人身检查的方法进行复查，排除疑点后方可放行。对通过人身安检设备检查不报警的旅客可以随机抽查。

旅客在接受人身检查前，应当将随身携带的可能影响检查效果的物品，包括金属物品、电子设备、外套等取下。

第三十三条 手工人身检查一般由与旅客同性别的民航安全检查员实施；对女性旅客的手工人身检查，应当由女性民航安全检查员实施。

第三十四条 残疾旅客应当接受与其他旅客同样标准的安全检查。接受安全检查前，残疾旅客应当向公共航空运输企业确认具备乘机条件。

残疾旅客的助残设备、服务犬等应当接受安全检查。服务犬接受安全检查前，残疾旅客应当为其佩戴防咬人、防吠叫装置。

第三十五条　对要求在非公开场所进行安全检查的旅客，如携带贵重物品、植入心脏起搏器的旅客和残疾旅客等，民航安检机构可以对其实施非公开检查。检查一般由两名以上与旅客同性别的民航安全检查员实施。

第三十六条　对有下列情形的，民航安检机构应当实施从严检查措施。

（一）经过人身检查复查后仍有疑点的。

（二）试图逃避安全检查的。

（三）旅客有其他可疑情形，正常检查无法排除疑点的。

从严检查措施应当由两名以上与旅客同性别的民航安全检查员在特别检查室实施。

第三十七条　旅客的随身行李物品应当经过民航行李安检设备检查。发现可疑物品时，民航安检机构应当实施开箱包检查等措施，排除疑点后方可放行。对没有疑点的随身行李物品可以实施开箱包抽查。实施开箱包检查时，旅客应当在场并确认箱包归属。

第三十八条　旅客的托运行李应当经过民航行李安检设备检查。发现可疑物品时，民航安检机构应当实施开箱包检查等措施，排除疑点后方可放行。对没有疑点的托运行李可以实施开箱包抽查。实施开箱包检查时旅客应当在场并确认箱包归属，但是公共航空运输企业与旅客有特殊约定的除外。

第三十九条　根据国家有关法律法规和民航危险品运输管理规定等相关要求，属于经公共航空运输企业批准方能作为随身行李物品或者托运行李运输的特殊物品，旅客凭公共航空运输企业同意承运证明，经安全检查确认安全后放行。

公共航空运输企业应当向旅客通告特殊物品目录及批准程序，并与民航安检机构明确特殊物品批准和信息传递程序。

第四十条　对液体、凝胶、气溶胶等液态物品的安全检查，按照民航局规定执行。

第四十一条　对禁止旅客随身携带但可以托运的物品，民航安检机构应当告知旅客可作为行李托运、自行处置或者暂存处理。

对于旅客提出需要暂存的物品，民用运输机场管理机构应当为其提供暂存服务。暂存物品的存放期限不超过30天。

民用运输机场管理机构应当提供条件，保管或处理旅客在民航安检工作中暂存、自弃、遗留的物品。

第四十二条　对来自境外，且在境内民用运输机场过站或中转的旅客及其行李物品，民航安检机构应当实施安全检查。但与中国签订互认航空安保标准条款的除外。

第四十三条　对来自境内，且在境内民用运输机场过站或中转的旅客及其行李物品，民航安检机构不再实施安全检查。但旅客及其行李物品离开候机隔离区或与未经安全检查的人员、物品相混或者接触的除外。

第四十四条　经过安全检查的旅客进入候机隔离区以前，民航安检机构应当对候机隔离区实施清场，实施民用运输机场控制区 24 小时持续安保管制的机场除外。

第三节 航空货物、航空邮件的安全检查

第四十五条 航空货物应当依照民航局规定，经过安全检查或者采取其他安全措施。

第四十六条 对航空货物实施安全检查前，航空货物托运人、航空货运销售代理人应当提交航空货物安检申报清单和经公共航空运输企业或者其地面服务代理人审核的航空货运单等民航局规定的航空货物运输文件资料。

第四十七条 航空货物应当依照航空货物安检要求通过民航货物安检设备检查。检查无疑点的，民航安检机构应当加注验讫标识放行。

第四十八条 对通过民航货物安检设备检查有疑点、图像不清或者图像显示与申报不符的航空货物，民航安检机构应当采取开箱包检查等措施，排除疑点后加注验讫标识放行。无法排除疑点的，应当加注退运标识作退运处理。

开箱包检查时，托运人或者其代理人应当在场。

第四十九条 对单体超大、超重等无法通过航空货物安检设备检查的航空货物，装入航空器前应当采取隔离停放至少 24 小时安全措施，并实施爆炸物探测检查。

第五十条 对航空邮件实施安全检查前，邮政企业应当提交经公共航空运输企业或其地面服务代理人审核的邮包路单和详细邮件品名、数量清单等文件资料或者电子数据。

第五十一条 航空邮件应当依照航空邮件安检要求通过民航货物安检设备检查，检查无疑点的，民航安检机构应当加注验讫标识放行。

第五十二条 航空邮件通过民航货物安检设备检查有疑点、图像不清或者图像显示与申报不符的，民航安检机构应当会同邮政企业采取开箱包检查等措施，排除疑点后加注验讫标识放行。无法开箱包检查或无法排除疑点的，应当加注退运标识退回邮政企业。

第四节 其他人员、物品及车辆的安全检查

第五十三条 进入民用运输机场控制区的其他人员、物品及车辆，应当接受安全检查。拒绝接受安全检查的，不得进入民用运输机场控制区。

对其他人员及物品的安全检查方法与程序应当与对旅客及行李物品检查方法和程序一致，有特殊规定的除外。

第五十四条 对进入民用运输机场控制区的工作人员，民航安检机构应当核查民用运输机场控制区通行证件，并对其人身及携带物品进行安全检查。

第五十五条 对进入民用运输机场控制区的车辆，民航安检机构应当核查民用运输机场控制区车辆通行证件，并对其车身、车底及车上所载物品进行安全检查。

第五十六条 对进入民用运输机场控制区的工具、物料或者器材，民航安检机构应当根据相关单位提交的工具、物料或者器材清单进行安全检查、核对和登记，带出时予以核销。工具、物料和器材含有民航禁止运输物品或限制运输物品的，民航安检机构应当要求其同时提供民用运输机场管理机构同意证明。

第五十七条 执行飞行任务的机组人员进入民用运输机场控制区的，民航安检机

构应当核查其民航空勤通行证件和民航局规定的其他文件,并对其人身及物品进行安全检查。

第五十八条　对进入民用运输机场控制区的民用航空监察员,民航安检机构应当核查其民航行政机关颁发的通行证并对其人身及物品进行安全检查。

第五十九条　对进入民用运输机场控制区的航空配餐和机上供应品,民航安检机构应当核查车厢是否锁闭,签封是否完好,签封编号与运输台帐记录是否一致。必要时可以进行随机抽查。

第六十条　民用运输机场管理机构应当对进入民用运输机场控制区的商品进行安全备案并进行监督检查,防止进入民用运输机场控制区内的商品含有危害民用航空安全的物品。

对进入民用运输机场控制区的商品,民航安检机构应当核对商品清单和民用运输机场商品安全备案目录一致,并对其进行安全检查。

第六章　民航安检工作特殊情况处置

第六十一条　民航安检机构应当依照本机构突发事件处置预案,定期实施演练。

第六十二条　已经安全检查的人员、行李、物品与未经安全检查的人员、行李、物品不得相混或接触。如发生相混或接触,民用运输机场管理机构应当采取以下措施。

（一）对民用运输机场控制区相关区域进行清场和检查。

（二）对相关出港旅客及其随身行李物品再次安全检查。

（三）如旅客已进入航空器,应当对航空器客舱进行航空器安保检查。

第六十三条　有下列情形之一的,民航安检机构应当报告公安机关。

（一）使用伪造、变造的乘机身份证件或者乘机凭证的。

（二）冒用他人乘机身份证件或者乘机凭证的。

（三）随身携带或者托运属于国家法律法规规定的危险品、违禁品、管制物品的;

（四）随身携带或者托运本条第三项规定以外民航禁止运输、限制运输物品,经民航安检机构发现提示仍拒不改正,扰乱秩序的;

（五）在行李物品中隐匿携带本条第三项规定以外民航禁止运输、限制运输物品,扰乱秩序的。

（六）伪造、变造、冒用危险品航空运输条件鉴定报告或者使用伪造、变造的危险品航空运输条件鉴定报告的。

（七）伪报品名运输或者在航空货物中夹带危险品、违禁品、管制物品的。

（八）在航空邮件中隐匿、夹带运输危险品、违禁品、管制物品的。

（九）故意散播虚假非法干扰信息的。

（十）对民航安检工作现场及民航安检工作进行拍照、摄像,经民航安检机构警示拒不改正的。

（十一）逃避安全检查或者殴打辱骂民航安全检查员或者其他妨碍民航安检工作正常开展,扰乱民航安检工作现场秩序的。

（十二）清场、航空器安保检查、航空器安保搜查中发现可疑人员或者物品的;

（十三）发现民用机场公安机关布控的犯罪嫌疑人的。

（十四）其他危害民用航空安全或者违反治安管理行为的。

第六十四条 有下列情形之一的，民航安检机构应当采取紧急处置措施，并立即报告公安机关。

（一）发现爆炸物品、爆炸装置或者其他重大危险源的。

（二）冲闯、堵塞民航安检通道或者民用运输机场控制区安检道口的。

（三）在民航安检工作现场向民用运输机场控制区内传递物品的。

（四）破坏、损毁、占用民航安检设备设施、场地的。

（五）其他威胁民用航空安全，需要采取紧急处置措施行为的。

第六十五条 有下列情形之一的，民航安检机构应当报告有关部门处理。

（一）发现涉嫌走私人员或者物品的。

（二）发现违规运输航空货物的。

（三）发现不属于公安机关管理的危险品、违禁品、管制物品的。

第六十六条 威胁增加时，民航安检机构应当按照威胁等级管理办法的有关规定调整安全检查措施。

第六十七条 民航安检机构应当根据本机构实际情况，与相关单位建立健全应急信息传递及报告工作程序，并建立记录。

第七章 监督检查

第六十八条 民航行政机关及民用航空监察员依法对民航安检工作实施监督检查，行使以下职权。

（一）审查并持续监督民航安检机构的运行条件符合民航局有关规定。

（二）制定民航安检工作年度监督检查计划，并依据监督检查计划开展监督检查工作。

（三）进入民航安检机构及其设立单位进行检查，调阅有关资料，向有关单位和人员了解情况。

（四）对检查中发现的问题，当场予以纠正或者规定限期改正；对依法应当给予行政处罚的行为，依法作出行政处罚决定。

（五）对检查中发现的安全隐患，规定有关单位及时处理，对重大安全隐患实施挂牌督办。

（六）对有根据认为不符合国家标准或者行业标准的设施、设备予以查封或者扣押，并依法作出处理决定。

（七）依法对民航安检机构及其设立单位的主要负责人、直接责任人进行行政约见或者警示性谈话。

第六十九条 民航安检机构及其设立单位应当积极配合民航行政机关依法履行监督检查职责，不得拒绝、阻挠。对民航行政机关依法作出的监督检查书面记录，被检查单位负责人应当签字，拒绝签字的，民用航空监察员应当将情况记录在案，并向民航行政机关报告。

第七十条　民航行政机关应当建立民航安检工作违法违规行为信息库，如实记录民航安检机构及其设立单位的违法行为信息。对违法行为情节严重的单位，应当纳入行业安全评价体系，并通报其上级政府主管部门。

第七十一条　民航行政机关应当建立民航安检工作奖励制度，对保障空防安全、地面安全以及在突发事件处置、应急救援等方面有突出贡献的集体和个人，按贡献给予不同级别的奖励。

第七十二条　民航行政机关应当建立举报制度，公开举报电话、信箱或者电子邮件地址，受理并负责调查民航安检工作违法违规行为的举报。

任何单位和个人发现民航安检机构运行存在安全隐患或者未按照规定实施民航安检工作的，有权向民航行政机关报告或者举报。

民航行政机关应当依照国家有关奖励办法，对报告重大安全隐患或者举报民航安检工作违法违规行为的有功人员，给予奖励。

第八章　法律责任

第七十三条　违反本规则第十条规定，民用运输机场管理机构设立的民航安检机构运行条件不符合本规则要求的，由民航行政机关责令民用运输机场限期改正；逾期不改正的或者经改正仍不符合要求的，由民航行政机关依据《民用机场管理条例》第六十八条对民用运输机场作出限制使用的决定，情节严重的，吊销民用运输机场使用许可证。

第七十四条　民航安检机构设立单位的决策机构、主要负责人不能保证民航安检机构正常运行所必需资金投入，致使民航安检机构不具备运行条件的，由民航行政机关依据《中华人民共和国安全生产法》第九十条责令限期改正，提供必需的资金；逾期未改正的，责令停产停业整顿。

第七十五条　有下列情形之一的，由民航行政机关依据《中华人民共和国安全生产法》第九十四条责令民航安检机构设立单位改正，可以处五万元以下的罚款；逾期未改正的，责令停产停业整顿，并处五万元以上十万元以下的罚款，对其直接负责的主管人员和其他直接责任人员处一万元以上二万元以下的罚款。

（一）违反第十二条规定，未按要求开展培训工作或者未如实记录民航安检培训情况的。

（二）违反第十四、十五条规定，民航安全检查员未按要求经过培训并具备岗位要求的理论和技能水平，上岗执勤的。

（三）违反第二十四条规定，人员未按要求经过培训，从事民航安检设备使用验收检测、定期检测工作的；

（四）违反第六十一条规定，未按要求制定突发事件处置预案或者未定期实施演练的。

第七十六条　有下列情形之一的，由民航行政机关依据《中华人民共和国安全生产法》第九十六条责令民航安检机构设立单位限期改正，可以处五万元以下的罚款；逾期未改正的，处五万元以上二十万元以下的罚款，对其直接负责的主管人员和其他直接责任人员处一万元以上二万元以下的罚款；情节严重的，责令停产停业整顿。

（一）违反第二十一、二十二条规定，民航安检设备的安装、使用、检测、改造不符合国家标准或者行业标准的。

（二）违反本规则第二十二条规定，使用定期检测不合格的民航安检设备的。

（三）违反第二十二条规定，未按要求对民航安检设备进行使用验收、维护、定期检测的。

第七十七条　违反本规则有关规定，民航安检机构或者民航安检机构设立单位未采取措施消除安全隐患的，由民航行政机关依据《中华人民共和国安全生产法》第九十九条责令民航安检机构设立单位立即消除或者限期消除；民航安检机构设立单位拒不执行的，责令停产停业整顿，并处十万元以上五十万元以下的罚款，对其直接负责的主管人员和其他直接责任人员处二万元以上五万元以下的罚款。

第七十八条　违反本规则第六十九条规定，民航安检机构或者民航安检机构设立单位拒绝、阻碍民航行政机关依法开展监督检查的，由民航行政机关依据《中华人民共和国安全生产法》第一百零五条责令改正；拒不改正的，处二万元以上二十万元以下的罚款；对其直接负责的主管人员和其他直接责任人员处一万元以上二万元以下的罚款。

第七十九条　有下列情形之一的，由民航行政机关责令民航安检机构设立单位限期改正，处一万元以下的罚款；逾期未改正的，处一万元以上三万元以下的罚款。

（一）违反第八条规定，未设置专门的民航安检机构的。

（二）违反第十二条规定，未依法制定或者实施民航安检工作质量控制管理制度或者未如实记录质量控制工作情况的。

（三）违反第十三条规定，未根据实际适时调整民航安检工作运行管理手册的。

（四）违反第十四条第二款规定，未及时调离不适合继续从事民航安检工作人员的。

（五）违反第十八条规定，X射线安检仪操作检查员工作时间制度不符合要求的。

（六）违反第十九、二十条规定，未依法提供劳动健康保护的。

（七）违反第二十三条规定，未按规定上报民航安检设备信息的。

（八）违反第二十五条规定，未按照民航安检工作运行管理手册组织实施民航安检工作的。

（九）违反第二十八条规定，未在民航安检工作现场设置禁止拍照、摄像警示标识的。

（十）违反第六十二、六十三、六十四、六十五、六十六条规定，未按要求采取民航安检工作特殊情况处置措施的。

（十一）违反第六十七条规定，未按要求建立或者运行应急信息传递及报告程序或者未按要求记录应急信息的。

第八十条　违反第二十六条规定，公共航空运输企业、民用运输机场管理机构未按要求宣传、告知民航安检工作规定的，由民航行政机关责令限期改正，处一万元以下的罚款；逾期未改正的，处一万元以上三万元以下的罚款。

第八十一条 违反第三十九条第二款规定，公共航空运输企业未按要求向旅客通告特殊物品目录及批准程序或者未按要求与民航安检机构建立特殊物品和信息传递程序的，由民航行政机关责令限期改正，处一万元以下的罚款；逾期未改正的，处一万元以上三万元以下的罚款。

第八十二条 有下列情形之一的，由民航行政机关责令民用运输机场管理机构限期改正，可以处一万元以上三万元以下的罚款；逾期未改正的，处一万元以上三万元以下的罚款。

（一）违反第四十一条第二款规定，民用运输机场管理机构未按要求为旅客提供暂存服务的。

（二）违反第四十一条第三款规定，民用运输机场管理机构未按要求提供条件，保管或者处理旅客暂存、自弃、遗留物品的。

（三）违反第六十条第一款规定，民用运输机场管理机构未按要求履行监督检查管理职责的。

第八十三条 有下列情形之一的，由民航安检机构予以纠正，民航安检机构不履行职责的，由民航行政机关责令改正，并处一万元以上三万元以下的罚款。

（一）违反第十六条规定，民航安全检查员执勤时着装或者佩戴标志不符合要求的。

（二）违反第十七条规定，民航安全检查员执勤时从事与民航安检工作无关活动的。

（三）违反第五章第二、三、四节规定，民航安全检查员不服从管理，违反规章制度或者操作规程的。

第八十四条 有下列情形之一的，由民航行政机关的上级部门或者监察机关责令改正，并根据情节对直接负责的主管人员和其他直接责任人员依法给予处分。

（一）违反第十一条规定，未按要求审核民航安检机构运行条件或者提供虚假审核意见的。

（二）违反第六十八条规定，未按要求有效履行监督检查职能的。

（三）违反第七十条规定，未按要求建立民航安检工作违法违规行为信息库的。

（四）违反第七十一条规定，未按要求建立或者运行民航安检工作奖励制度的。

（五）违反第七十二条规定，未按要求建立或者运行民航安检工作违法违规行为举报制度的。

第八十五条 民航安检机构设立单位及民航安全检查员违规开展民航安检工作，造成安全事故的，按照国家有关规定追究相关单位和责任人员的法律责任。

第八十六条 违反本规则有关规定，行为构成犯罪的，依法追究刑事责任。

第八十七条 违反本规则有关规定，行为涉及民事权利义务纠纷的，依照民事权利义务法律法规处理。

第九章 附 则

第八十八条 本规则下列用语定义：

（一）"民用运输机场"，是指为从事旅客、货物运输等公共航空运输活动的民用航空器提供起飞、降落等服务的机场。包括民航运输机场和军民合用机场的民用部分。

（二）"民用航空安全检查工作"，是指对进入民用运输机场控制区的旅客及其行李物品，其他人员、车辆及物品和航空货物、航空邮件等进行安全检查的活动。

（三）"航空货物"，是指除航空邮件、凭"客票及行李票"运输的行李、航空危险品外，已由或者将由民用航空运输的物品，包括普通货物、特种货物、航空快件、凭航空货运单运输的行李等。

（四）"航空邮件"，是指邮政企业通过航空运输方式寄递的信件、包裹等。

（五）"民航安全检查员"，是指持有民航安全检查员国家职业资格证书并从事民航安检工作的人员。

（六）"民航安检现场值班领导岗位管理人员"，是指在民航安检工作现场，负责民航安检勤务实施管理和应急处置管理工作的岗位。民航安检工作现场包括旅客人身及随身行李物品安全检查工作现场、托运行李安全检查工作现场、航空货邮安全检查工作现场、其他人员安全检查工作现场及民用运输机场控制区道口安全检查工作现场等。

（七）"旅客"，是指经公共航空运输企业同意在民用航空器上载运的除机组成员以外的任何人。

（八）"其他人员"，是指除旅客以外的，因工作需要，经安全检查进入机场控制区或者民用航空器的人员，包括但不限于机组成员、工作人员、民用航空监察员等。

（九）"行李物品"，是指旅客在旅行中为了穿着、使用、舒适或者方便的需要而携带的物品和其他个人财物。包括随身行李物品、托运行李。

（十）"随身行李物品"，是指经公共航空运输企业同意，由旅客自行负责照管的行李和自行携带的零星小件物品。

（十一）"托运行李"，是指旅客交由公共航空运输企业负责照管和运输并填开行李票的行李。

（十二）"液态物品"，包括液体、凝胶、气溶胶等形态的液态物品。其包括但不限于水和其他饮料、汤品、糖浆、炖品、酱汁、酱膏；盖浇食品或汤类食品；油膏、乳液、化妆品和油类；香水；喷剂；发胶和沐浴胶等凝胶；剃须泡沫、其他泡沫和除臭剂等高压罐装物品（例如气溶胶）；牙膏等膏状物品；凝固体合剂；睫毛膏；唇彩或唇膏；或室温下稠度类似的任何其他物品。

（十三）"重大危险源"，是指具有严重破坏能力且必须立即采取防范措施的物质。

（十四）"航空器安保检查"，是指对旅客可能已经进入的航空器内部的检查和对货舱的检查，目的在于发现可疑物品、武器、爆炸物或其他装置、物品和物质。

（十五）"航空器安保搜查"，是指对航空器内部和外部进行彻底检查，目的在于发现可疑物品、武器、爆炸物或其他危险装置、物品和物质。

第八十九条 危险品航空运输按照民航局危险品航空运输有关规定执行。

第九十条　在民用运输机场运行的公务航空运输活动的安全检查，由民航局另行规定。

第九十一条　在民用运输机场控制区以外区域进行的安全检查活动，参照本规则有关规定执行。

第九十二条　本规则自 2017 年 1 月 1 日起施行。1999 年 6 月 1 日起施行的《中国民用航空安全检查规则》（民航总局令第 85 号）同时废止。